普通高等教育新商科"十三五"规划教材

新时代商业案例

周勇 池丽华 等／编著

立信会计出版社
LIXIN ACCOUNTING PUBLISHING HOUSE

图书在版编目(CIP)数据

新时代商业案例／周勇等编著. —上海：立信会计
出版社，2020.11
ISBN 978-7-5429-6606-3

Ⅰ.①新… Ⅱ.①周… Ⅲ.①商业经营—案例—中
国 Ⅳ.①F72

中国版本图书馆 CIP 数据核字(2020)第 220933 号

策划编辑	王斯龙
责任编辑	王斯龙
封面设计	南房间

新时代商业案例

Xinshidai Shangye Anli

出版发行	立信会计出版社		
地 址	上海市中山西路 2230 号	邮政编码	200235
电 话	(021)64411389	传 真	(021)64411325
网 址	www.lixinaph.com	电子邮箱	lixinaph2019@126.com
网上书店	http://lixin.jd.com		http://lxkjcbs.tmall.com
经 销	各地新华书店		

印 刷	上海肖华印务有限公司	
开 本	787 毫米×1092 毫米	1/16
印 张	16	
字 数	350 千字	
版 次	2020 年 11 月第 1 版	
印 次	2020 年 11 月第 1 次	
印 数	1—1500	
书 号	ISBN 978-7-5429-6606-3/F	
定 价	48.00 元	

如有印订差错，请与本社联系调换

前 言

2007年,我离开前后工作了10年的连锁公司,重返大学教书。校园与企业相比,压力比较小,但也不省心。

在上海商学院任教12年来,我所做的事情可以总结为一件事,那就是开辟校企合作渠道,让学生有更多的机会接触商业实践。因此,我除了完成学校规定的教学任务外,大部分时间都用于企业走访、行业交流与写作。

我和团队成员在企业走访与行业交流中,积累了很多行业故事,因而编撰了这本原创案例集。全书分四章,其主要内容如下:第1章"工匠精神",实地采访了四位工匠,即裁缝工匠宋雅懿、服务工匠马桂宁、连锁工匠华洲、眼镜工匠蓝金康;第2章"寻访企业",这是到访企业的实录,也包括部分由学生采编的案例;第3章"线上沙龙",收录了18次线上沙龙观点,其中17次由周勇主持,1次由方献礼主持,线上沙龙由联商网高级顾问团组织,邀请行业人士就行业热点问题分享观点;第4章"行业点评",这是对近年来行业热点问题的评述,反映了对行业的关注与看法。

本书由上海商学院周勇教授与上海商学院池丽华副教授担任主要编撰人,其他作者有:诸振家、杨宇、方献礼、康海燕、曹剑涛、赵送文、王玮琦、陆枫、周泓、周松平、梁莹、陈宁辉、张占英等。书中未标明作者的文章，由周勇撰写。书中文章撰写于不同时期，故难免有少量重复之处。

特别感谢浙江易合网络信息股份有限公司总经理王跃林先生，联商网总编诸振家先生、副总编程相民先生对我们的支持。上海商学院师生在参与浙江易合网络信息股份有限公司旗下的联商网所组织的各类活动中，获得了很多实践锻炼的机会。

书中如有错误，望读者批评指正。联系方式：450266068@qq.com。

周　勇

2020 年 11 月

目　录

第3章　线上沙龙　117

第 1 章

工 匠 精 神

　　工匠精神是一种专注于本职工作的执著，是一种在特定专业领域的持续修炼。本章探讨了工匠精神与企业家精神，实地采访了 4 位工匠，他们是裁缝工匠宋雅懿、服务工匠马桂宁、连锁工匠华洲、眼镜工匠蓝金康。

1 企业家精神

2017 年 8 月 25 日,中共中央、国务院发布了《关于营造企业家健康成长环境弘扬优秀企业家精神更好发挥企业家作用的意见》,强调了对企业家队伍的建设以及对优秀企业家精神的弘扬与保护。

1991 年,我在《华东经济管理》杂志发表过一篇题为《论企业家的素质》的文章。我在该文谈到造就企业家有两个必备条件:外部的市场环境条件与内在的自身素养条件。具有战略眼光是企业家的基本素养,企业家在战略制定与实施过程中,必然经常性地会碰到两个基本问题:如何处理不确定性事件? 如何用人? 进而对企业家提出了智、勇、信、恕、达、严、约、备、戒、和等的"十字"要求。

2014 年中国人民大学复印报刊资料《企业家信息》全文收录了我在《中国商界》发表的一篇题为《中国企业家需要"黄牛"精神》的文章。我在该文中谈道:追求富裕生活,已经成为国人创新的原动力,其中最典型的代表群体是渗透于各个领域的"黄牛"。不良的生存环境培育了他们灵敏的市场嗅觉,使他们无孔不入,随需应变,与时俱进,成为最活跃的市场因素之一。他们甚至以高科技武装自己,能破解订票系统。他们不仅创造了营生,还培育了"体制缺陷发现机制"。他们是市场规则漏洞的发现者。如果企业的每一个经营者,都有那么一点"黄牛精神",那么中国商业创新的巨浪将席卷全球。考察"黄牛"的盈利模式,有三个要点:一是发现需求;二是提供价值;三是成本控制。而且他们也坚守着行业底线。许多年前,买软座火车票必须提供"县团级证明",但从"黄牛"那里可以轻易地买到软座票。有一次我对"黄牛"说,你得送我上火车,他满口答应,而且信守承诺。他们在赚钱的同时,也坚守着行业底线。

2016 年,我在《传统文化的思想匮乏》一文中曾经有如下描述:公司就是 Company,其前缀是 com,是共同的意思,其词根是 pan,原意为平底锅,联想到用平底锅煎蛋,会越做越大。pan 这个词根有两层意思:一是扩展;二是面包。公司也是这样:一是从现实观点来看,几个人在一起啃面包过日子,发展初期很艰苦;二是从理想观点来看,几个人为了实现一个共同的理想,扩展自己的事业。所以,公司不是一个人的,而应该是大家的,否则遇到困难就会很孤立。尤其是现代社会更强调"众乐乐",而不是"独乐乐"。开公司就是要不断做大,不想做大的话,就没有必要开公司。

2016 年,我出版了一本名字叫《商业创新案例》的书,开篇就提出一个问题:做大公司的原动力在哪里? 人在一穷二白的时候,也许是为了过上好日子才去奋斗,但当公司做大以后,解决了谋生问题,还要继续向前走,又是为了什么? 是为了事业吗? 那干事业又是为了什么? 是为了承担社会责任,还是为做大而做大? 巨人大厦还没有建起来的时候,史玉柱已经倒下了,但他后来又站起来了。通过跨界发展,获得了巨大成功。更令人难以置信的是,原红塔集团董事长褚时健老先生,70多岁了还二次创业,开发出"褚橙",并建立了电商渠道,获得令人敬佩的成功。史玉柱和褚时健以及很多著名的或不著名的创业者,在他们身上一定流淌着企业家的血液,富有企业家精神。这是一种什么精神呢?

经过这些年来的观察与思考,我觉得企业家精神至少可以从四个维度来认识。一是创业维度:原动力;二是成长维度:创新力;三是发展维度:把控力;四是社会维度:公信力。

1) 创业维度:原动力

邱择源在《原动力》一书的封面上这样写道:每家企业初创时,都有最初的想法、目标以及为实现目标而采取的措施,这就是企业发展的原动力。

这里所指的原动力,实际上就是指促成商业目标实现及造就财务利润的最初的成功理念,如开店以前要做细致的分析,开业以后要周到地服务客人,要实现盈利,等等。随着生意越来越好,不得不增加店员。于是,老板将"原动力"复制给店员。后来,老板又决定开分店。分店越开越多,就需要成立一个总部,老板也从总经理上升到了总裁,常常只在门店开张的时候象征性地巡视一番。再后来,开店太多,有的门店老板也无法巡视。智囊团队为老板提供数据化分析,而提供分析报告的那些人也很少接触店面与顾客。大家都告诉老板,这是一种很好的商业模式,连锁店开得越多,品牌越响亮,顾客就会"认牌光顾、认牌购物",老板也越来越相信这一商业模式。

但就在这个时候,原动力不见了,只留下枯燥的"商业模式"。在企业发展过程中,原动力随着时间的流逝而被遗忘。但也有很多优秀的企业,尽管经营规模与商业模式在不断变化,但老板的原动力却始终没有改变。

到底什么是原动力?我们无法给出一个定义,这是可以广泛探讨的问题。褚老先生70多岁了为什么还要去种橙子?电视连续剧《温州一家人》中的周万顺,为什么付出倾家荡产的代价也要在陕北挖石油?最后处在要饭的境地,还是不肯回温州老家。这是企业家的一种"轴劲"。

每一位企业家的背后,都有一种原动力。我们无法真正碰触到企业家的内心世界,但从他们的经历中,可以看到中国企业家的某种精神以及创业智慧。我们所看到的是中国企业家"超越自我"的辉煌,但在这些成功背后所发生的事情,往往被忽视。他们肩上扛过沉重的担,他们身上流过商业的血,他们心中烙着受伤的痕。他们冲破传统禁区,经历了初创时期的冷落与孤立,成长时期的迷茫与困惑,发展时期的挑战与惊险,才达到如今的规模。

2) 成长维度:创新力

公司创立可以是一种模仿,但业务要成长就需要创新。综观企业发展史,任何一家公司的成长都是不断自我否定,不断迭代、叠加与重新组合的结果。如果企业家精神的基因是原动力,那么,企业家精神的基本要素就是"创新"。如果没有创新,企业就会枯萎。

创新是需要基因的,个人创新力是基础。个人创新力与一个人的心理特征紧密相关,创新力强的人,总能想到常人难以想到的"想法",总能做出常人难以做到的"做法"。所以有"性格决定成败"一说。人才皆为偏才。知道得越多,反而认为不知道的更多。以为自己是全才者,往往是废材。人这一生,实际上是习惯决定性格,性格决定命运,只有心灵自由,人生才能自由,自由的心灵与自由的人生,才能创造出新的精神世界与物质世界。金字塔由工人建造而非奴隶建造的推断与新发现,给人们探索创新的源泉提供了新的思路。

改革开放的前30年,以企业家个人的创新力为主导,而如今,光靠个人创新打天下的时代已经过去了,特别需要依靠组织创新力。所以,创新不能光靠企业领头人,只有把这种创新力"复制"到整个企业,才能永葆企业的创新力。一个企业类似一辆运动中的板车,最高领导一个人拉着板车,后面有四个人分别管着板车的四个轮子,并推着板车向前。这里有四点特别重要:一是领导者的想法(思维创新);二是四个轮子(科技创新);三是四个推车人的协同配合(政策激励);四是拉车的方向(市场拉动)。后来企业发展了,老板不用自己拉板车了,就可以招聘一个职业经理人来拉企业这个大板车。企业发展得更大的时候,人工板车不行了,就用电动板车、汽车、火车甚至多兵种联合出击。在这个时候,老板一个人的脑袋也不够用了,需要一个智囊团队来为企业出谋策划,需要一个指挥团队贯彻落实,还需要一个评估团队做业绩考评。这时候,老板做什么?从企业内部走向企业外部,去获得更多的社会资源与发展机会,让这些团队去创新发展。可见,企业大了,老板应该是一个发动机,是企业的核心动力,他的创新力、影响力、控制力,最终都应该转化为一种创新机制与创新文化,从而影响整个企业的发展方向。

"创新力"定义应该比较宽泛,是指围绕某一话题或面临的情况能够迅速地构想出一些不同寻常的想法、独特的创意来解决问题的能力。这一解释使"创新力"变成了一种实践应变能力,如电视连续剧《亮剑》中李云龙用挖壕沟与扔手榴弹的方式打日本鬼子,再如电视连续剧《枪神》中的兵工厂厂长吴应德用绑脚带捆绑作为弹射器把手榴弹扔到更远的敌方阵地,这些在战争理论中没有的"方法",却在实际战斗中发挥了无可争辩的威力,这就是创新。企业的实践就需要这样的"创新"。

3)发展维度:把控力

我国企业的成长背景在"经济转型时期",消费者像刚刚睁开眼睛的婴儿,一切都觉得新鲜。经营者只要胆子足够大,资源足够多,依靠个人魅力与关系投资,如果能获得特殊资源或机会,即使进入一个完全陌生的行业也能够赚大钱。他们不得不把大部分精力用在"关系营销"上。他们甚至把自己变成了"神",而柏拉图说过"若神不在,一切皆无"。可见,一旦这个"神化"的人出了问题,企业也就很容易完蛋。

从长远来看，避免夭折还得依靠战略性成功。我国目前有不少企业都存在比较严重的"战略缺损现象"，成功主要可以归之于"机遇性成功"，是以"老板为驱动力"，依靠某些特定个人和人脉而获得的成功。这是不长久的，企业要持续发展，还得依靠"战略性成功"，要依靠制度、盈利模式与战略体系才能获得永续的繁荣。

盛极必衰是任何生命运动的必然趋势，自然成长的企业无法逃脱这一生命规律的约束。企业生生死死是社会经济的进化，只有让该死的死去，该活的才能活得更好。但问题在于我国企业往往是在短暂辉煌后发生"一击毙命"式的夭折，这是一个十分可悲的现象。难道成功是失败之母？我希望这仅仅是教训和个案，而不是未来中国企业的宿命。但企业家应该保持清醒的头脑，做顾客忠实的代表，有危机处理能力，才能化险为夷，从成功走向成功。

有人曾经说企业死亡之路有五条：第一，死于顺当。顺则神，神则狂，狂而目空一切，则得罪多、树敌多、隐患多，天令其亡必令其狂。第二，死于情谊。情谊为大，朋友情谊，称兄道弟，为了一个情字，忘了盈利，忘了原则，忘了做企业的根本。第三，死于冒进。人有多大胆，地有多大产，强势推进，盲目扩张，后院失火，前功尽弃。第四，死于政治。官商联姻，权钱交易，不守规则，死于违法乱纪。第五，死于媒体。或是因媒体报道经营危机而被吐沫淹死，或是过度宣传因失血过多而休克致死。有人不同意五种死法中的第二和第五种，即死于情谊和媒体。认为任何一个企业都不会死于情谊，因为商人重利。至于媒体的作用，更是十分有限的。我觉得，有很多人就是因为朋友义气，称兄道弟，才使企业因情谊而亡。有一条原则是说，当金钱与朋友产生矛盾时应该选择朋友，当事业与朋友产生矛盾时则应该选择事业。中国的媒体虽然受到不少限制，但在报道企业"危机事件"这个方面却能做到"肆无忌惮""淋漓尽致"，不实、夸大，甚至虚假报道给企业造成毁灭性打击，却很难追究他们的责任。

还有一种死法是"死于赌博"，对赌博有特别嗜好的老板说：天上神仙斗法，地上人间赌博，这是神仙与凡人的本性。

近年来，又产生了一种新的死法：死于资本。没有资本做不大，成不了气候，打不响品牌，但成也资本败也资本，资本像一条巨大的无形的鞭子抽打着企业，常常会使企业偏离正常的"航线"。

总的来说，在企业发展时期，企业家需要三种把控力：把控未来的能力（战略眼光）、把控自己的能力（自控力）、把控局势的能力（应召力）。

4）社会维度：公信力

企业从一开始就需要有一种社会责任意识，其中，伦理是社会责任的一个方面。首先是法律责任，遵守法律法规，合规经营管理；其次是伦理责任，要遵循利益关系人可接受的行为准则；再次是经济责任，追求利益关系人的财富与价值，做一个商人，保持适当的投入产出关系的平衡；最后是慈善责任，即适度回报社会。在这里，伦理是一个权衡利弊的选择问题,如开酒吧不提供停车服务,这是为了避免客人酒后驾车。也可以从便利客人的视角来考虑问题,那就是提供停车服务,但如果客人酒后驾车,那麻烦就大了,所以,"不便利"是为了让客人免遭"大麻烦"。当然还可以假定客人都有自控力,不会酒后驾车。企业有不同的假设与认知,就会有不同的选择。

企业做大了,就有可能产生"帝王情结",特别想做第一,特别想做行业皇帝,特别想做教父,到最后就没了底线。做企业的底线有两条,而且应该平行,一条是政府规制的底线,另一条是行业自律的底线,两条线平行的时候,企业就快速发展,而不平行的时候就转弯减速。如果说还有一条线的话,那就是天线,如高铁,动力来自天线,即"动力线"!企业自己应该还要有一根"接地线",可以自我减压,缓解压力与危机。

传统企业确实存在不诚信的情况,有时候还比较普遍,但由于那时候手段有限,反而对消费者的伤害比较轻。如今由于技术手段的广泛应用,派生出各种手段去忽悠信任自己的粉丝、顾客、用户,如果再这样下去,必将出现粉丝倒戈的情况,粉丝也不是终身制的。我们要提倡:不该挖掘的数据不挖掘,不该提升的数据不提升,不该宣扬的数据不宣扬,不该展示的数据不展示。尊重个人的数据权益。

企业转型首先要求企业家转型,最重要的就是回归童叟无欺的商业本质。有了互联网,更应该变得公开透明,公平公正,不要滥用技术手段去挖掘消费者的隐私数据,更不要滥用技术手段去获得虚拟的好评、业绩、信誉。

企业家精神中还应该包含对基层员工、工匠以及工匠精神的敬重、敬畏、敬仰。中国企业家精神中还应该包含一种叫作"黄牛"的精神:一是埋头苦干的精神,撸起袖子拼命干的精神,如"人无压力轻飘飘,井无压力不出油"的大庆精神;二是巧干精神,自从改革开放至今,一代代"黄牛"推动了中国市场经济与法制经济的发展。我觉得,中国当代文化的核心也在于"黄牛"精神,那是一种为了翻身求生而奋斗的精神,是一种游走于计划、法律、行政管制边缘的营生,这不仅需要无孔不入的商人本性,更需要有技术的支撑。如果每个人都有那么一丁点儿"黄牛"精神,那就工作无忧、衣食无忧了。

在创业阶段,要追求做大,不想做大就不要成立公司,企业家应该天然有一种做大的心态;受挫时期需要有一股"轴劲",一根筋搭一边,一条道走到黑,变来变去爱折腾,不轴不折腾往往就没戏了;事业顺利的时候要谦逊,散财聚人,聚人聚财,事业做大了,一帆风顺,要爱才如命,一起打天下的兄弟们、同学们、战友们,应该分享成果,更应该让社会分享企业成果。而老板自己更应该保持谦逊的姿态,少说多做。

2 工匠精神与企业家精神

我在朋友圈曾发过两个帖子:一个是说我妈做裁缝;另一个是说我爸做老酒。

我妈做裁缝是从1963年开始的,为了养家糊口,她经人介绍在上海虹口区的一个裁缝师傅家学了36个小时的裁缝手艺,便回家自己摸索,第二年就敢抬着缝纫机独自挨家挨户做工。每天工钱1.4元,因为手脚勤快,客户每天给我妈加两毛钱,1.6元一天的工钱交给生产队1元,分点粮食与柴火,每天还能剩下6毛钱。

有一年国庆节回宁波奉化老家,帮老爸一起做酒,我把做酒的工艺流程与注意事项分10条细则发布在网上。朋友圈说"老爸老妈都是能工巧匠"!其实在农村,几乎所有的农民都是"能工巧匠"。以我爷爷、三叔、四叔、堂弟这三代人为例,都是农民出身,爷爷在中华人民共和国成立前既做农民又做义务消防员,但从我有认知开始,爷爷就经常出去做厨师,后来做到奉化县招待所的大厨,那一年胡耀邦来奉化,居然让我爷爷烧菜,也许这是爷爷最荣耀的事,但也许不是,每年我们晚辈给爷爷奶奶拜年,总是爷爷烧菜,也许那才是爷爷最最开心的事情。土地被征用以后,三叔破墙开店做馒头做得特别好,过年过节还能做各种动物形状的糕点,生活过得有滋有味。四叔分配进了医院,从手术室拖地开始,不知道怎么回事,后来竟然成为分管后勤的"科级干部",专业负责医院的水电工程,医生出身的院长说,如果有高中文凭,做个副院长没问题。堂弟没读到高中就被分配进了雪花啤酒厂,像自动化专业毕业的大学生那样看着仪表盘工作着,还跟着小叔学会了水电工,我领教过他的技术,绝对高于专业的城市装修队。

与他们相比,我这个读了18年书,教了30多年书,写了10余本书,发了700多篇文章的大学教授,真是一无是处,甚是惭愧。我虽然传承了爷爷的某些厨艺基因,但由于不求上进,终未能在厨艺道路上有所成就,至多是有朋自远方来,烧几个菜尚能博得他们的鼓励。这也充分说明:没有钻研,就没有"工匠"。

在零售转型与新零售问题的讨论中,就有人提出"工匠精神"。最近,工匠精神又与企业家精神挂上了钩。我在2016年也写过一篇题为《零售业的冰岛精神》的文章,思考源于2016年7月4日凌晨三点冰岛国家男子足球队在欧洲杯八强赛中以2:5落败法国。令人敬畏的不是胜败,而是一个人口不过30万的冰天雪地的弹丸小国,一个由手球运动员、导演、学霸、牙医等"兼职球员"组成的足球队,居然创造了进入欧洲杯八强的神话。原因何在?从表面看似乎可以概括为"专注"两字:冰岛平均每15个人中就有1人为注册球员,政府每年建造约20个免费足球场,每100个适龄男青年就能分到一个足球教练,全国上下专注于足球事业!据说冰岛人这种做事情"专一"的工匠精神源于钓鱼的专注精神,海面上哪怕有细微的波动都能察觉出海面下鱼儿的动静,那是特殊的生态环境造就了"冰岛精神"!

我突然感觉到,中国其实不缺工匠精神,更不缺工匠技术。我儿子补充了一点说:"最缺乏的是对基础学科的研究。"制假造假者已经把"工匠精神"发挥得淋漓尽致!想要造什么,大家伙一合计,少则几天多则几月就能造出来,并且比别人做得好。

中国自有品牌联盟执行董事张智强先生在微信里对我说:"工匠的作业方法,英文叫

craftsmanship,自古以来就有,是人类第一次社会大分工(农业与手工业分离)的结果。西方工业革命在经济意义上的真正成就,就是大规模的生产,英文叫 mass production,以更高的效率,取代了手工业。从经济意义和管理方法而言,连锁经营是大规模生产技术在零售领域的应用。"

工匠精神与企业家精神的内在联系,似乎有点牵强。工匠就是工匠,企业家就是企业家,企业家需要工匠,但大部分成功的企业家恐怕都不是工匠。总之,企业家与工匠,这是两码事。

首先,工匠通常是个体的,其核心是独特的技艺,拿手的绝活;企业家通常是群体的,爱折腾、不怕跌倒,有不服输的精神。正如张智强先生所说:"工匠精神是无须别人配合与协助的,一人从头到尾完成一件事;大规模生产乃至连锁经营则要求恰当地分工,有效地合作。老板的责任是管理体系的建设,这是企业里其他任何人都无法替代的,老板对自己企业的战略、分工与组织、计划和控制,做这些事要有工匠精神,精益求精,不断完善。许家印也好,马云也好,在这些事情上一定有足够的工匠精神,他们的企业才有了今天的活力。"

其次,工匠精益求精,甚至不惜工本追求完美;企业家追求恰到好处,追求市场效应,追求投入产出效率,追求企业价值。这有时候是统一的,如质量好,信誉好,价格高,收益大。有时候是矛盾的,客户不需要太高的质量,只要求款式新、性价比高。有时候甚至是对抗的,工匠与企业家为了坚持各自的"理"而发生对抗与冲突。东西做得再好,没人要就没有价值。正如有家家具生产企业在讨论产品滞销时,工程技术人员抱怨说:我们的家具从楼上扔下去都不会坏,为什么卖不出去。这时候老板发话了:我们的问题就在于——没有一个客户买了家具是用来从楼上扔到楼下的。这就是老板与工匠的差异。

再次,工匠专一,企业家善变。张智强先生说:"如果在零售行业讲工匠精神,只对一种人讲才有意义,也只有一个意义是正确的:那就是当老板的,把零售踏踏实实做精,做细,别三心二意想太多!"老板三心二意自然做不成事业,如果一条道走到黑,那么恐怕也会失去很多机会。我的理解是:大部分成功的企业家都是善于应变的高手。我们无法进入许家印、马云这些业界大人物的内心世界!到底是专心重要,还是不专心重要,这是一个战略问题!与工匠精神无关!我是这样理解的。他们中有十分专一的践行者,也有随需应变的善变者,更有"吃着碗里看着锅里"的拓疆者,似乎都有成功或不成功的范例。老板或企业家的"工匠精神"可以理解为"服务顾客"的初心与"追求业绩"的"原动力"。如果有了品牌,就开始利用品牌做文章,而忽视了品牌的内涵,那就丢失了"服务顾客"这个初心。如果企业做大了,老板的地位提高了,自己有错的时候也碍于面子而不愿意去纠错,而是错上加错,让企业付出不必要的沉痛代价,像一个赌徒那样最终输光所有的本钱,那是不负责任的当家人,也是丢失了"追求业绩"这个"原动力"的当家人。

工匠与企业家,有一点是一致的:他们都需要有一个可以充分展示自己能动性与创造力的自由的舞台。这也就是为什么有人猜测埃及金字塔不是由奴隶建造的,而是由自由人建造的原因所在。正如有传说称:同一个钟表匠,在监狱服刑期间就做不出精密的钟表,回到自由世界,其各种绝活就恢复到了正常。

云阳子看了我与张智强先生的对话后说:"教授,不说远的。中国的零售理论研究,应该很差吧,这就是缺工匠精神的例子。售货员、服务员等服务态度与水准,也是具体例子。"

那是另外一码事。我们可以找到很多缺乏工匠精神的例子,也可以找到更多的具备工匠精神的例子。有些人天生就有工匠精神,那是个人基因,有些企业天然具有工匠精神,那是企业的"组织基因"。但很多企业与个人缺乏这种"天然元素",则需要外部的刺激。凡是有生活或工作压力的地方,或是兴趣爱好使然的地方,都可以找到或多或少的工匠精神。在那些缺乏严谨规则、工作要求、工作激励或工作枯燥乏味的地方,就很难找到工匠精神。甚至同样一个人,换一个环境,换一种团队组合,换一种任务分配,换一种激励方式,就会展示出极强的工匠精神。

总的来说,企业家精神与工匠精神可能有一定的关联性,但两者是截然不同的。工匠精神是一种"内敛力和聚焦力",企业家精神是一种"扩张力和组合力"。企业需要工匠精神,企业家需要工匠,但企业家精神的核心是"服务顾客"的初心和"追求业绩"的原动力,他们的外在表现是爱折腾、不服输、善变革,他们的内在素养是对市场的洞悉力及综合运用社会资源不断把事业做大做好的能力。包括零售在内的各行各业都需要有"工匠精神",但更重要、更缺乏的是"工匠精神"背后的东西。

3 陆顺发与"顺顺发"

陆顺发开了个"顺顺发",结果是亲人反目成仇。这很正常,是不少家族企业发达以后的普遍结局。实际上,即使不是家族企业,类似的派系争斗在大企业中也始终存在,只是表现方式不同而已。

虽然从总体来说企业的发展方向应该成为开放的公营公司,但国内外仍然有不少发展得很好的家族企业,国外有些家族企业甚至延续了几十年、百来年。他们是怎么维持下来的? 这需要研究。KFC的老人头至今还在招揽顾客,但其实没有多少人知道谁是创始人。在亚洲尤其是中国,企业家知名度常常盖过所在企业的知名度。企业家的作用是推动企业的发展,当企业家红得发紫的时候,企业也跟着辉煌,一旦企业家出了问题,企业也跟着出问题。但国美、物美等上市公司却没有出现"企业与当家人共荣共衰"的结局。为什么? 上市的公营公司具有一种自我补救、自动修复、自主营运的机制。传统的家族企业没有这样的机制。所以,问题的关键并不在于是家族企业还是公营企业,如果没有建立相互制衡的现代管理体系,即使公营企业也会出现上述情况。

关于一个企业的管理,有些人强调共性,即管理的普遍性,注重向西方学习管理。我非常赞同这一观点,很多东西是无须独创的,加上"中国式"就彻底走样,就异化,就背道而驰。但在不同文化背景下确实会产生很多特定的东西,有些是好的特色,如中国人坚韧不拔;有些是不良的陋习,如中国人随地吐痰。但现在我常常看到外国人也常常在上海吐痰。有些人强调的是管理个性,即管理的差异性,注重在特定文化背景下创立中国特有的管理体系。但中国特有的管理体系是什么? 我觉得,西方管理可以用一个字来概括——规,一切按照契约、流程与规制来办事。中国管理也可以用一个字来概括——变,所谓"中庸之道"实际上是"适宜之道",一切随机应变,适者生存。但中国的"变"也是有规的,比如《孙子兵法》中的奇正之道:"凡战者,以正合,以奇胜。"又如唐代军事家李靖所说:"正而无奇,则守将也;奇而无正,则斗将也,奇正皆得,国之辅也。"规则是"正",打破常规是"奇";"虚"则用"奇","实"则用"正"。可见,中国实际上一方面强调"变",另一方面又建立了一套应变的"套路"与"规则"。这是辩证的应变论。

实际上,我国企业一直存在着一个管理悖论:正统的教育与实践的教育完全脱离,结果是人有了"阴阳性"。人的成长要接受四个方面教育:父母、老师、书籍、社会,有趣的是,后者总是与前面三者背道而驰。我们教育别人做个诚实的人,自己却常常不得不在相互欺诈的环境中才能求得生存。这与中国历史文化相关,中国文化强调以情感人,以理服人,以法治人,所以有人认为中国的管理模式就是"情、理、法合一"。这看起来很有道理,但实际上并不是中国式管理的现实,只不过是圣人与文人的美好幻想。实践中的中国式管理,历代都是厚黑管理,邪术、匪气、霸道,这些东西构成了成功管理的核心能力。还有一种情况是"无为而治",随心所欲而不逾矩,这也是需要高度自由与自觉的最高境界。几乎没有人达到这样的境界,人的良心与道德,从来就是非常脆弱的。中国出了一个特定的阶层叫"汉奸",也许外国也有。还有所谓"用人不疑,疑人不用",也全错了。实际是,疑人照用,用人照疑。

企业管理,必须服从共性,即要求建立相互制衡的管理机制,失去制衡又没有绝对权威的时候,就无法控制,家族企业的悲剧就是这样发生的。家族企业的成功发展需要具备两个条件:一是家族中要有一个绝对权威的人;二是这个人要推动家族企业的现代化。拥有绝对权威的人有可能凝聚家族的合力,也有可能使家族成员林立山头。宁可有绝对权威而导致兄弟分家,也不能群龙无首。但没有家族企业的现代化,就没有家族企业的未来。

4 汽车召回事件

2016 年,爆发了美国汽车史上最大的汽车召回事件,2017 年爆发了中国汽车史上最大的召回事件,源头都指向一个配套产品——日本高田安全气囊。2017年9月中旬到国庆节前夕,大众汽车、通用汽车、广州本田等先后宣布要召回部分进口及国产汽车共计763.5万辆。原因是这些汽车厂商使用了存在安全问题的日本高田安全气囊。据报道,2000年前后这家公司内部就已经意识到气体发生器没有正常工作,部分产品在测试中爆炸;2016年高田同意召回在美国的3 500万辆到4 000万辆汽车上安装的安全气囊气体发生器;2017年高田终于在美国法庭认罪,同意支付10亿美元处罚金,并提出破产保护。一个存在安全危害,且有直接致人死亡记录的产品,经过长达18年的发酵后终于被揭露出来,这样的事情发生在美国,实在令人震惊。

但更令人震惊的是,以精密制造与工匠精神著称的日本,企业高官居然会因企业丑闻而向公众道歉。日前,神钢(神户制钢所,Kobe Steel)高官居然会因篡改铝和铜产品的检验证书而向公众道歉。他们所提供的产品涉及汽车、飞机、列车等行业,经过他们篡改技术数据所交付的产品涉及全球约500家客户。

两家工厂所出现的问题虽然不足以否定日本制造的"工匠精神",但是,另外两个问题却是不得不思考的:

第一,能直接致人死亡的产品,为什么不能及时制止上市使用?全球法律在保护企业与保护消费者权益之间到底在做何种博弈?难道必须等到消费者的生命代价积聚到一定规模,才能认定产品有危害?

第二,随着全球化进程的加快,国际化分工越来越细致,到最后,供应链各个环节的任何一个细小的问题,都有可能导致全链崩溃,未来社会与未来企业,在细化分工背景下运作,如何才能避免"毁灭性的供应链风险"?

供应链问题由来已久,这正如民谣所说:丢失一个钉子,坏了一只蹄铁;坏了一只蹄铁,折了一匹战马;折了一匹战马,伤了一位骑士;伤了一位骑士,输了一场战斗;输了一场战斗,亡了一个帝国。制造业与零售业营运模式的转变也加剧了供应链出现危机的可能性。

传统的制造业在实施全球化战略时,一是以母国为生产基地,将产品销往其他国家;二是在海外建立生产基地,销往全球。其特点是,产品完全由自己制造,并主要利用东道国的资源。但从20世纪八九十年代开始,出现了新型的全球化方式,在自己不投资建厂的情况下生产出最终产品,并在全球销售,如授权生产、委托合作厂商实施零部件加工,自己负责产品的总装与营销,于是,跨国企业的全球技术创新中心与制造中心开始分离,创新中心控制制造中心。

传统的零售业一般都是小规模经营,即使有少量分店,也完全由总店把控。从采购到营运以及人财物都处于同一管制之下。但在零售业规模化发展过程中,因特许加盟而发展起来的连锁体系,越来越难以管控,只要一家店出问题,就会波及整个品牌的声誉。在互联网背景下,由于追求"个性化"发展,连锁制的"标准化"也受到了极大的挑战,"千店千面"成为"时尚",尽管有信息化和智能化的保障,但同一品牌下的"管控"也更为艰难。如果没有强大的系统支撑,发生问题的概率比从前更大。

在信息不对称时期,供应链核心问题是信息链,信息不对称将导致供应链缺乏效率,甚至发生供应链危机;在供应链大分工以及信息共享时期,尽管信息不对称问题仍然存在,但主要矛盾发生了变化:从"信息链"转变为"信任链",但令人沮丧的是,人或企业的良心与道德在巨大的经济利益或巨大的经济损失面前常常表现得很脆弱,这就是危机的起源。所以,整个社会与企业界都要合力预防来自"供应链风险"的经济危机。

(1) 就整个社会而言,抑制这种不良行为不能光靠商业伦理或道德力,社会经济行为的规制才是根本的出路。

(2) 就供应链"链主"而言,要建立分散风险的合作架构和相应的风险预警机制,防患于未然。

(3) 就供应链的各个"链端"而言,绝不能贪图眼前的小利或为了免使企业遭受损害而掩盖事实真相,应该及时止损,以免遭受更大的损失,甚至灭顶之灾。

5 盒马绑蟹绳事件

2018年3月20日,满世界都是有关盒马鲜生"螃蟹绑绳"被投诉的新闻。报道称:顾客在盒马买了3只活梭子蟹,总价232元,零售价每500克90元,绑蟹的厚橡皮筋重量过半。

盒马鲜生创始人侯毅态度诚恳地迅速作出回应:一是坦言"这个事情肯定没做好,接受批评";二是建立两个营运新规,即"剪角去水"和无绳售卖。并对"捆绑蟹"宣战,就算全世界都这么卖,盒马也不能。

1) 我的第一反应:这不是盒马的错

我是坐在床上看这条新闻的,它触碰到了水产行业的"传统行规"和消费者购买水产品的"痛点"。于是,我加上评语转发到了朋友圈。

我是这样写的:"这个事情侯总不用道歉。越是好的青蟹,绳子就越应该粗一点,还要弄点泥。不绑定的话,青蟹很有活力,死得也快。过去是青蟹绑绳子,野生梭子蟹绑草绳,而且串成一串,八到十只。绑不绑绳子不是关键,价格才是关键,还有品质,蟹的品质差异很大,价格差异也很大。我买蟹就买绑绳子的,这是真的。"

2) 螃蟹绑绳的"锚定效应"

事后,我的同事曹剑涛博士对我说:"我给本科生上《博弈论》这门课,正好讲到'锚定效应',可以解释'螃蟹绑绳'问题。"

搜狗百科对"锚定效应"是这样定义的:"沉锚效应(anchoring effect),心理学名词,指的是人们在对某人某事做出判断时,易受第一印象或第一信息支配,就像沉入海底的锚一样把人们的思想固定在某处。作为一种心理现象,沉锚效应普遍存在于生活的方方面面。第一印象和先入为主是其在社会生活中的表现形式。"

3) 螃蟹绑绳三境界

绑着绳子采购来的蟹,不可能把绳子解下来,那样的话,过不了多久,统统死光。只有当螃蟹大量上市的时候才不用绑绳子,来得快,价格便宜,卖得快,没必要绑绳子。

卖螃蟹绑绳子有三个现实状况:

① 绳子来自供应商,捕捞上来以后就绑定了,其目的是减损与保鲜。从前都是野生梭子蟹,机帆船捕捞上来以后用绳子绑好,一串串挂在船边拖到码头,用竹筐销售到零售市场,不泡水。如今科技发达了,一切都可以活卖,连黄鱼、鲳鱼也都有活的售卖。

② 有些蟹可以不绑绳子卖,如旺季时的梭子蟹,但有些蟹必须绑绳子,如青蟹(蟳,学名锯缘青蟹,因其青色的外壳边缘有锯齿状缺口而得名,蟳分为菜蟳和红蟳两种,菜蟳是雄蟳,红蟳是雌蟳,也叫红膏青蟹),不绑绳就没法运输销售,因爬动过程蟹肉容易变瘦,两只蟹螯还非常锋利,只有被咬过的人才能真切地感受到青蟹的厉害,所以,不绑不安全。

③ 20 世纪 80 年代前,无论梭子蟹还是青蟹都是用稻草绳子捆绑的,青蟹还会绑上一点海烂泥,都是为了保鲜。但后来,绑青蟹的稻草绳升级为吸水性很好的"布绳",绑梭子蟹的稻草绳升级为橡皮筋,大约 10 年前又出现了厚重的橡皮筋。

绑蟹绳子升级以后,其功能也同步升级,从"保鲜"升级为"增重"。一般来说,蟹越好,绳越重,绳子重量的常规界限是毛重的 40%。在梭子蟹(也称为"白蟹")上市旺季(如国庆节期间)就不会绑这么粗的绳子,而是用很细的橡皮筋捆扎,这个时候的绑蟹绳子又恢复了传统功能。

有一种"石蟹"贵的时候卖到每 500 克 80 元,便宜的时候只卖 10～15 元每 500 克,但从来不会用粗绳子,都是用精细橡皮筋捆绑。也许是石蟹的个头较小,用粗绳不容易捆绑才用橡皮筋。至于河蟹(大闸蟹)的售卖方式有两种:称重售卖(又分为水养与干养)和按只售卖(分等级,或整箱售卖)。称重售卖后提供免费扎绳服务,有时候还会送蟹醋。

4) 我的购蟹体验

在上海,我几乎不到超市买蟹,离家不远的永辉超市有菜蟳(雄青蟹)和不绑绳子的养在水里的梭子蟹卖,菜蟳是用稻草绳子捆绑的,按只卖,小蟹,每只 20 元。菜场里常年有蟹,品质较好,价格较贵,只有认准一个摊位,才不会上当。有一次买回来一只大个的活梭子蟹,100 多元,没绑绳子,但不能吃,因为太咸,估计是海水晶放多了。

菜场外面通常是梭子蟹旺季才有卖,价格比菜场里面便宜 30%,甚至更多,个头较小,不绑绳子,但可能会短斤缺两,还套上一个厚重的马夹袋(有些摊位不套袋子称重)。无论是菜场还是菜场外面的菜店所买来的蟹,口感都与宁波买的蟹完全不同,也许问题出在蟹的产地和海水晶上。

所以,过去在煮蟹的时候要放点盐,现在完全不用放盐也是咸的。过去买来蟹以后洗干净立即烧煮,如今则需要在清水里浸泡一段时间再蒸煮,宁可吃死蟹。过去蒸蟹是蟹盖朝下放,以免美味的蟹黄流出,如今蒸蟹是蟹盖朝上放。过去煮蟹以后的蟹黄很美味,如今的蟹黄直接倒掉,担心有太多不安全的东西,口感也不好。

说这些,只想说明一点:买蟹贵在品质。蟹在不同季节,有不同的选择,先不说河蟹有"九雌十雄"的说法,海蟹如梭子蟹,鲜度的评判标准有两个:雄蟹比雌蟹更鲜嫩;瘦蟹比肥蟹更鲜美。

5) 关键是绑蟹绳要回归保鲜功能

侯毅提出的两条规则:第一条"剪角去水"比较容易做到,不过剪角以后的马夹袋称重后还有水,因为蟹会吐水,所以,称重以后还应该套个不易弄破的马夹袋。第二条"无绳售卖"做起来有点小复杂。按只卖当然比较简单,本来有绳的蟹要无绳售卖就很难"去皮",绳子的重量不太好估计,又不能把绳子解开称重以后再绑上,这样做费时费力,增加成本。当然,也可以不绑绳子销售,损耗就很大,每个时段要设定不同的售卖价格。还有一种办法就是从源头开始,要求供应商或生产商按照盒马的标准来供货。这就要看盒马当前的供货渠道,以及对供应商的影响力。例如,中国出口日本的蔬菜,最大的障碍不是农药残留等食品安全问题,而是有关外观、规格等方面的标准,像萝卜,人家就要你三片叶子的,你给他们四片叶子的,就不行。

当然,标准也有弹性,东西少的时候,标准就会有所放松,东西多的时候或关系紧张的时候,标准执行就会很严格。

侯毅提出:"就算全世界都这么卖,盒马也不能。"这是一种很好的姿态,更体现了盒马人颠覆传统经营手法的决心。我相信盒马会比人们想象的做得更好。局外人只是凭点滴感受议论一番而已。

有一件事情必须颠覆,即消费者也心知肚明的商业忽悠行为。总得有第一个吃螃蟹的人,让绑螃蟹的绳子回归到"保鲜"的功能上。如果这样做了,即使有绳子,消费者也不会在意,有关法律法规也应该许可有些东西毛重销售。因为没有绳子的螃蟹的危害要远远大于有绳子的螃蟹。我喜欢有绳子捆绑的螃蟹,关键是绳子的大小。有关部门或企业是不是得像给月饼过度包装那样定一个不得超过 20% 的标准,这还有待论证。

但对消费者来说,有一点是需要明确的,如果绑绳子螃蟹卖 90 元每 500 克,那么不绑绳子的螃蟹起码应该卖 200 元每 500 克,因为不绑绳子损耗会增加。

价格提高以后可能就会影响销售,这也是大家很纠结的问题。所以,还是绑绳子好,看起来不是很贵,就会多买点,这就是锚定效应。但如果企业利用锚定效应忽悠消费者甚至损害消费者利益,那是应该纠正的。营销与忽悠的界限常常难以区分,有很多事情是消费者心甘情愿地被忽悠。人生其实就是一个忽悠与被忽悠的过程。

6) 后续

2018 年 4 月 24 日,盒马发布推文《如果地球上只剩下最后一种生物,我想:应该是螃蟹吧》,公布了一个有关螃蟹绳子的测试结果:

(1) 用橡皮绳捆绑青蟹,完全绑不住,轻轻一挣,橡皮绳就断了。

(2) 用宽布条捆绑螃蟹,不浸水重量 3.3 克,浸水重量 13 克。

(3) 用扎线带捆绑螃蟹,很牢固,且浸水与不浸水重量都只有 1.5 克。

并承诺:盒马的三门青蟹按只售卖! 尝鲜时价:138 元/只(每只大于 300 克)。同时还制定了收蟹标准:①净重不足 300 克的青蟹,不收;②非鲜活的青蟹,不收;③蟹螯、蟹脚不全的青蟹,不收。盒马 CEO 老菜(侯毅的化名)说:就算全世界都这么卖,盒马也不能,我们有责任和义务建设一个更好的新世界。这种探究与承诺,也体现了零售的工匠精神。

6 盒马绑绳蟹与锚定效应

我们知道,关于螃蟹身上的绳子和泥水的炒作,早已经不是什么新鲜事;关于鲜活螃蟹总是需要绑绳出售,也早已经不是什么行业秘密。

盒马鲜生的绑绳蟹问题又成了舆论的焦点话题,这可能是媒体在寻找新的话题,也可能是买家的较真。但是不管怎样,从营销角度而言,商家的确需要反思一下如何定价的问题。为此,本文想从行为经济中的锚定效应,谈一谈商品的定价。

锚定效应是一种心理现象,对商家定价有着重要的指导作用。锚定是一种认知偏差,指一般人在需要对某个事件做定量估测时或做出决策时,存在过分依赖第一信息(起始值)的倾向,会不自觉地给予最初获得的信息过多的重视,即"对将来的估计"被"已采用过的估计"支配(转引自百度百科)。由此,顾客在购物时也会自觉或不自觉地受到锚定效应的影响。

当顾客买螃蟹时,总会货比三家,顾客会记着 A 商家的商品信息比照 B 商家的,比价格、比成色、比大小。当顾客买完螃蟹后,他们又会对照螃蟹本身与相关附带物。他们至少会受到两次锚定效应的影响。

同时,关于锚定效应的应用,有时商家也可能会被精明的顾客"套路"了。在这里,讲一个关于顾客买皮带头的故事。一位顾客皮带头坏了,他想买一个新的,他到市场上看到标价 100 元的皮带,问卖家皮带身多少钱。卖家告诉他需要 90 元,他就拿出 10 元钱说要买皮带头……我们知道,100 元是一个皮带的整体价格,不管你单买带头或单买带身,两者加在一起价格肯定会超过 100 元。由此可见,聪明的买家和精明的卖家,很难达成交易。

　　因此,商家需要利用顾客的锚定效应,寻找价值本身与成本、自家价格与竞争价格、顾客感受价值与产品定价之间的平衡点。

　　我们知道,在超市里散装大米约 6 元/千克,顾客总是要加上一个塑料袋甚至是两个(顾客习惯)来上秤,却并没有在乎塑料袋的重量。这是因为塑料袋的重量微不足道,顾客锚定的物品是大米,而且所有商场出售散装大米都需要塑料袋。这个时候,商家对散装大米定价十分简单,只要给大米定好价格就行,塑料袋忽略不计。根据上观新闻报道,市民钟女士在盒马鲜生海湾店购买的 3 只绑着橡皮筋的活梭子蟹总价 232 元,但橡皮筋重量为 666 克。如果报道属实,那么橡皮筋成本占到 52%,顾客的锚定物不再是螃蟹了,而成了绑绳。

　　不管怎么样,我们看到了积极的一面,盒马及时采取应对措施。事件发生后,盒马立刻表态:"一是螃蟹一律无绳售卖,出于安全必须有绳的,按只或者按净重卖;二是水产装袋后,袋子剪角去水后再称重。"盒马 CEO 侯毅表示,欢迎消费者监督这两个新规矩的执行情况,但凡没做到的,现场直接奉送。

　　然而,从以往惯例看,螃蟹绑绳出售由来已久,并非一无是处,何况商家也有难言之隐。对此,上海商学院周勇教授表示,鲜活的螃蟹是人们的最爱,要保证螃蟹鲜活,绑绳是最好的方法,也是售卖螃蟹的必要程序。

　　当然,绑绳程序既增加了商家的成本,也提升了顾客购买成本。至于绑绳多少以及占重比例,也成了一些商家竞争的手段。我认为,鲜活的螃蟹和绑绳是一个商品整体,螃蟹本身具有价值效用,绑绳具有维持和保护价值功能,两者不应割裂。而且,螃蟹越是贵重,绑绳成本就更大,因为给螃蟹五花大绑不仅是体力活也是技术活,需要熟练工人的劳动投入,从而产生额外费用,也创造了这一商品整体的价值。当然,两者价值比重要有所侧重,当存在绑绳过度时(类似月饼过度包装)就会使顾客锚定的平衡点发生翻转,引起顾客不满,因为顾客看到的不是螃蟹而是绳子,顾客看到的不是价值而是成本,顾客体验的不是效用而是痛苦。

　　可见,商家要给螃蟹定价时,应当十分慎重,锚定好的竞争对手价格信息,锚定好螃蟹自身的价值,螃蟹定价要体现出价格竞争性与合理性。一方面,对商家而言,绑绳过多,稀释了螃蟹的成本,同样的价格将会更加有利可图;而相比其他竞争者绑绳过少,自然会利益受损。另一方面,对顾客而言,如果绑绳不牢,达不到理想效果,螃蟹质量就会受到损害;如果绑绳过多或过重,顾客购买成本就会增加。这两个方面有一定的相悖性,最好的办法就是寻找平衡点。

　　称重定价只是一种传统定价方式,盒马除了采用裸螃蟹定价方式出售之外,可以尝试采用适当的、科学的、创意的定价方式。一是可以采用按只定价,以活螃蟹成色、产地、大小等定价,分为几个等级。梭子蟹大小差异较大,采用按只定价,有一定困难。二是明细价格出售,明确标出绑绳的成本费用,类似于手饰的加工费,按照螃蟹价格的一定比例来收取。

行有行规,业有业德。我们相信,盒马作为生鲜界的引领者,将会加强自身规范,引导行业自律,做到明码标价,童叟无欺,不会再把街坊巷陌的市侩行为带到卖场。同时,我们相信,一分价钱一分货,更多市民会理解卖蟹绑绳行为,更加看重产品质量,看重产品整体,真正买到货真价实的产品。

（作者：上海商学院曹剑涛）

7 裁缝工匠宋雅懿：坚守

宋雅懿,一个"纯正美好"的名字,却有着一段漫长而心酸的人生经历。

中华人民共和国成立前,她父亲是宁波镇海中学校长,后来又担任乡长,长期生活在一个名叫冷西的小山村里。国民党从大陆撤退的时候,他选择了留下,因为他放不下家人。一个旧时代的文人小官,他以为没事,但没想到,"镇反运动"的时候,他成了镇压对象……

50多年后,宋雅懿的百岁老母亲依然很健康,还以长寿之躯为冷西村评上"长寿村"做出了自己的贡献。这时候,曾经的"生产大队"(对大多数年轻人来说,这是一个很陌生的名称,这是从前的农村集体经济组织,大队实际上就是现在的村,由若干个小队组成)书记才告诉她的妈妈,宋雅懿的父亲死后两年,财政部曾有人来寻找人,因为他曾经接待护送过共产党干部,这位干部后来当上了财政部的官。当时大队书记只说了一句话:人已经不在了!于是也就没有后续的事儿。

宋雅懿的父亲走后,母亲把大女儿、二女儿、唯一的一个儿子都送到上海安排妥当,又回到山村,身边只留下最小的女儿相依为命。那时候,女儿6岁,母亲46岁。1952年12月母亲在上海"王开照相馆"拍摄的那张照片,真是完美无瑕,那么漂亮、端庄、坚毅,怎么也不像是一个刚刚失去丈夫、忍受极度悲痛、与三个子女分离的母亲,完全不像是一个来自小山村的家庭主妇。也许是因为家教的缘故,老母亲的父亲周甘堂曾在黄埔军校第四期、第五期担任会计室主管,深得蒋介石的器重,当20世纪30年代从黄埔返回奉化老家时,蒋介石还特地批了三千大洋给他,1936年在奉化造起了三间木结构楼房,至今保存完好。

2006年,宋雅懿的老母亲100岁,腰板有点微驼,脸上布满了皱纹,但不变的是那份坚定、坚强、坚毅与坚韧,还有那豁达与宽厚。

今天要讲述的是那6岁的小女儿成长为宁波裁缝的故事。她为生活所迫,在裁缝这个手艺活上整整坚守了55年,更经历了常人难以承受的磨难,这是一个裁缝工匠凄美而伟大的真实故事。

她19岁那年嫁给了亲舅舅的儿子,20岁生了一个健康的男孩,21岁那年,比自己大

5 岁的丈夫因"现行反革命罪"被判入狱 16 年,先是在浙江省第一监狱临平采石场服刑,两年后被发配到青海德令哈农场服役,那可真不是一个"金色的世界"。

因生活所迫,丈夫被捕第二年,也就是她 22 岁那年,撇下不满周岁的孩子,孤身一人来到上海,在虹口区虬江路找到一家私人作坊学裁缝手艺。师傅姓周,家庭成分不好,只能靠手艺为生。

在上海,她只学了 36 个小时的裁剪,没有时间学缝制,就返回了奉化。爷爷奶奶照看孩子,自己专心做裁缝。尽管生活很艰难,但笑得依然很阳光,孩子 3 岁那年的 1965 年元月所拍的照片背后写着——幸福日子是创造出来的,与坚强、坚毅、意志分不开的。

开始的时候经常做坏衣服,剪坏了就偷偷地买布料来重做一次。一方面写信向上海的师傅求救,另一方面自己买衣服拆了做,做了拆!也不知道经过多少次"拆了做,做了拆",才独立做成一件中山装。中山装对称工整,来不得半点马虎,这是裁缝师傅的基本功。

后来,她就担着缝纫机挨家挨户地给人家做衣服,每天工钱 1.6 元,其中 1 元钱要交给生产队换每天 6 个"工分",从而分得口粮与其他农产品。男人强劳力每天记 10 分,女人最多也就只能记 6 分,完全凭体力定出这样的规则来。1975 年,老裁缝花 290 元买过一块进口的梅花表。我一直纳闷:为什么要买这么贵的表?后来老裁缝告诉我:为了掌握时间。她还对我说,那时候抬着缝纫机挨家挨户地做衣服,开始的时候只知道拼命地干活,10 多年下来积累了经验,就非常需要一块手表来掌握时间。那时候的手表凭票供应,但进口表不凭票,所以就买了进口货,以便掌控做工进度。师傅做到得心应手,能够自如地控制工作的进度,才有资格慢慢来。可见,慢是需要资格的。这世界任何事物的发展变化都会经历"快慢变化"。从前做学徒吃饭特快,而做师傅的则可以慢悠悠地先喝上一杯老酒再吃饭。师傅没有动筷子,学徒是不能先吃的,等师傅喝完了酒,学徒要给师傅盛饭,如果师傅吃完了学徒还在吃,那就是不懂规矩。小学徒为了不挨饿,学艺的第一步就是要练就"飞快吃饭"的本领。当自己做了师傅,也就慢慢地来了,做工吃饭都可以慢条斯理。

挨家挨户做了十几年以后,小裁缝变成了老裁缝,就在生产大队的祠堂边上开了一个裁缝小店。直到 20 世纪 80 年代中后期,这家店依然开着。

就这样边学边做,边做边等,希望儿子快点长大,能够有出息,期盼着丈夫能早日归来,这一等就是 20 多年啊!丈夫在劳改农场实际服刑不到 16 年,那一年他们种植的小麦全国产量最高,队长到北京领奖以后,就把他们的刑期都减了。老裁缝的丈夫还有 1 年刑期,就减了 1 年。但刑满以后还是不能回来,要留场继续"工作"。老裁缝通过做手艺认识不少好人,最终通过奉化市公安局、浙江省公安厅、青海省公安厅,终于把丈夫弄了回来。1983 年,丈夫回来后,在老房子边上造了两间楼房。那一年,他们唯一的儿子大学毕业,被分配到上海一所高校任职。

孩子的父亲为一个错误"信念"毁了一生,但他也做过两个正确的决定:第一,没有让妻子加入"反革命组织";第二,这个团伙曾经想杀害当地派出所所长,也是他阻止了。前一个正确的决定,给这个家庭留下一丝希望;后一个理智的决定,给自己留下一条生路。

孩子读小学前,老裁缝首先把儿子的名字改了,把看起来很俗气的"禄"字改为"勇"字,给自己一点勇气,给孩子一点信心!

尽管改了名字,但仍然免不了被人欺负。有一次孩子的脸上被同学用铅笔刀划了一个很大的口子,鲜血直流。第二天孩子发现,那个划他一刀的孩子脸上也多了点东西。从此以后,班级里就再也没有人敢欺负那个没有父亲的孩子。如今快50年过去了,裁缝儿子的脸上仍留着淡淡的刀痕。

最让裁缝感动的一件事情是,1976年,孩子初中毕业准备升高中,在那个一切都看"家庭出身"的年代,成分不好连高中都不容易进。大队书记真是一个大好人,他曾经说过的一句话,得让人感恩三辈子。书记说:"我儿子读书不好,如果你家孩子不能进高中,我家的名额就让给你们。"最后两人都进了高中部。

让裁缝最揪心的一次记忆是,有一次孩子玩她裁缝用的剪刀,不小心把剪刀掉落到了地上。几乎在剪刀落地的一刹那,孩子逃走了。找了一天仍然没有找到,最后在长途汽车站被人发现送回了家里。孩子知道,剪刀是这个家庭最最重要的东西,摔坏了剪刀,那就是天大的事儿,所以,才感觉自己犯了天大的错,面临着一个过不去的坎!其实,裁缝从米没有打过孩子,爷爷奶奶外婆也都未曾打过孩子。孩子从懂事的哪一天起就想着如何才能获得大家的认可。终于有一天,他获得了一个肯定——在高中阶段,以搬砖头压坏两个脚指头为代价,获得了一个"劳动积极分子"的荣誉,这也是他在整个小学、中学阶段所获得的唯一一个奖状。从此使他明白了一个道理:只要肯努力,一切都有可能。

让裁缝最纠结的是1978年。到那一年,做衣服已经15年,手艺已经得心应手,还培养了上百名徒弟。但那一年孩子高中毕业没考上大学,先是跟着其他徒弟一起学裁缝,接着是学木匠,最后是学油漆匠。学过了这些手艺,已经过去了大半年。这才最后决定:学手艺不如考大学!这是裁缝最英明的决定。

1979年,裁缝的儿子以332分的成绩被杭州商学院商业企业管理本科专业录取。那时候,孩子的父亲还在青海劳改农场。一家人像做梦似的,感恩"重在个人表现"的好政策,"反革命"的孩子也能上大学!

孩子大学毕业的时候,父亲终于回来了,一家人终于团聚。2007年11月,父亲70岁,孩子给父母拍了一张合影。如今,老裁缝早已"退休",先是买了"农保",后又买了"社保",还拿到了"退休证",每个月有2 000多元退休金。夏天有冷饮费,冬天有年终奖。感觉浙江对老年人特别关照。

老裁缝还常常帮亲戚朋友做一些老人的"寿衣",也算是力所能及。

她,不仅仅是历时 50 多年才磨炼出来的裁缝工匠,更是一位伟大的母亲。

8 服务工匠:马桂宁

马桂宁,中共党员,第七、第八、第九届全国人大代表,全国劳动模范,曾经是上海市第一百货商店呢绒柜一名营业员。在零售服务行业早有"南马北张"的说法,"南马"即上海第一百货的马桂宁先生,"北张"即北京王府井百货的张秉贵先生。

马桂宁先生,从 1958 年 10 月开始做呢绒柜营业员到 2007 年退休,前后 50 年,只做一件事:零售服务!50 年沉淀,造就了"马派技艺",50 年工匠,书写了《马桂宁服务艺术》。他被誉为"一看准"服务大师和"财神爷",560 多名徒弟遍布全国各地。1992 年,他还在第一百货文化用品柜台接待过邓小平。2017 年 11 月 6 日上午 10 点 08 分,马桂宁先生永远离开了我们。我怀着无比崇敬的心情,小心翼翼地展开留存时代烙印的老照片,让自己的思绪也回到了遥远的 20 世纪 90 年代。

那是一个商品供应还很不丰富的时代。"买布做衣"是生活常态。马桂宁入职零售的第一站就与布料打交道,从常州百货商店呢绒柜台,到上海市第一百货商店呢绒柜台,再到衬衣柜,一柜接一柜,柜柜只当营业员。在营业员这个平凡的岗位上,练就了一个本领,解决了当时买布顾客的最大痛点——买多少布料才能既够用又不会浪费。找他买布,不用尺子,用手一比就知要买多少。多了浪费,少了不够,一分一毫,一点不差,人称"一看准"。马先生说:"多年经验积累下来的。我一看身长、二看胸围、三看体形,要买多少就基本心里有数了。"

一张由"第一百货"提供的照片,向我们展示了 20 多年前马桂宁先生在柜面为顾客服务的场景。

他的着装、他的手势、他的眼神,他整个人的精神状态,似乎不是在"卖布",而是在给自己的儿女量体裁衣!顾客是上帝!顾客是老板!这些口号离顾客真的很遥远。零售服务的本质其实很简单:把顾客当"亲人",服务才会有"灵魂"!正如马桂宁生前所说:"一店是我的家,柜台是我的根,顾客是我的亲人。"朴实的语言蕴含着零售的真谛,互联网时代的零售人,我们离"把顾客当亲人"的境界还有多远?

搜狗搜索"马桂宁"条目显示:1938 年 5 月生,汕头人,高中文化,高级经营师。我在上海市财贸管理干部学院任职时,曾有幸担任过马桂宁高级经营师的论文答辩老师。答辩中他说:"现在的服务有很多需要改进。如顾客穿上一件有点大的衣服,服务员就说,衣服宽松舒服;顾客觉得太小,则说紧身显得苗条;衣服短了,让顾客低头看;衣服长了,让顾客抬头看!这样介绍商品,可能一时会把商品卖出去,但顾客买后可能会遗憾。做服务人员,得学一点美学知识,让客人真正买到贴身、合身、体面的商品。"

1992年2月18日,邓小平视察"第一百货"时,吴邦国向邓小平介绍马桂宁:人们称马桂宁是"财神爷"。当时马桂宁连忙向邓小平解释说,他常去各商店进行服务示范,只要示范之后这些商店的生意都会马上好起来,所以人们给他起了这么一个外号。

几十年来,这位"财神爷"的足迹遍布大江南北,收徒五百多,桃李满天下,把自己的马派服务技艺毫无保留地传授给年轻人。他们中不仅有商店营业员,还有民航、铁路、轮船的乘务员,银行、邮局、移动通信的服务员,医院的护士,学校的教师等各行各业的劳动者,如今绝大部分都是各自行业中的标兵和佼佼者。成为全国劳模、省市劳模的徒弟不计其数,还有不少已经成为企业的领导者或专家。

马派服务技艺在"第一百货"也得到了传承与发扬光大。商店员工、马桂宁的徒弟侍冬梅、邵开平、李惠麟、朱雯瑾等先后成长为劳动模范。在一家百货商店,同时涌现出老中青三代全国劳模,这在全国绝无仅有。

时代不同了,售卖商品升级了,服务方式改变了,服务技艺更新了,但马先生为"亲人服务"的精神永存!

(资料来源:根据"第一百货"提供的历史资料编写)

9 眼镜工匠:蓝金康

蓝金康,1954年生,1972年中学毕业,响应政府号召,奔赴安徽省天长县开始了长达7年的上山下乡的艰苦磨炼。在农村,他种过地,也做过"记工员"和财务(注:农村出工记工分,记工员和财务,在农村都是由值得信任的人来做的)。

他于1979年返沪,经招工考试入职茂昌眼镜店。蓝师傅"从镜"38年,如今已成为上海乃至全国赫赫有名的眼镜工匠,是国际一级/高级验光技师,渐进多焦验配中心技术总监,全国五一劳动奖状获得者,全国劳动模范,享受国务院津贴高级技师,对斜视、眼疾术后、屈光参差等各种疑难屈光不正及成人渐进多焦镜的验配具有独到见解和独门技法。2016年,他被授予首批"上海工匠"称号,多次为党和国家领导人、两院院士、全国劳模验光配镜。

当蓝先生回忆起当年招考情况时,话语中流露出对母校上海格致中学老师们的感恩之情。他说:"当时上海市商业一局下属的三个眼镜公司统一招考员工,我的考试综合成绩获得第一名,得益于文化基础比较扎实。'文革'时期,中学只读4年,我下乡的时候老师特别叮嘱:把数理化学好,还送我很多书。所以,在农村我也没有放弃继续学习。这离不开格致中学老师们的教导!"他还说:"那一次招工报名有好几百人,最后录取了35人。1979年下半年返城时,我不想去街道工厂,正好遇上眼镜公司招工,就与眼镜这行当结下了一辈子的缘分。"如果没有这个招工,蓝先生一定会去考大学,说不定现在已经是某个领域的顶尖科学家了。那一年的选择，注定了他成为一个中国杰出的眼镜工匠。

入店以后，蓝先生在制片车间磨了3年镜片。他介绍说，在传统的眼镜行业，磨片是一个手工活，一般经过半年的学习就能上手单独操作。但他一干就是3年。他还说，如今有了进口设备，可以自动化磨片，只要输入验光参数，白片进去，成片出来。谈起"工匠本质"时，蓝先生说："现代工匠不仅个人需要精益求精，做到极致，还需要做到人与机器设备的融合，让设备成为你身体的一部分，而不是让身体成为设备的一部分。更需要有团队的合作精神，现在做任何事情，靠一个人不行，项目研发更是如此。"

1981年夏天，蓝先生还参加过一次"商业一局"的技术比武，对此有很大触动。全上海商业系统技术能手很多，但考试不仅考操作，还考理论。蓝先生说："我的理论分与操作分都很高，所以得了第一名，还得了30元奖金。这在当时差不多就是1个月的工资啊！"从这个小故事中，我们看到了两点：第一，当时各个部门对商业技能人才很重视；第二，做技能型人才或工匠，也需要学好基础文化，这样才能成为科学型、科研型的现代工匠。

蓝先生从1982年开始学习验光，从磨片工做到营业员、检验工、高级眼光技师、上海三联（集团）有限公司茂昌眼镜公司副经理，先后荣获上海市劳动模范、上海市工人技术创新能手、上海市杰出技术能手等荣誉，2007年获得中华全国总工会授予的五一劳动奖章，上海首批享受国务院特殊津贴的高级技师，被行业誉为"连眼科专家都佩服的验光师"。

2017年12月15日下午，我们去拜访了工作中的蓝金康先生。眼镜店位于上海市南京东路762号的上海三联（集团）有限公司茂昌眼镜公司，那是南京东路步行街最繁华的地段。蓝先生退休后被公司延聘，还每周工作6天，只有周四休息1天。每逢周日与周六，在这家创建于1923年的百年老店门前就会排起长龙。据该店三楼服务台工作人员介绍，早上9点半开门，一般7点钟就开始有人排队，常常有几百号人。只有蓝师傅验光需要排队取号。当我们来到蓝师傅验光室门口时，有一对老夫妻在等候验光，老夫妻说：通过电视了解到蓝师傅，是在3个月前预约的。

国外眼视光学医生需要在完成眼科学课程后再攻读视光学数年才能进行独立操作。蓝金康先生通过数十年的苦学苦练，潜心研究，终于到达该领域顶峰。2011年，蓝金康验配眼镜技术开发工作室在眼镜光学验光领域，以青少年渐进多焦镜、镜片去毛复新技术、762钻洁镜片三项成果，被纳入首批上海市"劳模创新工作室"。

自1996年起，蓝金康先生用3年时间建立了完整验配视力档案，1998年起，成立了三联茂昌科研小组，经过上千次试验，先后研发出青少年渐进镜、762特耐磨树脂镜片、2H1内渐镜多焦点眼镜系列和激光微创焊接维修法等科技新品，独创三点位法、树脂片"去毛复新"技术，验配成功率接近100%。其中青少年渐进片、"去毛复新"、762特耐磨树脂镜片技术、微创焊接维修法已获得国家专利。据蓝先生介绍，还有很多技术不宜申请专利,这就是通常所说的"技术诀窍或独门技艺",即 Know-How,技术诀窍,师傅向徒弟传授的技艺,也就是专有技术。

蓝先生所从事的不仅是一项明亮眼睛的技术工程,更是一项点燃希望的人心工程。尤其是他对超出电脑验光仪测试范围的超高度近视、高度散光、高度斜视等的检测,使眼科专家也赞不绝口。一些疑难杂症的患者,经医生介绍,找蓝金康验配镜,视力得到了恢复,也重新燃起了他们对生活的信心。有位 IT 男,从 26 岁到 28 岁,放下工作就诊了全国各地眼科名医,眼疾始终未见缓解,后经眼科专家推荐向蓝金康先生求救,蓝先生经过数小时的检测与分析得出了结论:双眼肌肉用力不平衡引起固视困难。不仅为其制定了一副特殊的眼镜,还设计了一套眼肌平衡恢复训练法,经过多次调整和不间断的训练,终于解除了困扰患者多年的眼疾烦恼。患者激动地说:"是蓝技师给了我眼睛第二次生命。"年复一年,新客变熟客,熟客变蓝粉。

上海商学院周勇教授说:"2008 年 2 月 20 日,我经人推荐到位于上海市南京东路 762 号的上海三联(集团)有限公司茂昌眼镜公司配眼镜,蓝金康师傅亲自为我验光配镜。其后由于散光老化等原因,又先后在四家眼镜店就近配了 8 副眼镜,不仅价钱特贵,不耐用,可视性也不好。我在静安寺配过一副近视、变色、散光三合一的眼镜,本来想开车的时候带上变色眼镜可以遮阳,但配后才发现,坐在车内,眼镜根本不会变色(如今蓝先生介绍说,可以配车内变色眼镜)。不到两年,镜框涂层脱落,变色失效,就这样一副眼镜,居然花了我 1 万多元。今年下半年我又重新启用蓝师傅在 9 年多前为我验配的眼镜,镜框不褪色不变形。老品牌+老法师=品质+品位+品格。"

上海商学院池丽华副教授说:"采访完蓝金康师傅,顺便请他看看我的眼睛。我也配过无数次眼镜,对配镜已经失去信心,晚上开车看不清指示牌和路面。蓝师傅一眼就看出我的双眼都受过外伤,不仅影响视力,更影响走路和开车。因为两眼视线上下不平,屈光参差,走路容易摔倒。听蓝师傅这么一说,我终于明白了曾经有过的两次莫名摔倒原来是眼睛高低不平才导致脚高脚低。"

名师出高徒,蓝金康身为"上海工匠",恪守"严谨敬业、精益求精、耐心专注"的工匠精神,并通过师徒"结对子"传承精神与技艺。培养了一大批验光一级技师和一名光学工程师,他的徒弟曾多次获得上海眼镜协会举办的眼镜验光技能竞赛一等奖。

蓝金康先生,在验配眼镜这个小领域做出了大贡献。他刻苦钻研,兢兢业业,自学成才,不仅是同时代人的楷模,更是当今年轻人的学习榜样。他不是眼科医生,却能诊断眼科医生无法诊断的眼科疑难杂症,并为患者排忧解难。他是中国工匠,更是有良心的验光师。

蓝先生友情提示:①我国青少年近视发病率为 50%～60%,是世界上近视发病率最高的国家之一,近视眼人数世界第一,希望家长和社会能重视起来。②不要让孩子过早地接触电子产品,6 岁之前尽量不上各种兴趣班,这远远超出了一个小孩子眼睛能承受的能力。③引起眼睛近视的原因虽然有多种说法,如遗传,但写字姿势不正是基本原因。正确的写字姿势应该是:第一,眼睛与笔尖要保持35厘米距离;第二,眼睛一定要能够看见笔尖。这样就不至于眼睛与本子凑得很近。近看的危害极大,就像尺子不断弯曲,最后变弯,眼球变大,正常人的椭圆体眼球直径为24毫米,每扩大一个毫米,近视加深300度。

（作者:上海商学院周勇、池丽华）

10 零售匠人华洲:认真仔细

华洲,高级经济师,华联超市股份有限公司原董事长,曾荣获1985—2005年商界精英、全国内贸系统劳动模范、中国连锁业突出成就奖、中国特许企业优秀管理者、上海市科学技术进步奖、上海市优秀企业家、上海连锁经营金鼎奖、连锁经营终身成就奖等荣誉称号。

从1962年17岁高中毕业入职"永安公司"到2003年从华联超市退休,在国企从商41年,其后自己开店至今已有14年,前后整整做了55年零售。

他入职的永安公司曾改为上海市百十店,后又改为华联商厦,2005年后恢复老店名永安公司。在华联商厦,华洲先生从练习生、营业员到华联商厦外汇商场经理,在国有体系内做了整整30年"百货人"。而他的父辈与兄弟都在日本经商,有人问他为何不去日本?那永远不变的板寸头,看上去还有点像日本人的华洲先生,只说了6个字"我就喜欢中国"。

2004年4月,上海申富国有资产评估有限公司曾对华洲个人无形资产做过一个评估报告(申富评报字〔2004〕第246号),报告称:"企业家华洲成熟和成功的经营管理技术个人无形资产的评估价值为3 500万元。"但华洲先生本人对自己55年从商经历只概括为4个字——认真仔细。他说:"把任何一件事都能做深、做透、做细,做到极精致的人就可称为'工匠',我就是这样一个'零售匠人'。"

在上海的超市行业,先有联华超市,后有华联超市,再有农工商超市。大多数业内人士都分不清其内涵,真实的情况是这样的:当初,上海向日本学习综合商社的模式,成立了一家内外联综合商社。到20世纪80年代中后期,小规模的超市开始出现,于是综合商社想与华润集团合资创办超市,"内外联"的"联"与"华润"的"华"合起来就叫"联华",但后来合资没成,名称则沿用了。1991年9月21日,上海联华超市曲阳店的开张,拉开了上海商业革命的序幕。

其实,当时正处于"商厦热",是我国百货公司的黄金时期。但华联商厦股份有限公司董事长张达夫"一意孤行",要从传统百货业分兵向连锁超市进发,这就有了后来的"华联超市"。华联超市其实并不是由华联集团投资,而是由华联商厦投资。

1992年华联商厦筹备华联超市公司,并于当年4月任命华洲担任公司首任总经理,1993年1月9日,华洲带领一批"华联人",从传统百货商业中抽身而出,肩负着华联商厦股份有限公司董事长张达夫的重托,赶在春节前开出了第一批6家华联超市门店。2000年华联超市借壳成功上市,成为中国超市第一股。

农工商超市最早的两家店是在1993年3月8日开张的农工商亚美超市、农工商向荣超市,其背景是:店铺开发者来自上海农工商集团(即农场局),而铺面由"亚美""向荣"两家绸布店改建而来,两者合二为一,就有了这个名字。1994年10月,农工商集团才成立超市公司。1995年1月8日,第一家以"农工商超市"命名的连锁店才正式开张。

上海超市行业曾经的"三巨头",就是这样起步的。我翻遍所有照片,都未能找到3位老总的合影照片。

2003年上海成立了百联集团,华洲先生因为年龄等告别了为之奋斗了10年的华联超市。卸任后的华洲,一直低调处事。他说:"这期间也有好几家公司以百万元年薪邀请我,但我都没有动心,因为我的心还在连锁经营上。"我曾经服务过的公司确实曾以百万元年薪加20%的干股邀请华洲先生加盟,但他最后还是选择了自己创业。

那时候,他说:"现在大卖场、便利店、超市很多,但缺少低价位,符合中低收入居民需求的齐全商品。"2005年,华洲先生创办了上海启点超市有限公司,以1元、5元、9元的商品为主,所以简称"1·5·9",营业面积200平方米左右,商品包括时尚饰品、学生用品、简易家居用品、休闲食品及日常生活用品。

拜访华洲先生时他说:有两家店,都已经开了12年,一家是在上海黄浦区西凌家宅路84号的"百货折扣",另一家在上海医学院路106号,今年4月份被徐汇区政府以"三无"名义武力封掉赶走,实质上我们完全正常经营!没有一点不合法的。现在在西乡路31号新开一家。

那些表面的浮华早已随风飘过,55年的积累,最终沉淀到一个属于自己的小店,却也能在市场的狭缝中寻得一席之地,名存店头10余年。这使人想起了我原来的领导曾经说过的一句话:"等我退休了,去开一家小店!"那些呼风唤雨的商业大佬们,如果在他们退休之后真的能像华洲先生那样开一个小店,持续经营10余年,去践行或找回那些服务顾客的初心,那可是件功德无量的事。

华洲先生是中国连锁超市的最早开拓者之一,被业界誉为"中国商人的代表"。2006年与全国劳模张秉贵等20名在近20年中国商业发展史上作出贡献的人士齐名荣获"1985—2005商界精英"称号。2014年3月14日,在上海连锁经营协会成立20周年纪念大会上,荣获"连锁经营终身成就奖"。

我从前所在的农工商超市,与华联超市、联华超市,号称上海超市三强。记得有一年公司开年会,领导特地邀请华洲先生给公司全体店长与管理人员授课。那一次授课给我印象最深的是：全行业都在急速发展，华洲先生则在加强细节化管理。所以，有人说他"抠门"，但就是这种"抠门"成就了华联超市的良好业绩。在 20 世纪 90 年代中期，华联超市连续多年名列国内连锁业榜首，后来虽然被联华超市赶超，但经营业绩与管理水平一直处于行业领先地位。2002 年华联超市（600825.SH）的存货周转率、存货周转天数、总资产周转率、净资产收益率等多项经营指标甚至连续两年优于沃尔玛。15 年前华洲先生就预言："在中国，我们占据天时地利，世界零售业的霸主沃尔玛只会给中国商业当配角。"

如今，中国零售业已经局部超越国外的优秀企业，中国零售业的发展模式也不断创新，受到了全球零售业同行的强烈关注，我们正在走向一个"零售新时代"。

但我们似乎也已经察觉到，效率问题仍然是零售业的一个基本问题，培育"追求效率"的"习惯"和"文化"，对任何一个时代的零售商来说，都是根本问题。在华洲先生当家的华联超市，每人限领一支圆珠笔，用完了就只能领笔芯；复印纸正反面使用；每一门电话都有使用定额，私人电话用投币机；购物袋按照千元销售定额使用；车队到指定地点加油；门店正式工与计时工的比例控制在 1∶2；等等。他还制定了一个办事三规则：有规章按规章，没规章建规章，规章滞后改规章。

华洲属于"体制内"的人，体制在客观上制约了公司的进一步发展。一方面向集团上交利润，另一方面又不得向银行借贷。早在 2002 年 7 月，华联超市就第一个推出"超市便利角"，在超市内开便利店的"店中店"。华洲也努力尝试过开办能超越标准小超市的"大卖场"，但都未能如愿，因为集团已经有"华联罗森"和"吉买盛"，上级集团只要求华联超市开标准超市。

要一个"富爸爸"，还是要一个"穷爸爸"？这是一个不太好回答的问题！农工商超市曾经有一个"穷爸爸"，"孩子们"自生自灭的结果是：穷爸爸做甩手掌柜，穷孩子茁壮成长。华联超市有一个"富爸爸"，富爸爸总觉得孩子没长大，管着管着就被管没了。

百联集团成立后 3 年，华联超市终于与联华超市合并为一家公司，继任的原华联超市总经理张国宏担任联华超市副总。联华超市公司原董事长王宗南曾对我说，当初应该快速融合，拖了 3 年才合并，延误了时机。

我们无法真正触碰华洲先生的内心世界，但从他 50 余年的零售经历，看到了中国零售人的精益与精致，坚定与坚韧，认真与仔细！下面请看华洲先生对"认真仔细"这四个字的解读。

华联超市股份有限公司原董事长华洲先生采访实录：

我是 1962 年进永安公司，从练习生、营业员、主任、科员到副科级、正科级一直到 1992 年，担任华联超市公司的总经理，历时整整 30 年。

在这 30 年里面，我学会了商品的进、销、存，也学会了企业的经营管理，从商品的进货、开拓新的品种，到柜台的商品陈列出样以及企业的成本管理，应该说这 30 年为我打下了非常扎实的从商基础。所以,1992 年我接受华联超市这个经营平台以后,从零开始,能有效地经营和管理好这个公司,并成为当时全国学习的一个样板,当然这里面也有领导、机遇和整个环境各方面的支持,主要是因为我有基础,所以这方面能够比较成功。

经过几十年的风风雨雨,我体会最深刻的是:发展连锁必须把每一家店经营管理好,也就是过去在永安公司的每一个柜台、每一个行政小组、每一个部门。现代物流实际上就是过去的仓库和车队的合成,只不过现代的连锁超市和物流是用电脑和互联网经营管理,要比过去的人工管理更正确与迅速,效率要提高很多。

第一,要把每一家店做好,这是整个连锁企业成功的最基本的要求。然后要有一套比较好的软件来管理,现代物流也是管好超市的重要保证。连锁商业的发展,都少不了基础管理和一些非常细致的操作性的工作,比如说,店内的商品陈列、怎么定价、清洁卫生等,这些看起来是小事,积少成多,就成为大事,这些工作绝对不可忽视,一定要做好。

第二,互联网与信息系统再好,也少不了门店员工以及其他各个部门员工的很仔细、很认真、很投入的工作,尽管有好的互联网、好的软件、好的系统,如果没有员工仔细认真的操作,还是做不好的。比如说,我看到一个非常新颖的连锁超市,他的设备也非常先进,信息系统、机械化都非常新颖,但我看里面的员工不是很认真。有一次,我在店里看见有几个员工站在那里聊天,其中一人突然接到信息系统通知要配送生鲜,便开始拣货称重。

我发现,活海鲜带了很多水,但他们就马马虎虎地称一下,称重以后就放在机械传送带上配送出去了。我还发现,在生鲜区,有好几种鱼,都有死鱼飘在水缸里没有及时拿掉。如果把有很多水分的海鲜称重后就配送给顾客了,或者拿了一条死鱼,也给了顾客,而顾客搞不清楚是海鲜水分的自然损耗还是把水分作为重量卖给顾客了,顾客也搞不清楚你捞出时是活的还是死的。久而久之,消费者会感觉到吃亏不合算。

第三,零售业销售业绩要好,会员制相当重要,当你的每一家店都有固定的消费者,将会对营业销售带来很大的影响。

第四,营销。营销好不好,商品的选择、陈列、定价,促销的时间段如何来定,商品的选择,消费层次的锁定等,这些对销售额都会起很大的作用。

重点的感想:把零售企业的每一个工作做细做实,是成功的一个非常重要的基础。过期食品、不新鲜食品,下架货避免流入顾客手里,这个工作很细,一家店里有成千上万的品种要做到这点,不细是不行的。

及时补货:在那么多品种里需要及时让缺品上架,做到缺品率越低越好。在那么多品种中做到缺品率为 0,不仔细不认真是不行的。

价目牌价管理:价目牌不要放错位置,不能打错,不能没有,而对于几万个品种来说要做到这点也不容易。我的重点就是:认真、仔细!

第 2 章

寻访企业

2017 年,美国长岛大学有教授来上海商学院,周勇问他们：世界上第一家超市就诞生在美国长岛,现在不知道还在不在？美国教授似乎不是很清楚。2018 年周勇到该大学访问学习,终于找到了这家超市。

诸如寻访全球第一家超市之类的调查研究,我们一直在做。本章"寻访企业"是到访企业的实录,其中也包括一部分学生的实践成果。

1 全球第一家超市：King Kullen

1997 年 3 月由我编著的《连锁超市运作规范》一书是这样描述 King Kullen 的："一般认为，世界上第一家现代超市是一个名叫卡伦（Michael Cullen）的美国人开设的金·库仑（King Kullen）食品商场。"

1）美国第一家现代超市

卡伦举家迁往纽约，他在那里找到了一位食品杂货批发商，并把他当作合伙人，在纽约的郊区租下一个空闲的大车库。1930 年 8 月，美国第一家现代超级市场开张营业了。

"一切如卡伦所料，顾客蜂拥而至，踏破了门槛。随后，他接二连三地开了 15 家超市，此事轰动了美国。当时，美国已是一个汽车社会，人们大多住在郊区，家中有大容量冰箱，他们喜欢每隔一两个星期开车去集中购买一次食品。卡伦把超市开在郊区，并设有宽敞的停车场，这就适应了消费者的生活方式。'薄利多销'的促销策略从经济利益上诱导顾客大量购物。"

King Kullen 官网（https：//www.kingkullen.com/）首页有"America's first supermarket"字样（即美国第一超市），并说这是由 Smithsonian Institution（史密森尼学会）认定的。史密森尼学会是美国一系列博物馆和研究机构的集合组织，也是美国唯一一所由美国政府资助、半官方性质的第三方博物馆机构，同时也拥有世界最大的博物馆系统和研究联合体。The Food Marketing Institute（美国食品营销协会，简称 FMI）则称 King Kullen 是"食品零售新时代的催化剂"。

实际上这也是世界上最早的现代超市，能获得博物馆协会与 FMI 的认可，King Kullen 可以说是超市历史的活化石。

2）最伟大的价格突破者

卡伦出生于 1884 年 4 月，父母是爱尔兰移民，出身贫寒，卡伦 18 岁那年进大西洋太平洋茶业公司担任职员，在那里他逐步晋升为部门总监。17 年后，卡伦搬到了中西部，在伊利诺伊州的互助食品公司和密苏里州的 Bracey-Swift 工作。接下来，他转到了克罗格食品烘焙公司（在伊利诺伊州）任总经理一职。卡伦天生的营销才能、工作经验以及对杂货店业务的洞察力，使他有一个大规模销售理念——以低利润率大批量销售。

多年的实践使他积累了经营食品的丰富经验，他潜心勾勒出一幅超市的蓝图。卡伦在伊利诺伊州担任 94 家小型克罗格食品烘焙公司商店的经理时，热情洋溢地给公司总裁写了一封长信，详谈了超市的各方面细节：哪些商品按成本销售，可以造成市场轰动效应；哪些食品营业额极高，因而最能盈利；超市最好设在哪里，为什么要有停车场等。他甚至预言："顾客们一定会挤破我的大门，一场骚乱在所难免，我还得请警察来维持秩序，每次只许一批顾客进店。我得领着顾客摆脱高价的桎梏,走向低价的乐园。"卡伦提出了"巨大商店的设想",这些商店约为 40 英尺宽,130~160 英尺深(合 483~595 平方米,相当于现在的一个"标准超市"),应该位于离高租金区 1~3 个街区的地方,有足够的停车位,同样应该作为半自助商店运营,提供 20% 的服务和 80% 的自助服务。然而公司总裁把他的建议当作海外奇谈,嗤之以鼻。卡伦一气之下辞了职,举家迁往纽约,他在那里找到了一位食品杂货批发商,并把他当作合伙人,在纽约的郊区租下一个空闲的大车库开办超市。有五个基本标准:独立的部门;自助服务;折扣定价;连锁营销;批量交易(separate departments;self-service;discount pricing;chain marketing;volume dealing)。

卡伦在当时出售的 1 100 种商品中,300 种以成本出售,200 种以成本加 5% 的毛利出售,300 种以成本加 15% 的毛利出售,300 种以成本加 20% 的毛利出售。他在报纸上所做的广告是"世界上最伟大的价格突破者"。

卡伦所采取的低价促销策略,引起了全国各地食品的"大杀价",于是,传统的食品零售商开始抵制超市,并对报社施加压力,不允许超市在报纸上做广告,因而很多超市(如 Big Bear)只好改用发宣传单做广告。可见,即使在美国,超市的发展也不是一帆风顺的,但只要迎合了消费需求和社会经济的发展,就能最终取得胜利。

在开业两年内,有 8 家 King Kullen 商店,每家都比第一家大。到 1936 年,有 17 家 King Kullen 超市,年销售额约为 600 万美元。虽然卡伦在开第一家商店仅仅 6 年后突然去世,但是 King Kullen 在卡伦妻子的领导和家人的支持下继续成长壮大。在 20 世纪 50 年代,该公司在长岛向东扩张。

3) 亲临 King Kullen 店铺

1995 年,我去美国考察学习特许经营,虽然在美国停留了 30 天,但当时并没有到访 King Kullen。这次与上海商学院伊铭、池丽华、沈荣耀、李仇辉、曹剑涛一行 6 位教师在位于纽约的长岛大学短期进修学习期间,有幸亲临现场目睹了这家具有 90 年左右发展史的连锁超市的真面貌。

美国纽约时间 2018 年 10 月 27 日下午,我们冒雨找到了传说中的 King Kullen 超市,位于曼哈塞特商业中心(Manhasset Center, 1430 Northern Blvd, Manhasset, NY 11030),King Kullen 公司地址:King Kullen Grocery Co., Inc., 185 Central Avenue, Bethpage, NY 11714.(516) 733—7100。

营业时间周一到周六的 7:00—24:00 和周日的 7:00—22:00。美国的大型零售店周末营业时间一般都会缩短,如 Costco(好市多)营业时间,平日 9:00—21:00,周六 9:00—19:00,周日 10:00—18:00。不同商圈的店铺采取了不同的营业时间,主要是关门时间不同:22:00,23:00,24:00,全天候。也开展了网购到店提货或到家送货服务。

进入卖场的第一感受是如到家,很温馨。美国超市,一般都是进出口分离,使用不同的液压门或侧开的自动门。King Kullen 店铺进门有一个小小的缓冲区,左侧是一面镜子与书报,右侧则是一个鲜花摊位,空间不算大,但很有质感,有一种"到家"的感觉。

从官网介绍可知,这家超市始终保持着以生鲜食品为主导的经营特色,从网站主页所展示的图片就可以看出两点:生鲜与烘焙。

烘焙是其老本行,高大统一的冷冻食品柜有120多个,蔬菜、水果以及调味料品种非常丰富,还经营药品,其新一代店铺的门面布局,中间是超市入口,两边分别是药房(pharmacy)与面包房(fresh bakery)。

King Kullen尽管在生鲜食品方面做得很有特色,但当地美国人还是经常会去King Kullen隔壁的一家叫作"STOP&SHOP"的超市。为什么呢?因为这家"停车购物"的商店比金库伦有更多的日用百货商品。在纽约长岛的一个商业中心有一家塔吉特(TARGET)超市,大部分营业面积提供给了非食品,如服装、鞋子、美妆等,在收银台前甚至还在售卖光碟,在收银出口还设有很大的药品店。

King Kullen卖场呈长方形,进入商品陈列区,首先看到的就是生鲜蔬果。从蔬果价格来看,蔬菜价格比水果价格高,番薯只要1美元1磅,包装水果区还设置了吊秤,类似我国的"公平秤"。收银区右侧是卖场进口,纵向靠墙一面从服务台一直延伸到烘焙与熟食区(烘焙是超市创始人的老本行)。最令人吃惊的是高大统一的各种冷柜有120多个,横向三列冷柜有100多个,再沿墙面陈列冷柜有20多个,从冷冻冷藏食品延伸到加工好的鲜肉,最后居然还有一个寿司柜。卖场用14条横向通道计28列货架(其中3列为冷柜)分类展示陈列商品,食品主导,尤其是生鲜食品、冷冻冷藏食品、宠物食品占据了卖场90%的空间。

收银台10个,其中有两个是自助收银台,自助收银台的设备与支付模式和TARGET超市相似,都可以用纸币或信用卡等支付。

4) King Kullen 的启示

King Kullen延续至今,仍然发展得好好的,使我们发现如下特点。

(1)一家地区级的连锁超市公司,在公司创办6年后创始人离世的情况下,居然能在激烈的市场竞争中延续88年,最关键的原因是什么?这是值得深思的问题。其官网显示,King Kullen三代领导人都非常注重改善员工关系,King Kullen在20世纪30年代末就为其员工提供保险、假期和加薪,长期以来培育了管理层和员工之间的积极关系,这是企业制度与文化层面的成功原因。

(2)从经营层面来分析,最主要的原因是形成了自己的特色,以生鲜食品为主导,并在发挥自己烘焙特色的基础上,开发出医药健康类业务,如提供处方和药物、维生素、营养补充剂、非处方项目、家庭保健、注射流感疫苗、药品保险、处置未使用的药品、药房和在线处方配药等医药健康服务。

(3)长岛属于富人区,既有全食,又有好市多、BJ(BJ's Wholesale Club Inc.,是一家仓储式的超市)等仓储式超市,美国人对百货型超市的需求似乎比中国人更强烈,原因之一是美国的网购不如中国发达,这就使美国消费者购买日用百货商品更依赖大型仓储式超市。

(4) 一个国家的食物结构与人口结构在很大程度上决定了这个国家的基本消费需求,导致了不同国家之间零售业态与经营模式的巨大差异,这在引进与开发零售业的过程中是需要特别重视的问题。甚至同一个国家在不同地区,零售业态的差异化也是客观存在的,零售商虽然可以局部改变人们的生活方式,但这通常需要有一个比较长的过程,而且并不是每一家公司都能做到。

2 | 美国 Costco 及其中国首店

2018 年 10 月 27 日,我们还去了 Costco。

1) Costco 的前世今生

Costco 的前身是成立于 1976 年的"Price Club"。第一家 Costco 仓储量贩店开业于 1983 年 9 月 15 日。1997 年,Costco 与 Price Club 合并成 Price Costco 会员制仓储批发公司,1999 年更名为开市客股份有限公司(Costco Wholesale Corporation)。截至 2018 年 Costco 在全球 10 个国家(或地区)开设了 762 家分店,以美国本土为主,海外市场主要集中于波多黎各和加拿大,在英国、墨西哥、日本、澳大利亚、韩国、中国设有连锁店,其中,1994 年进入韩国(13 家),1997 年进入中国台湾(13 家),1999 年进入日本(26 家),2019 年进入中国大陆。

开市客官网(https://www.costco.com.cn)称:自 1976 年至今,"以尽可能低的价格持续为会员提供高品质的商品及服务"的核心理念从未改变。上海人也许会关注 1498 元一瓶的飞天茅台酒,但他们实际上更有"洋货情节"与"真货情节"。如果只靠超低价与便宜货引流,那就不是 Costco。

2019 年 8 月 26 日,巴菲特在接受雅虎财经专访时称这一制度和投资一样,能有助于从庞大的受众群中筛选出与自己的期待相吻合的顾客。

一般认为 Costco 是连锁会员制仓储式量贩店,即"仓储批发商业模式",以下 10 个方面体现了 Costco 的基本特征。

(1) 会员付费:全球会员逾 9 600 万人。2018 年会费收入 31.42 亿美元,净利润 31.34 亿美元。可见,净利润几乎全部源于会费收入。

(2) 消费返利:美国消费者一开始也不太愿意接受付费会员制度,后来 Costco 采取高级会员消费返利方式才绝处逢生,高级会员每年收费 120 美元,2% 的消费返点,年返点额最高 500 美元。如果每个月购买 500 美元,等于赚回了 120 美元年费。这一措施也提高了续费率。

（3）百货超市：与国内大卖场以生鲜食品为主导有很大差异，这是一家"品项精选，品类广泛"的百货主导型超市。在 3 700 个品项中，食品杂货占 41%，生鲜食品占 14%，硬百货占 16%，软百货占 11%，附加服务收入占 18%。开市客官网所显示的品类依次包括视听中心、光学眼镜部、西式餐饮、熟食、面包部、点心/糖果、健康美容用品、书籍、私人订制化商品、办公用品、汽车百货、服饰、珠宝手表、季节性商品/玩具、小家电、家纺/家居用品、电脑/电子产品、杂货、园艺用品、五金/储物用品、运动用品、冷藏/冷冻食品、酒品、生鲜肉品/海鲜、食品、新鲜蔬果。

（4）自有品牌：自从 2014 年 10 月 Costco 进驻天猫国际以来，Kirkland 品牌的坚果、蔓越莓干等产品都有良好的表现，Kirkland 混合坚果是中国消费者新年最爱买的前 10 种食品之一。开市客官网所显示的自有品牌商品包括服饰、有机食品、宠物用品、清洁用品、厨房用品、保健品、五金用品、美容用品。Costco 以 1/4 的自有品牌商品倒逼 3/4 的厂商品牌商品实现了低价。

（5）价格低廉：BMO Capital Markets 研究发现，Costco 线上商品价格比亚马逊便宜 19%，实体店内的价格则便宜 25%。可见，Costco 商品价格优势非常明显。我曾在美国的 Costco 买到过 5.99 美元一盒 12 个可颂，在服务区，这样的可颂一个就要 2.49 美元。在上海开市客，28 个可颂 42.9 元，每个 1.53 元；两盒麦芬 12 个，共 59.9 元，即 5 元一个。

（6）简约粗犷：Costco 卖场入口处摆放着巨大的购物车，甚至有顾客推着铲板车购物，没有购物袋，顾客用废弃的纸箱装商品。开市客官网称："所有商品均以原装货盘运送，并陈列于简单的卖场环境中，这样能更高效地存放及转移商品至销售区域。此外，卖场为自助式，会员所购买的商品可以利用回收的空纸箱包装。"

（7）商业中心：Costco 有一个称为"商业中心"的业务，其实就是做"to B"业务，主要是针对小型杂货店。在美国，Costco 早在 2001 年就在其官网旗下开设了 B2B 在线购物网站，但经营业绩不佳，后来转向个人消费经营才有起色。目前卖场中的大包装商品本来就是面向小店的，如今以"大"来展现"廉"，已成为 Costco 卖场的一大特色。所以 Costco 也被称为"XXXL 号超市"，如 2.36 米高的毛绒大熊、1.18 米高的玻璃红酒杯、2.28 千克一瓶的蛋白粉、48 节一包的电池、3 L 装红酒、28 个装可颂等。

（8）高效营运：Costco 的商品周转平均约 30 天，也就是 1 年周转 12 次。2018 年 Costco 以 3.63 亿美元支撑起 1 416 亿美元的销售额和 961 亿美元的市值，相比亚马逊用 67 亿美元运转 2 329 亿美元的销售额和 7 995 亿美元的市值，Costco 的营运资本效率极高。Costco 的毛利率为 13%～14%，沃尔玛的毛利率在 25% 左右；Costco 的费用率在 10% 左右，沃尔玛为 20%。

（9）中介公司：有人说 Costco 其实不是超市，而是你无法拒绝的中介。Costco 利用自己的客户资源开辟了"卖车"业务，而且超越 Auto Nation 成了美国最大的汽车零售商。早在 2000 年它就成立了 Costco Travel 全资子公司，提供旅游服务。

（10）金融服务：美国 Costco 的会员卡同时也是银行卡，它与 Citibank 合作发行了联名卡，在 Costco 消费可以享受 2% 的返现。在中国它与平安银行也发行联名信用卡，可以减免 100 元会员费，在 Costco 消费可以享受最高 1% 的返现，白金卡每年最高返现 1 440 元。

2）百货主导型超市更受欢迎

备受业界推崇的 Costco，在美国其实就是一个大型的百货型仓储超市。入口处摆放着巨大的购物车，甚至有顾客推着铲板车购物，没有购物袋，顾客用废弃的纸箱装商品。大包装商品高高地堆放在超市进口，米其林轮胎也是主打商品，超市出口有人站岗检查敲章，卖场内售卖家电、手表、首饰，甚至有 1.5 克拉的钻石销售。家电、服装、药品、食品占据了大部分营业空间，很粗放，很热闹，大包装，低价销售，大量购买。如耐克卫衣、Levi's 牛仔裤售 30 美元以下，三件套品牌童装售 10～12 美元，CK 四条装男士短裤售 12.99 美元。中国 20 年前就已经有仓储超市，但后来消费者渐渐不喜欢环境不好的仓储式超市。

周六的好市多，下午 7 点就关门了，欢迎客人的是超级大的购物车，鸡蛋与牛奶居然在冷库里销售，6～8 元 24 个鸡蛋，冷柜特大，整个人都可以进去，整箱陈列，最便宜的还是哈根达斯冰淇淋。

King Kullen 官网显示了有关网购的种种限制与不便利：①第一次订购 75 美元或以上的顾客免费送货；②最低订单金额为 50 美元或以上；③提货订单没有最小订单量（即到店提货）；④订单于周二至周日交付，必须在交付前一天中午前发出，周一交付的订单必须在交付前的周六中午前发出；⑤网上商店订单的价格是基于订单交付给客户或由客户提货当天（而不是客户下订单当天）有效的销售价格，如果客户周三下单，周六交货，则周六生效的销售价格决定了客户支付的价格。如此看来，中国人在购物便利方面真的是太幸福了。

3）Costco 再现了上海 20 年前的零售景象

上海人有"正宗情节"，想买到正宗的美国货。这是吸引消费者的很重要的原因。德国 ALDI（阿尔迪）与美国 Costco（好市多）2019 年落户上海，引起我国零售行业的高度关注。但这两家国际著名的优秀公司，都没能用上国人早已熟悉的中文店招，分别使用了两个怪怪的名称：奥乐齐、开市客。不知道是被第三方抢注了，还是启用了一个新名称。但愿以后的路能越走越好。

从 20 世纪 90 年代中期开始，我国零售业进入了大卖场时代，其中也包括仓储式超市，既有会员制，也有非会员制。在上海的主要品牌有：

1995 年，联华超市与家乐福合资成立联家超市有限公司，同年 12 月 31 日，第一家大型综合超市家乐福曲阳店开业。

1995 年，麦德龙与上海锦江集团合作，建立了锦江麦德龙现购自运有限公司。1996

年 10 月 27 日,在普陀区开设了第一家现购自运商场,填补了国内在仓储业态上的空白。

1997 年 6 月 23 日,第一家易初莲花(2008 年改名为"卜蜂莲花")在上海浦东开业。

1997 年,大润发在中国大陆成立上海大润发有限公司,1998 年 7 月 12 日,在闸北区开设了中国大陆的第一家大润发超市(RT-MART)。

1997 年 2 月,易买得在上海曲阳开设了第一家门店。

1999 年 1 月 17 日,农工商 118 店大卖场在金沙江路总部基地开业。

2000 年 9 月 8 日,联华超市浦东大卖场开业,标志着上海本土超市向大型综合超市转型(世纪联华)。

2005 年 7 月 28 日,首家沃尔玛购物广场在上海开业。

2010 年 12 月 23 日,山姆会员商店在上海开业。这是沃尔玛山姆会员商店在上海及华东地区开设的首家商场,也是其自 1996 年在深圳开出首店之后,在全国开设的第 6 家商场。

进入上海的大卖场还有好又多和乐购(TESCO)。后来,易买得撤离中国,好又多被沃尔玛收购,乐购被华润创业并购重组。

2019 年 8 月 27 日,Costco 在离沃尔玛上海第 4 家山姆会员店(业锦路)15.3 公里的闵行区开业,营业半天后因顾客太多不得不关门停业。

记得 1999 年 1 月 17 日上海本地第一家大卖场"农工商 118 店"开业的时候,也是这样的场景。仓储式、爆品、低价,十几万人涌入卖场,人山人海,商场入口卷帘门不得不采取临时关闭措施,根据离店顾客数量决定进店顾客数量。全上海的小偷也全部在该店集中,连卖场对面开电脑维修店的老板也加入了小偷的行列,开业 3 天,被偷 30 多万元。商场内更是一片狼藉,"孤儿商品"整车整车地被丢弃,商场动用了半个连的"兵力",来清理与复位"孤儿商品",还忙不过来。顾客跑步进店以后,直冲几款特价商品,如黄酒、大米等,有些人干脆就直接躺在整托盘的商品上说:这些我都要了!那疯狂,从未见过!

但没过几年,除了麦德龙仍然坚持仓储式以外,其他大卖场都转型了,因为发现上海的消费者其实并不喜欢这种"粗犷"的卖场,他们更喜欢"精致",比如后来出现了"城市超市"(CITYSHOP)。

4) 开市客的商品力

2020 年 1 月 20 日,周一,开市客中国首店开业约有 5 个月了,我到店铺发现依然人满为患。

下午 3 点不到,我来到店铺附近,离停车场还有 404 米车程,导航显示红色拥堵,需要 6 分钟,但实际开了 20 多分钟。到达停车场入口,沿着陡峭的坡道,从一楼爬坡到四楼屋顶,才找到了车位,三个楼面的停车位几乎全满。停好车,再从屋顶顺着平板扶梯下到一楼的卖场入口。

这里的卖场入口比美国的 Costco 大得多,但仍然显得有些拥堵,需要推车进入的顾客仍然需要排队等候。入口处服务人员手动计数,并用 ABD 慧眼数据技术显示出到店人数、离店人数与店内人数。下午 3 点 40 分,我排队入店前,到店人数是 17 055 人,离店人数是 14 704 人,店内人数是 2 351 人。下午 4 点 55 分,我离店时,到店人数 19 933 人,离店人数是 18 022 人,店内人数减少到 1 911 人。卖场内客流 2 000 人左右已经很拥挤。

卖场内约 22 个收银通道全部开启,两边的收银通道一直排队到卖场底部的面包房,直的是收银排队,横的是买面包排队。最长的收银排队人数多达 48 人。排队约 1 小时才完成结账。排队之长,令人望而生畏,卖场中到处可见整车的"孤儿商品",连低度茅台酒也被随处丢弃。

一起去的朋友家住浦东,隔段时间就会去一趟闵行的开市客,来回要开车 100 多千米。他主要买什么呢? 第一是牛排;第二是 10.9 元 6 个一盒的大番茄;第三是 59.9 元 6 个两盒的"综合马芬";第四是 34.9 元一袋约合 2 元一个的百香果;第五是 21.9 元一盒 30 个鸡蛋,约合 0.73 元一个鸡蛋。

开市客的卖场布局与美国 Costco 基本一致,正面是一个珠宝柜台,价格从几万元到几十万元不等,有一款产地为广东广州市、主钻重量 3.02 CT 的钻戒,标价为 56.69999 万元。还有标价 13 999.9 元的意大利皮包。

当然,还有饼干、巧克力、烘焙食品、大龙虾、大蟹脚、桂鱼排、牛排、鲍鱼、葡萄酒、咖啡、黄油、蔬果、保健品、服装、玩具等一系列产品。

我感觉人气最旺的就是烘焙食品,陈列面包蛋糕的平台几乎空荡荡,排队等候的队伍与收银结账队伍差不多。我本来想买一盒可颂,但早已售罄,只抢到一盒平均算下来 5 元一个的"综合马芬"。

到底是什么吸引了顾客? 他们不怕远距离驱车,他们忍受着拥挤不堪的卖场环境,他们有耐心长时间排队等候结账。距离远、环境差、等候时间长,卖场内也没有"新零售"那样的堂吃餐饮体验,更没有大型综合超市频繁的打折促销活动,甚至连叫卖吆喝声都没有,只看到咖啡、汤料产品等几个试吃摊位,在悄悄地向客人展示着他们的产品。当天倒是有 53 度飞天茅台,但在下午 3 点已经售罄。一位负责咖啡试吃的服务人员说,今天是买满 1 000 元,才有资格买一瓶飞天茅台。

开业 5 个月以后的 Costco 中国首店,给我最深刻的感受有 3 点:

(1) 只要商品好,不怕环境差。与美国 Costco 相比,卖场布局差异不大,停车位更多,车辆进出与停车更难,商品也似乎更少,尤其是保健品与服装,但顾客更多。Costco 的核心能力既不是低毛利,也不是会员制,而是"选品能力",他们为顾客选购或开发商品,顾客无须挑选,无须比价,只要放入购物车就是。归根到底就是"商品力"。对国内零售企业来说,这是一个有待深度探索的问题。一家外来的店铺,开在那么偏僻的地方,开业 5 个月以后仍然热度不减,估计年销售额可以达到 30 亿元。这种"商品力"是怎么建立起来的?

（2）心理需求常常会超越物质需求。不常去的店，偶尔去一趟，看到这么多人都似乎在抢购，人的购买欲望就会被激发出来，进而会买一些本来并不需要的东西。而且有些看起来好吃的东西，吃过以后会发现其实并不好吃。如今天买回来的"综合马芬"，其实就是加了核桃与葡萄干的蛋糕，太甜，吃过一个以后不会再有想吃的感觉。但对年轻人来说，在那里可以找到很多他们喜欢的食物，因为他们并没有吃到过纯真的好食品，外来食物就成为他们心目中的"上品"。当然，买了会员卡，消费被部分锁定，这也是很重要的原因。但如果进出一直这么拥堵，购物环境一直这么差，排队结算时间一直这么长，以我的态度，第二年就不会续费。

（3）做零售要专心，先专心把一个行业、一件事情做好。当下有不少零售企业，核心能力没有培育起来，就想什么都做，跨界出去以后，连回家的路都找不到。Costco 在中国，未来的经营模式可能也会随着消费需求的变化而变化，但其专业精神是值得国内零售商学习的。如果"做专"做不好，靠"做多"来弥补，那一定是"三脚猫零售"。

总的来说，中国的开市客没有美国的好市多好，进出麻烦、体验很差，商品没啥特别，结账等候时间太长，价格也不见得有多少便宜，50 元两支的柳枝感觉就不便宜，去过一次不想再去。但仍然有很多人会去，那肯定有吸引他们的原因，主要还是商品。所以，国内零售商得好好研究 Costco 的商品力。

5）Costco 的启示

据说营销之父菲利普·科特勒授课时经常说过两句话："市场变化比市场营销更快"，"如果 5 年内，你还用同样的方式做生意，你就离关门不远了"。

但是，Costco 自 20 世纪 70 年代至今，凭借"仓储式 + 收费会员制 + 有限品项 + 优质低价"，实现了持续的稳定增长。当然他们也在不断改进，但基本的模式没有改变。

20 多年前我在美国访问过一家名叫施耐普昂（Snap-on）的五金工具经销公司，其经营方式是通过特许加盟，用流动车售卖五金工具，所以，这家公司又被称为"轮子上的商店"。后来，我在美国纽约又看到行驶在道路上的 Snap-on 面包车，感觉特别奇怪，经过20 多年，该公司仍然活得好好的。

美国不断开发出颠覆性科技成果，但是，美国人的生活并没有像我国那样在发生颠覆性的变革。购物仍然以线下为主，人们每周或隔周购物一次，这使得大型仓储式超市仍然备受青睐。

但在我国，居民收入与生活水平稍有提升，就开始从"每天购买"升级到"每餐购买"，商家用"日日鲜"培育零售的"信赖品牌"形象，但农产品的安全问题始终令人担忧。这是一个有点畸形与变态的市场，在未来必将回归的不是所谓的"零售本质"，而应该是"需求本质"。

美国 Costco 的套路并不复杂，但学起来并不容易，做起来则更难。难在我们的目标导向一下子很难转变。这引流，那变现，如果卖场没啥好东西，没有具有竞争力的价格，引啥流都是竹篮打水一场空。

对 Costco 来说也是一样，会员制并不是关键，想用收费会员制套住顾客的做法如果没有好东西作支撑，也就没有生命力。

如果只学他们的形，那是自寻死路。如在过去，一个竹筐一根棒头一根绳子一把谷子，待一会就能套住一大群麻雀。到如今，麻雀都成精了，不管你怎么折腾，一个都套不住，而且捕麻雀也属于违法行为。

6）选品与效率是关键

上海开市客开业后半天就因顾客太多而被迫停业，在业内引发了广泛讨论。正方认为，超级高的性价比能使消费者接受付费会员模式；反方认为，被电商宠坏了的消费者不会普遍接受付费会员制。Costco 还是很值得业界认真学习的。付费会员制只是其形，主要在"选品"与"效率"这两点。

第一，为顾客选品。在实体零售商被多渠道肢解的背景下，实体店最基本的前提是要用商品去引流，这才是"真道理"。Costco 在美国做到了这一点，这就是给顾客最好的体验。当然，随着会员数量的增加，Costco 开始做"品牌延伸"的跨界业务，使自己成为一个"中介"。但在我国当前，很多企业从一开始就跨界了，结果没多久主业跨了，副业也就没了。做零售的根基是商品，财源来自忠实的顾客，所以，真正做零售的企业一定是"植物型"的，深挖商品，扎根用户，绝不舍命狂奔，就是为了给顾客一个好的体验。发展速度过快，必然会影响服务质量与顾客体验。

第二，高效营运。零售业千变万化，最根本的道理并没有改变，追求销售、毛利与周转，并控制费用与损耗。因为零售业属于高投入、重资产行业，保本点很高，100 元销售额中只有最后 10 元才是盈利空间。因此对零售业来说，扩大销售就是降低成本、扩大利润的最好途径。没有销售就没有一切。但如果追求高毛利，就会影响周转速度，结果不仅占用大量资金，增加货损，而且销售额与净利润也将受到严重影响。所以，以扩大销售、提高周转率为核心的高效营运技术，是零售商的基本功。

7）值得思考的问题

上海开市客开业 5 个月后还人山人海，有 5 点值得我们思考。

（1）中美生活方式有很大差异。美国人居住比较分散，几乎没有就近便利的商店，到家服务的成本非常高。所以，一般是围绕一定的社区有一个以大型卖场为主导的"商业中心"，即使是电商也发展成为到店取货的模式。而在我国，居住区相对集中，街边店与社区店十分发达，生活上越来越讲究就近便利，新鲜日配。再加上户均人口已经跌破 3人，这样的家庭结构，大包装商品显然是不合时宜的。

（2）付费会员制模式能够锁定客群，但与我国消费者多样化、多渠道购物的消费需求相矛盾。在互联网背景下，我国消费者已经养成"免费"习惯，而且消费渠道选择缺乏"忠诚度"，如今来了个 Costco，叫你始终如一到他们卖场购物，这样的消费，过不了多久就会厌烦。所以，从这一点来看，Costco 的客户群不可能像美国那样做得很大，它只能满足极少部分中国消费者的需求，目标顾客群具有极大的局限性。

（3）经营强项与市场规模之间存在矛盾。自有品牌、进货压价、品类集中、周转快速等都是 Costco 的强项，但这些强项都必须以经营规模的扩大为基础，否则也很难实现强项效应。

（4）美国式的品类结构如果不能及时调整，快速迭代，很容易被消费者抛弃。某些百货商品虽然对消费者具有一定的吸引力，但毕竟不是消费者每日必需的商品，这类商品的周转率较低。而生鲜食品的经营，最强调本地化，一家 Costco 也很难发挥供应链优势。如果决策由美国高管把控，市场反应缓慢，势必会使公司经营落后于消费者需求变化。这对外资企业来说，是最致命的。

（5）跨界业务会受到种种限制。Costco 在美国可以开 500 多家加油站，但在中国可能 1 家也开不成，即使在中国可以做旅游业务、私人订制业务，但别的更强大、服务更好的公司早已存在，连卖场这个日渐衰落的行业在内地都晚进入了 20 年的 Costco，恐怕在跨界业务上毫无用武之地。

在外资大卖场纷纷求退的今天，Costco 首店落户上海，也许是看高了自己，也许是看好中国，总之，这是一项极具挑战的决策。能撑多久，主要看他们想花多少钱。成败与否，拭目以待。

3 德国阿尔迪及其中国首店

关于德国阿尔迪（ALDI），最初我是通过《只放一只羊》这本书了解了它。后来为了开办伍缘折扣店，于 2005 年陪同领导专程去德国考察了阿尔迪。2019 年 6 月 7 日阿尔迪落户上海，首批两个门店选址静安和古美。

1）奥乐齐：静安与古美

ALDI 在中国的公司名称与店铺名称都没有使用行业的习惯叫法"阿尔迪"，而是用了一个蛮拗口的新名字"奥乐齐"。这个名称有点像"玩具""糖果""饼干""游乐园"。

上海老静安处于"闹中取静"的市中心地带。静安区一直是购买力流入区，根据上海市商务发展研究中心的测算，2017 年静安区购买力吸引指数为 1.48，比老静安、闸北两区合并后第一年（2016 年）的 1.35 提高了 0.13 个百分点。

静安区在全市 16 个行政区中，面积占比不到 1%，排名第 14 位；人口占比不到 5%，排名第 11 位；人口密度高，排名第 3 位；人均 GDP 排名第 4 位；人口老龄化程度高于全市平均水平；多条地铁开通与楼宇经济的发展，形成了流动人口较大的特点。

从以上数据可知，静安区是购买力流入区，商务人群和流动人群提升了静安区购买力。《静安区人口服务与综合管理"十三五"规划》将静安区分为三类：南面有 5 个人口调减区、中部有 3 个人口导入区、北面和南面共有 6 个人口稳定区。便利店等零售业的分布密度从北到南依次递减。

古美商圈位于闵行区，属成熟商圈，菜场、超市、便利店、商业中心齐全。

2）ALDI 前世今生

它的前身是创办于 1913 年的一家杂货店，1948 年阿尔布莱希特兄弟接管其母在德国埃森市郊矿区开办的食品零售店，1962 年对该店进行了改组，第一家以"ALDI"命名的食品超市在多特蒙德诞生。ALDI 是"Albrecht"和"Discount"两个首字母的组合，即阿尔布莱希特家族的折扣店。

ALDI 官网（https：//www.aldi.com/）显示：ALDI 已经发展到 19 个国家，除德国本土与中国外，还包括澳大利亚、奥地利、比利时、法国、丹麦、英国、匈牙利、爱尔兰、意大利、卢森堡、荷兰、波兰、葡萄牙、斯洛文尼亚、西班牙、瑞士、美国。但主要集中在欧洲的一些小国家。这就带来一个问题：中国比这些国家具有更丰富的食物多样性特征，阿尔迪进入中国大陆首先要面对的就是这个问题，如果阿尔迪仅仅是一个售卖进口食品的商店，那是很危险的。

2019 年 2 月 11 日，德勤（Deloitte）发布 2019 年度全球零售商力量报告（Global Powers of Retailing 2019），截至 2018 年 6 月的财政年度，在全球 250 家零售商排名中，阿尔迪以 982.87 亿美元仍然保持在第 8 位，与排在第 6 位的德国施瓦茨集团（Schwarz Group，也是折扣连锁店）1 189.82 亿美元，仅相差 207 亿美元。沃尔玛、好市多、克罗格仍然保持前 3 位，连排名都没有改变，销售额分别是 5 003.87 亿美元、1 290.25 亿美元、1 189.82 亿美元。

阿尔迪的年销售额做到 400 亿美元大约经历了 40 年，从 400 亿美元做到 1 000 亿美元，还不到 15 年。2004 年阿尔迪的年销售额达到 370 亿美元，7 000 家门店，按此计算，平均每家店铺年销售额为 530 万美元。2008 年实现销售额 735 亿美元。如今门店数已经超过 1 万多家，平均每店年销售额约 1 000 万美元。从销售额增长来看，截至 2018 年 6 月的 2017 年度财报显示：阿尔迪年销售额同比增幅为 7.7%，增幅接近好市多，处于较高的增长水平，施瓦茨集团零售年销售额增幅为 7.4%，沃尔玛年销售额增幅为 3%，克罗格年销售额增幅为 3.2%，好市多年销售额增幅为 8.7%，亚马逊年销售额增幅为 25.3%，TESCO 年销售额增幅为 2.8%，CVS 健康年销售额增幅为 −2.1%，另一家美国的药房奥博联年销售额增幅为 2.1%。但与 10 年前相比，阿尔迪的增幅已经明显下降。

奥乐齐（中国）投资有限公司的投资方是中国香港奥乐齐，出资金额为 13.119 3 亿元人民币，远远高于开市客（中国）投资有限公司的出资额，后者出资总额为 8 600 万美元，按 1 美元 6.904 1 人民币汇率（6 月 2 日）计算，约合 5.937 5 亿元人民币。

3) 阿尔迪是什么

有人问：阿尔迪与好市多有什么区别？

从行业分类来看，阿尔迪属于折扣店系列，好市多属于仓储会员店系列。前者又可以分为硬折扣店（hard discount stores）和软折扣店（soft discount stores）。硬折扣店以店铺小、商圈小、就近便利为基本特征，经营面积 300～600 平方米，经营品种为 500～800 个，所以也称为"限定品种店"。软折扣店除具备折扣店一般特征外，与硬折扣店相比主要以店铺面积与商圈范围较大为基本特征，经营品种 1 000～1 500 个，并有一大部分的自有品牌商品。

硬折扣店内的商品陈列，采取"整箱陈列法"，一般是将其原包装箱的上部剪掉打开，并含外包装整箱陈列在指定货架位子上销售，或有的商品就以原包装箱为基础，置放于托盘或地板上，形成堆放式陈列销售。但纸箱是经过特别加工制作的：一是纸箱有色彩，与商品配色很好；二是纸箱在工厂已经做好"割线"，商品上架时只要轻轻一拉"割线"就能去掉不必要的包装物，露出用于展示的商品样面。因为采用整箱陈列方式，所以此类店铺又被称为"纸箱店"。

与阿尔迪相比，好市多虽然也有食品生鲜，但汽车相关产品、家电、珠宝、药品保健品、服装（品牌服装）、内衣内裤、鞋子、各类玩具等非食品占有很大比重。

折扣店的本质是物有所值的平价销售，所以，不仅吸引了穷人，也吸引了富人。如果品质不能保证，商品不对路，成本居高不下，做不到平价，光有折扣店之名，而无折扣店之实，在中国这个竞争越来越激烈的市场是维持不了多久的。

ALDI 的商业逻辑非常简单，一切围绕"最低的价格"。为了便宜的价格，ALDI 简化了自己的一切，从选址、商品品种、商品采购逻辑、店铺经营、机构设置、人力资源各个方面进行简化，甚至达到了简陋的程度。阿尔迪的店铺节俭到连电话也不装，他们的观点是"装电话，多废话"！但后来有一次店铺发生火灾，那时候又没有移动电话，店长只能到附近的公用电话报警，据说此后才在店铺安装了电话。

奥乐齐中国官网（https：//www.aldi.cn）关于奥乐齐是这样介绍的："百年来，ALDI 奥乐齐以便捷为原则，坚持物超所值的经营理念，致力于让世界各地的消费者每天都能够以超值的价格享受到高品质的自营产品。ALDI 奥乐齐自营品牌的产品都经过严格的内部测试和第三方实验分析，以确保安全与品质，从而为客户创造更好的购物体验。"这里有四个关键词：便捷、超值的价格、自营产品与自营品牌、安全与品质。

从发展来看，越接近消费者刚性需求与常规体验的店铺会活得更久一点。阿尔迪中国官网也有线上商品，有六大类商品。感觉都不是很吸引人，营养早餐不知道能不能吸引逐渐西化的年轻消费人群，美酒佳酿中的葡萄酒几百元一瓶不知道能不能吸引喝酒的、送人的消费人群，休闲食品在中国更是汪洋大海，烘焙烹饪不知道能不能像好市多那样能做出既便宜又好吃的面包点心，个人美妆与家居百货更是很玄乎。

对阿尔迪来说,本土化是最重要的一件事,能开发出适合中国消费者的产品,这是重中之重。好市多的付费会员制能不能有效地在中国贯彻,关键也是商品。但店铺的装潢如果太简陋,中国消费者不一定会喜欢。20 年前我国引进仓储式超市的时候曾热闹一阵子,但后来消费者渐渐不喜欢这种粗犷的店铺,消费升级以后消费者更喜欢比较精致的店铺。从商品来说,中国市场与美国市场完全不同,超市中的各个品类更容易被其他行业分割,如家电、汽配等,消费者都有既定的购买渠道,"一站购足"再也难以吸引消费者。好市多的方式在中国也有待改进,如收银以后还要检查敲章这种"不太合规"的做法存在"鄙视消费者"的倾向,应该在中国彻底取消。

4) 折扣店在上海

2003 年 7 月 17 日,"迪亚天天"(以下简称迪亚)以上海为第一站,首次出现在中国零售市场上,4 店同开的场面非常火爆,300 平方米的店堂挤满了人,低价商品被抢购一空。当时计划在 2007 年前在沪开设 300 家迪亚门店。2003 年 10 月 30 日,北京迪亚开业,以 2 周 1 家的速度发展。

后来迪亚每月的亏损都在上千万元,为了节省电费成本,炎热的夏季甚至不开空调,更加影响了客流。经营业绩低迷最终导致与迪亚合资的联华超市于 2006 年撤资。2014 年迪亚撤出北京,2018 年迪亚移主苏宁易购,2019 年上海迪亚翻牌为"苏宁小店"。我国第一家来自海外的折扣店就此夭折了。

我国消费者具有"喜新不厌旧""喜新怀旧"的消费心理,消费需求追求多样化选择,国外折扣店的"简约经营"方针在我国有些"水土不服"。

国外折扣店在我国,小而美、少而精、简而节的基因是好的,但在我国的"运势"不太好,条条道路都被堵得严严实实。做生鲜,被菜场、菜店、社区店、前置仓、生鲜电商堵死;折腾自有品牌商品,被消费的惯性认知堵死;卖杂货,被超市与生活服务类电商堵死;卖进口商品,被跨境电商堵死。卖什么,堵什么! 所以,关门,把自己卖掉,是折扣店最好的选择。折扣店在我国不会成为主导的零售行业,它只能作为我国零售业的点缀,如果点得"多余",连生存也不可能。

4　伍缘折扣

伍缘折扣是农工商超市集团独资创办的上海伍缘现代杂货有限公司下属的直营连锁店。其发展背景是,该农工商超市集团创始人杨德新到日本考察时发现百元店与优衣库生意很好,所以回上海以后就创办了两家公司,一家是伍缘折扣,另一家属于休闲服饰领域。

伍缘折扣起步时,先在大卖场内开店中店"伍缘馆",不卖食品,均价 5 元销售非食品杂货。2004年9月29日第一次独立开店,到2006年1月27日,店铺规模已经达到200家。2012年4月,伍缘折扣门店达到533家,而且开了6家市外门店,单店日均销售额7 200元。截至2019年12月底,伍缘折扣门店213家,全部在上海市内,门店数还在继续减少,单店日均销售额8 000元左右。

伍缘折扣发展初期的定位:对大卖场、生鲜超市、便利店、杂货店、均价店与折扣店的优化组合,并以"贴近社区、就近便利、商品优选、新鲜低价、简单购物、环境舒适"为特点,满足居民每日生活所需。便利、新鲜、廉价,使其成为"居民身边的大卖场"。伍缘折扣是农工商超市集团在农工商超市与好德的发展进入良性循环以后而开发的一种新形式,其发展的基础是背靠集团的采购、物流与信息平台。

1) 均价销售模式

均价销售是一种十分古老的商业经营手法。早在1884年,英国马狮百货公司的创始人米高·马格斯(Michael Marks)在英国北部的列斯(Leeds)租了一个不大的铺位,他把货摊分成两部分,把所有价值1便士的货物放在一边,另一边放货价高于1便士的商品。1便士货摊上面悬挂着一块牌子,上面写着"不用问价,全部1便士"(Don't sak the price, It's a penny)。有人把它称为工业革命以来最成功的广告口号之一。米高从中领悟到了商业经营的两条简单定律:让顾客自选货物和自助购物。

均价商店创始于美国。早在19世纪末,美国人乌和夫(Woolworth)首创了均价商店,以5美分或10美分的价格销售单位商品。

到20世纪初,这种零售模式传到欧洲,曾十分流行。均价商店的成功主要是因为便利和廉价,但它对传统商店却构成了巨大的威胁,因而引起了商界的排挤,某些地方政府甚至用法律来限制均价商店的创办。第二次世界大战以后,均价商店又重新抬头,但它日渐演变成为折扣商店和杂货商店。如沃尔玛,其前身就是创办于1945年的本·富兰克林加盟店,到1951年7月,开发了沃顿5分至1角(Walton's 5 & 10)商店,仍然属于本·富兰克林连锁集团的一个加盟连锁店。1952年10月,山姆在本顿威尔开设第二家沃顿5分至1角店(Walton's 5 & 10)。1960年山姆已有15家沃顿5分至1角店。1962年7月第一家沃尔玛折扣百货店在离本顿威尔不远的罗杰斯城开业。

均价商店转为折扣商店只是发展的一种趋势;同时,在美国和日本等发达国家,均价商店仍然处于良好的发展态势。

在美国,1美元商店一直被看作低收入家庭的购物天堂,由于连锁店经理们的灵活战略,这些大型的上市连锁公司悄悄地成为华尔街的收购目标。

在日本,最著名的均价商店是创办于1977年的"百元店"。在日本国内通货紧缩的情况下,日本企业普遍面临着不景气,但"百元店"却一枝独秀,迅猛扩展到2 500多家,经营品种由1998年的1万余种急剧扩充到6万余种,平均每月新增上千种商品,其中绝大部分为自有品牌商品。这可谓是零售业的一大奇迹,被称为"追求低价极限的成功者"。

2）从伍缘馆到伍缘折扣

2002 年 11 月，第一家"伍缘馆"在农工商 118 大卖场开业。这家大卖场位于上海市金沙江路 1685 号农工商超市集团总部，毗邻麦德龙普陀店。1999 年 1 月 17 日开业，领导选用了我写的一句广告语："中国人自己的大卖场"。当天晚上公司食堂烧了几个菜，算是庆祝开业成功，简餐中，领导对我说：就凭这句广告语，你可以吃一辈子。我可没有这么想，这只是领导对我鼓励与肯定的一种方式。

"伍缘"是"5 元"的谐音，表示所有商品都以均一的"每件 5 元"的价格出售。这是开业初期的设想，当时的宣传口号是："伍缘让您知道 5 块钱可以买到很多您日常生活所需要的东西。在伍缘，您大开眼界，以前从来没有想过 5 块钱能买到的商品，在这里您买到了。"

口号虽然有点长，但意思表达很清楚：伍缘就是最大化地体现了 5 元钱的价值，以 5 元商品满足消费者的日常生活需求，用 5 元来提升消费者的生活品质。

在卖场内开设的"伍缘馆"所经营的商品包括洗化用品、纸制品、服装、箱包、鞋、厨卫用品、文化体育用品、五金工具、玩具、工艺品、电子产品等。试图通过自行设计与定牌经营开发出实用、新颖、物有所值的商品。

但当"伍缘馆"这种"店中店"开到 60 多家的时候，问题出来了。第一，销售情况参差不齐，做得好的店日均销售额 1 万元以上，做得不好的店日均销售额只有一两千元。第二，店中店封闭运作，设置一台收银机，配置 1～2 名服务员，成本较高。第三，非食品周转比较慢，店铺越多，积压商品越多。第四，均价 5 元，商品配置有难度。

针对上述问题，首先把销售不理想的店铺撤掉"店中店"，把伍缘商品以堆头形式集中售卖，但销售并没有因此而提升。于是，到 2004 年下半年就开始了伍缘折扣的独立开店。

独立开店主要有三个方面的转变：第一，增加了食品尤其是生鲜食品；第二，打破了单一均价的运作模式，均价商品设立特定区域销售，约占 30%，在实践中，均价商品的占比逐渐减少；第三，核心诉求从均价转为"便利"，提出了"居民身边的大卖场"的经营理念，注重生鲜食品与日用品。

3）调查发现

伍缘折扣独立开店以后进行了一次对比调查，发现如下。

（1）人气不错：日均来客 1 200 人次，同类超市 900 人次，同类便利店不到 300 人次。每天有 200 人买鸡蛋，有 260 人买蔬菜。

（2）品类集中：商品品种不到 2 200 个，其中前 10 名销售占比为 33%。其中，蛋类销售占比 11.9%、蔬菜销售占比 5.7%、肉类销售占比 5.3%、奶制品销售占比 4.7%、食用油销售占比 2.6%、酒类销售占比 1.6%、大米销售占比 1.3%。同类超市 3 400 个单品中的 10 个销售最大的单品占比为 27%，其中香烟有 5 个单品，销售占比 15.4%，除去香烟其他 5 个单品实际上只有 11.6% 的销售占比,因为大部分伍缘店没有香烟销售。同类便利店 1 900 个动销单品中销售最多的 10 个单品的销售占比为 11.2%。

(3)以食为主:食品占比 90%,便利店与超市同类门店的食品占比 86%。伍缘折扣食品与非食品的比例是 9:1,便利店与超市的食品与非食品比例是 6:1。伍缘折扣更体现了以食为主的特点,尤其是生鲜食品。

(4)客单价很低:客单价不到 10 元,同类超市的客单价超过 16 元,但高于同类便利店的客单价。

(5)杂品没有优势。原来以杂品为特色的优势并没有体现,在杂品销售前 20 名中,没有一样是"伍缘商品"。

(6)低价销售:伍缘折扣的毛利率很低,为 6.5%~7%,是依靠"集中单品 + 低价销售",并且与超市、便利店有一定的冲突。这与食品占比较高,商品与超市雷同有很大的关系。伍缘折扣采取的是"低端 + 便利 + 抢夺"的生意模式。

当初曾设想把厨卫商品作为一种主导商品。在当时,这两类日用品的品项特别多。超市销售的卫生浴室用品和厨房用品,共有 6 522 种,237 个供应商。其中卫生浴室用品 3 311 个单品,厨房用品 2 211 个单品。有些品类的品种比较多,如电饭煲,有 138 个单品,电磁炉有 53 个单品,电吹风有 60 个单品,拖鞋有 310 个单品,盆有 185 个单品,碗有 201 个单品,煲有 50 个单品,锅有 216 个单品。实际上,这两类商品最终也未能成为主打商品。

5　走进齐鲁商盟

从前对山东零售超商企业比较熟悉的是家家悦,家家悦老总王培桓与上海的王宗南、华洲、杨德新,江苏的张近东、马嘉樑,深圳的徐刚,北京的张文中、黄光裕等,都属于同时代的零售企业当家人。

2019 年 6 月,我到访曲阜"尼山圣境"。在高大的铜铸孔子塑像前,远远地立定,不敢再向上攀登,真是"高山仰止,景行行止",感觉自己很渺小。7 月,我参加由联商网主办、山东爱客多承办的 2019 中国社区商业大会。爱客多当家人房淼,最显眼的是有点花白的头发,但看其"全景"则会发现:从脸相、身材到穿着,都显得很青春,我以为他是一位年轻的富二代。后来才知道,他叫"幽默男",做超市至今已经有足足 20 个年头了,此前还做过快消品总代理。这一经历,有点像福建"见福便利店"的张力,他也是从批发代理转行到零售,实现了批零一体化经营。既做过批发又做过零售的人,对流通会有更深刻的认识,做生意也更稳重,不会像游荡的狮子,四面出击,而更像是一棵常青树,落地生根,靠日积月累,茁壮成长。

做区域零售商,做社区商业,就应该如植物,扎根泥土,深入社区,不仅用规范与标准教导员工,更需要老板与管理干部身体力行,言传身教,用行动引领员工,自觉、自发、自动、真心地去亲近居民,亲爱居民,亲力居民,让全城居民感受到无比的温暖、放心与宽心! 这是商家的责任,更是商家至高的荣耀! 河南新乡胖东来、于东来做到了,只要站正了"立场",所有的零售商也都能做到了。到那个时候,整个社会的文明程度将飞跃百年。这就是"零售的中国梦",也是"教育的中国梦"。

2019 年 8 月,我再次来到山东,参加由 14 家山东本地零售商发起的"齐鲁商盟"成立两周年暨第九届"走进圣豪商业"零售峰会。会议期间,看了两家圣豪超市,感触最深的有 3 点:

(1)服务顾客,极其用心。位于万达广场的"圣豪超市",由于物业条件限制,卖场与停车场不能直达,为了方便顾客,该超市在电梯入口处醒目位置写着这样一句话:"圣豪超市提供专人免费送货至停车场服务"。这是一家"眼明"的公司,只有积极向上的公司,才会有明亮的眼睛,才能主动去发现顾客的需求,想顾客所想,急顾客所急! 出生于 1957年的杜圣军,是"圣豪商业集团"的董事长,作为私营企业的老板,他可以淡定地安排自己的企业。他对我说,零售这种需要竞争的行业,就是要鼓励私人经营。我从前的领导也是 1957 年出生,也是做商超,且拥有公司 20% 的股份,但他经营的是一家国有企业,62岁退休以后,只拥有企业股份,不再参与企业经营。从我个人观察来看,私营的零售企业,尤其是区域性的私营零售企业,对顾客的关注与服务更令人感动。当然,我们也相信,像"海底捞"那样服务至上的企业,在中国还有不少。其实,小店做"加盟",是为了发挥总部与店铺两个积极性,连锁店如果只有总部"火车头"有动力,那是跑不快的,只有在每一节车厢都配上动力装置,就像我国高铁那样,才能跑得更快更远更安全。

(2)营销转型,成果显著。走进圣豪超市的第一感觉是商品展示的主题化、活性化、互动化做得很好。他们与多点(Dmall)合作,做了一个"808 好货节",在收银口外面设置了一面红色的"问题墙",由一块块红纸牌组成,一块红牌一个问题,背面写着答案,扫描二维码,可以参与手机摇奖。卖场首先是标准化,但比标准化更重要的是"活性化"。首先是货架布局的活性化,其次是商品出样展示的活性化,再次是服务人员现场营销的活性化,最后是顾客互动的活性化。货架、商品、服务、顾客四者的活性化全面提升了卖场的体验感。在卖场内的商品展示中,到处可见网络表情与用语,如"帅的人都喜欢吃这个""客官,客官,选我,选我,带走我""红配绿才洋气"等,还用上了电子牌卡。后来在该公司应用主管的介绍中了解到,所有这一切都基于一种营销转型的理念:从"低价促销"转变为"好货营销"。他们砍掉了六成多常规的促销单品,增加了高品质、高毛利的新品以及自采自营商品,少做促销节,多做商品节,打造"主题商品"与"爆品",如宁夏中卫硒砂瓜、寻鲜记、燃烧吧小龙虾等。用富有特色与情感的好商品,给顾客一个"来店理由",用商品引流顾客,这是实体店最重要的转型策略。

（3）精神消费，创新有道。走进圣豪自有物业建造的购物中心，里面有一个"惠明星空失恋博物馆"吸引了联商网程相明。失恋博物馆由四个相互连接的小房间组成，主要不是展示"博物"，而是用墙上、地上的各种"标语文字"，激发参与者真实的内心感受，让他们互动参与，留言表白，相互倾诉。据介绍，50元一张门票，每天约有500名顾客前来体验，但有3/4不是独处，而是恋人相约而来。这样的场景，使我想起了上海第一百货去年改造以后在顶层也有一个类似的"怀旧场景"，搪瓷杯、老橱窗、广告画、自行车、缝纫机、收银机、三五牌台钟等老物件一应俱全，但就是缺少了一个互动环节。精神消费源于消费生活，正如这样一种场景：消费者在卖场逗留了几个小时，消费了几百元甚至上千元，却没有带走任何东西，却是心满意足，回味无穷。

区域零售商联盟的崛起，需要注意三个问题：第一，联合什么？向文明、向效率、向合力转变，需要整合与提升。第二，面对什么？外来竞争者会渗透进来，尤其是人口在200万以上的城市，很多新零售开发者都会进来，怎么应对新竞争者的加入？第三，联盟不等于联姻，联盟以后还要保持各个个体的活力与特色，保持区域零售市场的竞争格局，如果因联盟而失去竞争，那不如不联盟。所以，联盟而不联姻，是一种较好的状态，有分有合，有合作有竞争，才能促进地区贸易经济的发展。

6 走进蚂蚁商联

中国蚂蚁商业联盟（英文名称：China Ant Business Association，CAA，简称蚂蚁商联）成立于2017年，由来自中国6省12家商业连锁企业联合发起成立，由郑州蚂蚁合众商业管理有限公司营运管理。公司官网显示了12家"联盟成员"：浙江万客隆商贸有限公司、安徽乐城投资股份有限公司、青海宁食（集团）有限公司、安徽安德利百货股份有限公司、嘉峪关市西部天地商贸有限责任公司、河南金好来商业服务有限公司、福建冠业投资发展有限公司、浙江海港超市连锁有限公司、濮阳市绿城商贸发展有限公司、合肥联家商贸发展有限公司、杭州群丰果品连锁有限公司、甘肃新乐连锁超市有限责任公司。

中小企业结成商业联盟，联合应对市场竞争，这在国际上十分普遍，如美国的IGA、欧洲的SPAR、日本的CGC。近年来，我国零售业也掀起了一股"联盟潮"，除蚂蚁商联外，比较著名的还有河南的"保亭会"与山东的"齐鲁商盟"。

据郑州蚂蚁合众商业管理有限公司吴金宏介绍：

（1）12家发起零售商的年销售额合计超过220亿元，连锁门店数约2 000家，业态包括生鲜超市、百货、水果连锁等多业态，区域分布于华东、华南以及中西部地区。

（2）组织：12家公司成立一家联盟公司，每家公司派遣1名代表加入公司，作为公司主要成员，民主平等决策，一家公司一票。

（3）联盟主旨有 8 项，同心协力打造中国自有品牌研发中心、集合力量实现联合采购成本最优化、组织管理咨询和专业培训、共享行业大数据分析、促进企业发展经验交流、实现全方位合作和多变共赢、蚂蚁商联将成为全球中小型零售企业管理服务和资源共享中心、为所有联盟会员企业共同开发优质的自有品牌商品和营运服务。

（4）这些联盟企业一般都有自己的企业商学院，如今组成"联合商学院"，计划每月面授一次，网络培训 4 次。

（5）四个重点：自有品牌研发中心、联合采购中心、联合商学院、大数据分析系统。

（6）两种合作模式：会员合作模式和战略合作模式。

中国自有品牌联盟执行董事张智强说：蚂蚁是一种特殊野生动物，有自己的组织和团队学习模式。我的理解是：蚂蚁代表着集体的力量、组织的力量、聚合的力量，他们将打响以多胜少的"人民战争"。这是中国零售业发展的一个重要转折，具有里程碑意义。

蚂蚁商联商学院院长陈立平教授说，希望蚂蚁商联能成为中国版 CGC。陈教授非常认同一种观点：了解人口结构是把握零售发展态势的基础。

我们要多研究全世界最复杂的中国人口，尤其是区域人口与区域文化。现代的"蚂蚁组织"只专注于做两件事情：深挖用户价值，做出与众不同的事情。一件事情接着一件事情办，一年接着一年干。

2019 年 9 月 23 日，2019 蚂蚁商业联盟年会暨第三届蚂蚁自有品牌大会在合肥召开，参会 1 100 多人、60 家厂商，成员企业从 12 家发展到 45 家。IGA 中国、保亭会、齐鲁商盟等国内外自由连锁组织的代表也应邀参加了本次年会。我召集上述 4 家联盟组织的当家人讨论了"聚合之力"。我在论坛上问大家：古时候炼膏药就是一个聚合的过程，先用油混合中药材，接着放入"丹"，才能聚合成黑色的药膏，那么，联盟聚合的"丹药"是什么？蚂蚁商联吴金宏说：商品与情感。IGA 中国总经理张丽说：核心价值观与践行。保亭会名誉会长张国贤说：情感与价值观。齐鲁商盟理事长李继修说：丹药是两点：一是团结；二是规则。

蚂蚁商联董事长吴金宏在主会场上深情地说：人类之所以伟大，就是因为懂得了群居，发明了火，这就是一种聚合的力量。像蚂蚁，虽小，但能聚沙成塔，而且井然有序。零售业的每一次进化，都是聚合力与商品力的深化与升华。聚合意味着更大的责任，蚂蚁商联起步的时候，人员只有 12 家创始股东企业派遣的 12 人。大家都不知道首先该怎么做！吴金宏说："眼前一片漆黑。"有人劝他：你们蚂蚁商联做自有品牌，先要从简单的开始做。但蚂蚁商联选择了从复杂开始。中国实际上有最好最安全的牛奶，蚂蚁商联也在努力寻找。他们试图打破牛奶行业的现行规则，销售优质而不贵的牛奶。自有品牌不仅是高毛利商品，而且是引流商品。2% 的自有品牌销售占比，创造了 5% 的毛利额。目标是 5% 的销售占比，实现 10% 的毛利额占比。在市场环境的多重压力下，提高毛利是必须的应对之道；用自有与自营去营造护城河，这也是未来零售的必由之路。

我在与首都经贸大学的陈立平教授共进早餐时，聊起蚂蚁商联与吴金宏先生。陈教授说：为了蚂蚁商联,吴总付出了很多,他甚至把自己的金好来业务交给公司团队来打理,自己则专注于蚂蚁商联的拓展。这给我们一个十分重要的启示：任何联盟的可持续发展,不仅需要有一家公司的外壳,更需要有一个专业的团队,还需要有一个强有力的领航人,一心一意带领联盟一步一个脚印,盈科而进,聚沙成塔,同心共赢。

我曾问 IGA 中国总经理张丽：你们从 2004 年起就在中国大陆发展会员,而且北到大庆,南到宁波,中至湖南,拉开了全国发展的架势,如今 15 年过去了,发展到什么规模？张丽说："我们在不同国家具有不同的发展战略,在中国大陆基本上是每年增加 1 家会员企业,至今有 18 家会员企业。"我觉得这个发展速度有点慢,张总说,发展会员只是 IGA 业务拓展的一个方面。

蚂蚁商联成立两年,成员企业从 12 家发展到 45 家,仅用了 1 年半时间,而且开发了 800 种自有品牌商品。与美国 IGA 相比,国内零售联盟的发展是"极速"的。其发展区域也早就跨越了一个较小的地理范围,中西部、东南部地区都有蚂蚁商联的成员企业。

保亭会则是由河南大张集团董事长张国贤创办的一个联盟组织,据公开报道,其成员企业有 50 家。吴金宏称赞保亭会具有超强的凝聚力,还专程去保亭会拜访学习。

面对大型零售商的出现,国外早就出现了自由连锁组织,他们的初衷基本上都是从商品切入,如联合采购、集中配送等,后来发展到知识共享、品牌开发等更紧密的合作。这种模式更重要的优势是"进退自由","进"可以往特许加盟、直营连锁发展,"退"可以自主发展,具有灵活成长的选择优势。

我思考的问题是：

(1) 区域发展还是跨区域发展？有人认为：区域化发展是难以建立联盟优势的,只有跨区域、全国发展才能更有相互学习与相互聚合的优势。

(2) 公司制发展还是行会式发展？我在美国曾访问过一家五金公司,这家公司其实就是一种自由联盟组织,公司注册资本来源于成员企业的入会资金,也就是说联盟公司属于联盟成员所有。如今的蚂蚁商联基本上也是这样一家由成员企业拥有的公司,只是成员企业的股权有所不同。

(3) 同一品牌还是独立品牌？美国的这家公司发展到最后连成员企业的 logo 也统一了,变成了特许加盟连锁了。

(4) 封闭发展还是开放发展？有人认为,联盟组织可以在条件成熟的时候引入外来资本,但绝对不能上市。也就是说,这是一个对行业开放、对资本市场相对封闭的"行会组织"。

(5) 聚合的"丹药"是什么？蚂蚁商联注册的公司名称是"郑州蚂蚁合众商业管理有限公司",注意：不是"众合",而是"合众",他们认为,关键是要可持续发展聚合,但聚合的关键是什么？吴金宏说：商品与情感。张丽总说：核心价值观与践行。张国贤说：情感与价值观。齐鲁商盟李继修说：丹药是两点：一是团结；二是规则。

(6) 吴金宏说：过去,我们摸黑前行,如今,大数据给了一把手电筒。聚沙成塔,同心共赢。这就是"蚂蚁商联"。在人类社会,道路有红绿灯,还是会发生交通事故,在蚂蚁世界,没有红绿灯,蚂蚁的数量远远超过人类,但他们永远不会撞头。这是为什么?因为蚂蚁有一种自组织机制。我敬重蚂蚁,敬重蚂蚁商联。

我认为,商业联盟的可持续发展,贵在发现需求,创造价值,传播价值,传递价值,实现价值,超越价值,最终是让消费者享受超值商品与超值服务。

7　苏宁小店

国美和苏宁历来是我国家电行业的两个龙头企业,后来国美的发展受挫,家电行业出现了苏宁独大的局面,这对供应商来说可不是"利好状态"。所以,行业中有一种说法:国美受挫导致供应商扶持京东快速成长,建立了新的家电经销渠道的平衡体系。

从苏宁发展格局来看,是一种积极转型,在全渠道、智能化、业态创新等方面都有建树,线上业务已经过半,涉足品类从家电扩展到日用百货、生鲜、母婴用品、体育、影城等消费升级的多个领域,尤其是苏宁小店特别令人关注。李克强总理在视察苏宁时也即兴地说:苏宁神奇就在于,有孙悟空的本事,既能腾云驾雾,又能钻到消费者的心里,所以苏宁一定有大发展。

从前对苏宁的印象是"家电",后来有了"苏宁易购",如今"苏宁小店"在全国遍地开花,融入小区,入局生鲜,对接房地产,并展示出急速发展的架势。我对苏宁小店的未来有两点思考以及在品牌、营运、业绩三个方面有疑问。

1) 小店直营,这条路很难走通

苏宁小店目前是自营模式,2018 年原计划开店 1 500 家。2018 年 10 月,我在南京与苏宁云商集团副董事长孙为民会面,他说,苏宁小店计划投资 1 000 亿元,开发 10 万家直营店。这一计划虽然只有京东便利店和天猫小店 1/10 的数量,但苏宁小店作为一种新的零售形式,而且是直营发展,比"翻牌"复杂得多。店是一家家开出来的,一个环节出问题,就不得安宁,应该充分估计到新开实体店是一个很复杂的问题。

我曾在上海一家大型连锁公司主管全公司的营运、培训、系统、公共事务、后勤服务等工作,我们用 3 年时间开出了 1 000 家直营连锁便利店。发展过程出现了一系列营运管理问题,光店员招募、培训、替补就忙得晕头转向,一个月流失几百名店员,好在有几百家超市做后盾,有源源不断的训练有素的大学生从连锁进修学院培养出来,进行应急服务。

京东、天猫之类的便利店,千店千面,换一个门头,小店主想怎么干就怎么干,这样的店一天开一万家也不碍事。苏宁小店有一些"接入服务",有统一标准,一家家自己开,不仅是一个"巨复杂"的营运问题,更是一个"巨亏损"的财务问题。

所以我认为,为了调动总部与门店的积极性,苏宁小店的未来一定不会是直营,而必然是以加盟为主。只要供应链管控能力足够强大,加盟更有利于发展。这正如上海罗森便利有限公司总经理张晟所说:他上任5年来的快速发展,得益于模式与商品的创新。在模式方面,致力于加盟发展,还创新开发了"区域发展"模式,如授权武汉中百、南京中央商场、北京超市发等富有实力的公司开发区域市场,极大地加快了开店速度。

总之,小店直营这条路很难走通,加盟是基本出路。如果采取加盟的组织模式,不仅可以充分调动积极性,还可能化解部分费用,而且在税收上也有可能获得更多的优惠。一般来说,较小的或比较容易标准化的店铺更适合发展特许加盟,而品类繁多、规模较大、投资较高的行业不太适合做特许加盟。所以,如果盒马鲜生与苏宁小店相比较,苏宁小店更适合做特许加盟,而盒马鲜生更适合于直营发展。

2) 社区小店想象空间大,盈利空间小

家庭单位越来越小,家庭人员越来越老龄化,导致了两个方面的需求变化:一是生鲜购买量大幅度减少,二是生鲜购买频率大幅度降低。一个家庭有孩子在,对生鲜食品的需求比较大,孩子分户出去以后,留下两个老人或单独一个老人居住,烧菜做饭成为一件极其麻烦的事情,烧多了吃不完,不烧就没得吃。从这一点来看,贴近社区的"生鲜小店"提供新鲜、少量的生鲜食品,能迎合消费需求,是一个发展趋势。但问题在于:第一,生鲜小店能否做得像菜场那样新鲜。第二,生鲜小店所供应的生鲜食品能否适应不同的消费需求。第三,生鲜小店能否做得像菜场那样吸引人,有时候逛菜场不全是为了买菜,纯粹是走走看看,感受一下场景。

苏宁小店与通常所说的便利店不同的是,融入小区,主打生鲜食品,包括果蔬、冷食、热食等品类,试图打造社区"共享冰箱"理念,但大部分苏宁小店未设餐台,也没有关东煮。目前新开的苏宁小店开始有了包子、豆浆、咖啡、关东煮、烤肠等热食,即将食品板块逐步导入店内。苏宁小店大多还回收旧家电、旧手机,开展以旧换新业务,甚至涉足房地产,开展房屋中介服务。如今大家都想借助互联网手段与智能化技术,把一个小店变成可以拥有无限想象空间的"服务站点",试图把"便利店"变成"服务站",想法不错,但消费者心智与消费习惯的改变需要有一个很艰难的转变过程。

现在大家都想到消费领域的三个关键词:社区、生鲜、服务。这三个方面,都必须踏踏实实地用"肉身"去完成,是互联网最难替代或颠覆的领域。但是,小店面临两个方面的外部环境:一是私人小店;二是社会监管。日本便利店面临贴身竞争过度的情况,虽然不断花样翻新,但还是出现了很多关店的情况。我国目前也遇到了这个问题,小店分布密度过高,经营者无利可图。另外,在社会监管方面,对私人小店无力管理,但对连锁小店则想管就管,甚至存在过度管理现象。如卖个咖啡要配置三个桶,晚间值班必须两个人,指定安装联防设备,门头统一制作,证照办理时间长,送货车辆不能就近停靠等。这不是需求问题,而是模式、机制与管理问题。一个小店,免租期两周,申办证照(营业执照与各类许可证)要20来天甚至更长时间,一家公司如此算下来,1年的租金损失就有几百万元。如今城市交管越来越严,道路处处设"禁停黄线",送货车辆只能违章停车,有些连锁便利公司每天被交警罚分居然高达 120 分,到最后连送货司机都罚没了。

安徽的生鲜传奇以 250 平方米为标准店铺面积,守在小区门口,主体铺面销售蔬菜、水果、鱼肉等食材,日销售额可以达到 4 万元。这是一个相对封闭的商圈。如果小区较大,则在小区里面还可以开设"迷你菜店",组织模式采取特许加盟,商品可以由小区外的店铺提供。有一个较大的铺面带着几个较小的加盟菜店,完全没有问题。苏宁小店如果以 100 平方米为标准,类似便利店,开在什么地方是一个很大的挑战。开在小区门口的话,如果遇到稍大一点的生鲜店,很难有自己的优势,如果像便利店那样经营,又难以突出生鲜主题。这个问题怎么解决呢?尽管苏宁小店不仅仅是一个铺面,它还是一个服务站点、配送站点,但消费者有时候只需要简单的服务功能。

3) 品牌、营运与业绩的疑问

在品牌方面,苏宁小店其实具有"一业多态"的特征,如社区店、CBD 店、大客流店(在交通枢纽的位置)、无人货架、自助购物机等,多样化的铺面,如果用同一个品牌,消费者会不会产生对品牌的认知模糊,品牌的辨析度不高,不利于专业化的发展。

在营运方面,一个 100 平方米以下的售卖蔬菜、肉、鱼虾的小菜店,日均销售额绝对超过万元,但不卖油盐酱醋等任何包装食品,就卖生鲜食材。小店店主心里很明白,消费者买这些包装食品,有不同的路径,或去超市,或网购,不会到菜店购买。开生鲜小店,应该先向个体菜贩学习,再思考未来消费者购买生鲜食材还会有哪些变化,如"中食"需求的增长态势等。

在业绩方面,正规商铺的经营,人工成本与租金成本不断看涨,在过去 10 年,小店铺的租金大约上涨了 10 倍。小区内外一家私人菜店或一辆流动卖菜面包车能赚钱,但正规连锁开个店却永远不赚钱。未来如何化解这些刚性的成本呢?

由大集团做小店,可以给我国零售业的深度变革创造了良好的条件。我相信,只有小店面貌发生改变或对其进行创新,才会真正改变我国零售业的未来。我们拭目以待,希望包括苏宁小店在内的小超市会发展得越来越好。

4) 亲临苏宁小店

苏宁小店具有不同类型,在上海闵行区一个小区门口右侧有一家苏宁小店,紧挨着就是一家"清美鲜食",苏宁小店的位置比清美鲜食好,但苏宁小店的人气不太旺。而在宝山一个小区,紧挨着菜场的一家苏宁小店,人气挺旺,商品也比较丰富。

苏宁小店加入了上海连锁经营协会,互动归属于便利店业态,但他们自己似乎没有把苏宁小店当作便利店来经营,好像也不是社区生鲜超市,而认为是一种"触达顾客"的站点。

从清美鲜食边上的苏宁小店现场来看,主要有以下几个问题:

(1) 门面缺乏透视性。第一,门头底色与招牌字体看起来都是白色,不显眼。第二,门面右侧巨大的显示屏阻挡了顾客视线,导致店面缺乏透视性。

(2) 收银台设置在出入口对面,不利于防盗。

（3）进门就是一个堆头，上面有水果，品种与品质都难以吸引顾客购买，同时也放着牛奶，估计是因为水果不到位才垫补一些其他商品。

（4）墙面立柜有些鱼肉之类的商品，与水果存在同类问题。

（5）货架较高，间距较小，灯光较暗。

（6）香烟品项不全，细枝、低焦油、薄荷香烟很少，如健牌 1 号到 4 号与爱喜都没有。

（7）服务人员没有坚守规制。一个顾客买了几盒冷冻食品，服务员说，按理马甲袋要购买的，因为买得多，所以送你几个。

（8）营业时间 7 点到 22 点，比紧挨着的清美鲜食晚营业半小时。

（9）最大的问题是苏宁小店定位模糊，消费者分不清它到底是干什么的。

8 见福便利店

2017 年 12 月 25 日晚上，在联商网新零售顾问团组织的 2017 年便利店发展网上沙龙上，我与厦门见福连锁管理有限公司张利董事长、量子聚合 CEO 黎鸿量（前美宜佳 O2O 总经理）、云智众力 CEO 吕芳源（前广东上好便利执行总经理）等 4 人作为分享嘉宾，在新零售顾问团秘书长云阳子的主持下，在网上相互交流了 3 个多小时。

在这次交流中，我惊喜地发现：总部位于厦门的见福便利店居然能够把"厕所"免费向公众开放！这是一项"功德无量"的事情。我因去厦门参加由中国市场学会组织的全国高校市场营销创新研讨会，便与上海商学院管理学院副院长池丽华、朱文敏、李仉辉 3 位副教授前去拜访了张利董事长，并实地走访了位于仙岳路上的 0080 店。张利董事长介绍，这是一家概念版见福便利店，也是实验店，通俗地说就是见福便利店所有创新服务或高新科技往往先在这家门店实验改进，达标后才允许复制推广到其他门店。

见福便利店于 2013 年进入由中国连锁经营协会发布的"主要连锁便利店企业发展情况"排行榜。2013 年在纳入排行榜的 50 家连锁便利店企业中，见福便利店以 250 家的门店规模排名第 33 位。2014 年在 55 家连锁便利店企业中，见福便利店以 400 家的门店规模排名第 25 位，当年门店数行业增幅仅为 7.8%，见福便利店则高达 60%。2015 年在 63 家连锁便利店企业中，见福便利店以 550 家门店规模排名第 22 位，当年门店数行业增幅 9.8%，见福便利店为 37%。2016 年，见福便利店门店数达到 800 家，同比增长 41%。在经济下行、实体零售业业绩下滑不见底的当下，尽管便利店等小型业态一枝独秀，但行业增幅一般在 10% 左右，见福便利店近年来的利润额、门店数、销售额等多项指标的复合增长率都超过了 30%，实属不易。

1) 倡导幸福使命

"见福便利店"为厦门见福连锁管理有限公司注册商标，它是巷口文化、大众消费、网络节点的综合体,是为顾客/消费者提供安全、快捷、时尚、有趣的便利生活方式的服务运营商,其官方微信公众号拥有 53 万名粉丝,这是一家只有 10 年发展史的专业做便利店的连锁公司。公司创始人、董事长张利,属虎,"60 后",曾是啤酒国企的处级干部,第一次创业是做批发代理商,第二次创业则从批发转到零售。当时他考察了日本、中国台湾等地的商业发展,感觉便利店是一个很好的零售业态,便创办了见福便利店。

创业初期,张利首先想到的是做加盟便利店行业。南方某大型便利店公司要价百万元,而且不让做区域特许加盟。他又与上海的便利店公司寻求合作,也没谈成,无奈之下,只好自立门户。其实,依靠特许加盟方式从事商业活动,不仅是国际通用的商业模式,更是很多创业者的首选。例如沃尔玛从 1945 年 9 月加盟第一家富兰克林(Franklin)特许店到开办富兰克林集团旗下的"沃顿 5 分至 1 角店"(Walton's 5 & 10),再到 1962 年 7 月开办第一家沃尔玛(Walmart)折扣百货店,前后经历了 7 年时间。又如中国台湾的统一企业旗下的统一超商,1978 年 4 月创办,从 1980 年 2 月起,通过"地区转让"(area development agreement)方式,获得了台湾本岛、金门岛、上海等地的 7-Eleven 经营权。地区转让的特许加盟模式,是指加盟主在某一地区寻找一个总代理人,并与他签订协议,允许他在该地区内全权发展连锁店。作为这种模式的一种变换形式是合资特许转让,即总公司与某一个企业共同出资建立加盟总部,再开设自己的分店或继续转让给他人开店。张利具有做批发代理的深厚背景,所以对这种"地区转让"的方式情有独钟,但令人遗憾的是到目前为止中国零售行业还很少采取此类商业发展模式。这也许与经营者的发展思路与营商环境有关。

谈到见福便利店的名称,张利说,2006 年第二次创业的时候想到把"美国"倒过来叫"国美"的公司发展得很红火,我们就把"福建"转过来叫"见福",但见福的真正内涵则是:"要用有限空间,为人们提供无限幸福! 这是一个幸福使命!"

2) 破解便利店魔咒

张利说,便利店起步的时候就几家店,是盈利的,但店越开越多反而亏损了,我们也没能跳出发展初期的"便利店魔咒"! 整整熬了 7 年,达到 200 家规模的时候才开始盈利,后来亏亏盈盈,直到第 11 年才真正开始盈利。所以,张利对 7-Eleven 便利店也有独特的理解,他说,7-Eleven 不是从早上 7 点到晚上 11 点,也不仅仅是卖从早上 7 点到晚上 11 点顾客所需要的商品,而是说,老板 7 点来,11 点走,7 年转盈,11 年赚钱。

见福便利店大约是在直营店开到 100 家的时候开始发展加盟店,到如今,800 家门店中有 600 家是加盟店,加盟店占比高达 75%。大力发展加盟店可以说是破解便利店魔咒的第一招,也是便利店行业最基本的招数。比如中国台湾的 7-Eleven 的加盟店占比高达 85%,又如美宜佳也几乎全是加盟店,2015 年以 7 400 家的门店规模位居中国连锁经营协会发布的便利店排行榜第 3 位(前两位是:易捷,2.5 万家;昆仑好客,1.7 万家),当年门店增幅仍高达 15.8%。但从便利店早期发展最繁荣的上海来说,外资便利店的加盟店占比从 2005 年的 52.82% 上升到了 2016 年的 60.38%，内资便利店的加盟店占比从29.96%下降到了 28.21%。加盟店占比本身并不能说明什么问题，但至少反映了经营者从事便利店经营的战略思路。

第二招是发动内部员工开加盟店。见福便利店最初的 50 家加盟店是动员公司总部员工以及其亲戚朋友来加盟的，他们把赚钱的好店拿出来加盟，以确保加盟者有钱赚。这一点做法与国内有些公司把不好的店拿出来加盟的做法截然不同。虽然说"死店活人开"，但对店面要求很高的便利店行业来说，如果有能把一家"烂店"开成一家"靓店"的本事，人家也就没必要再来加盟了。所以，是"烂店"，不管直营还是加盟终究还是"烂店"，加盟的方式不是为救"烂店"而诞生的，加盟只是一种生意模式，需要发挥总部与门店的积极性。

第三招是互惠互利。见福便利店主要采取特许加盟而非委托加盟方式，这样更有利于调动总部与门店的积极性。每家门店含设备、装潢、商品的投资约 30 万元，其中，门头装潢约 3 万元，由公司投资，产权归公司，这样也便于特许加盟合约到期的时候按照合同约定卸下招牌。对加盟者只收入门费（品牌授权金）3 万元，不收权益金。总部每周两次巡视加盟店，主要是为门店提供服务。总部统一采购，这与张利有过批发代理背景有关，其从事零售业务仍有批发商的影子。现在有些加盟体系，几乎 60% 以上的商品自采，总部每年只到加盟店去两次。这体现了见福便利店的核心思想——通过总部对于门店的强力支持，使门店与总部紧密联系到一起，也就是说，见福便利店不是把总部当作一个"警察局"，而是把总部看作一个"提供服务的机构"。

第四招是收购同行。见福便利店曾经整合过 3 家便利店公司，所采取的方式是门店转让，而不是全公司整合，这种方式快速、实用。如今的厦门市内仍然可以看到"悦士便利店"，但实际上该便利店已经被见福便利店整合。通过整合同行，快速改造成直营店或转换成加盟店，这也是见福便利店近年来之所以能够实现快速发展的重要原因。从前一般认为便利店完全可以通过加盟实现转换而没有必要整合，见福便利店的实践为便利店行业整合提供了一个很好的案例。

以加盟为主导的便利店发展模式，也大大压缩了人事规模。见福便利店全公司 4 000多名员工，每家门店员工平均不到 5 人，加盟店一般 3～4 人，直营店一般 4～5 人。用工减少，人力成本减少，这是便利店能够实现盈利的重要方向。有些大型便利店公司仍然在实施 6+1 的运作模式，每家店 6～7 人，多一个人，一年增加开支好几万元，这好几万元的开支要用好几百万元的营收才能弥补，这怎么能够盈利！

3) 零售包容观

那天下午 5 点半与张总（张利）相约来到见福便利店厦门总部，按理说这是下班时刻，但员工丝毫没有下班的状态，都在各做各的事情。我们与张总的谈话是从员工状态开始的。张总说，在见福便利店，员工没有"迟到"一说，他们挤车累得够呛，上班还迟到

10 分钟，你扣他工钱，毫无意义！更不人性！所以张总说，我们只是提醒他迟到了，这样就可以了，从来不扣他们工资。不仅如此，职工大病，除医保按照规定支付医药费外其他部分由公司托底，这也解除了员工的后顾之忧。这就是张总所倡导的"零售包容观"。他认为管理企业首先是要释放人的能量，而不是控制人的思想！这与"洗脑管理法"有天壤之别。在见福当家人看来，公司的事再大也是小事，家里的事再小也是大事。结果是员工都能把公司的小事也当作大事。张总说，上班重要还是照看生病的小孩重要？当然是后者重要，这样做才符合人性。他还说，考核公司总部员工只有两个指标：一是门店开发；二是销售增长，并且把这两个指标与股权激励挂钩。由此不仅激发了总部为门店服务的精神，也引申出他们对"团队"两字的特别解读——"人因利益而抱团，因价值观而站队"。所以，张总认为："所有问题根源在人，答案在模式，结果是财务。"

张总还向我们透露了三个管理原则：第一个原则是"不见者不说"，即"不在背后议论其他部门"，只有当这些部门有人在场的时候才可以提出其问题。第二个原则是"首先是我错"，即遇到问题首先承担自己的责任，不能责怪别人。第三个原则是"不当场指出问题"，老板每天会去看看两家店，而且买 15～20 元商品，并分享给员工，即使发现问题，也不会当场指出，总是几天以后再与相关部门说。"走走看看"是沃尔玛三原则之一，但当下的不少零售人在企业做大以后就与一线越来越远，其决策失误是可以理解与预见的。刚刚离任"三枝富博"，他曾对我说："我每天要去店铺巡视两次。"我说："你已经做到公司在中国最大的'官'，为什么还要这样做？"他的回答很简单，调整决策。张总还说，我从来不指挥下属具体应该怎么做，那是他们的事情，但是，我有我自己的作为，不是无为而治，管理者一定要"有为"才能有作为，至少应该发挥"榜样的力量"。所以，张总常常是最早一个来，最晚一个走。这也算是"7-Eleven"。

4）制造型零售企业

见福便利店在当前把自己定义为由批发型升级进化为制造型零售企业，在未来则定义为跨界合作的高科技企业。这一点与罗森便利店很相近，据罗森便利店现任总经理张晟介绍，便利店属于一种制造型零售行业，自制食品也是罗森便利店的一大特色，如整根香蕉做成的奶昔蛋糕，奶香浓郁，甜而不腻，吃过以后都很想买几份送给家人朋友品尝。见福便利店为了强化制造型零售业的特色，投资了"福哥家·光合农场"，这是见福便利店旗下乐活 LOHAS 品牌，以"生活，私享，家"为理念，秉承清醒的品质生活态度，在环境严重恶化的今天，朴素自然、简单纯粹已成为新的诉求，做到"上班买菜，下班取菜"。

从见福便利店的门店类型来看，最小的门店十几平方米，最大的门店在工业区有 200 平方米，据张总介绍具体有 9 种不同类型的门店，但有一点是相同的：见福便利店把自己定位于"为邻家客户的大众消费提供便利服务的营运商和线上线下交易的网络节点"，把所有复杂的而困难的事情留给自己做，给公众和客户提供通用而且简单的服务，这就需要"巷口文化"的支撑。

第一，见福便利店 90% 以上的店铺都是全天候 24 小时营业，他们对每个时段的销售业绩做过统计分析，调查发现，如果夜间只有 1 000 元的店，不开 24 小时，失去的不仅仅是 1 000 元的销售额。

第二，他们的另一项调查发现：便利店 80% 的顾客都是常客，所以，便利店的用户其实并不是"流动客"，而是"流动的固定客"，因此，会员制受到普遍重视。见福便利店正在利用现代技术，实施一项"人脸识别和语音识别"系统投资计划。

第三，提供便利服务。有两项便利服务特别引人注目：一是免费厕所；二是火车票动车票取票点。2017 年 1 月 13 日，见福便利店与厦门火车站联手打造便利鹭岛。"网定店取"火车票工程正式启动，凭二代身份证即可在厦门区域的见福便利店及悦士便利店取票终端机刷取所定的火车票或动车票。不用挤火车站，无收取费用。据统计，2017 年春运卖出的火车票近八成是网购，这就导致今年春运的难点不是在售票，而是在取票上。而此次厦门火车站与见福便利店的联手，则是主动创新服务的一个表现，为便利行业首例。将火车票自助取票机安装在了见福便利店的部分门店里，很好地解决了部分社区人群和办公人群取票难的问题，此举获得了厦门广大市民及相关部门的一致好评。

关于厕所开放问题，我问张总，如果厕所在内仓里面怎么办？张总坚定地回答，改造门店，把厕所移到外面。我在 0080 仙岳店看到，在一个 90 多平方米的店内最里面，有一个很整洁的空间，靠墙有一个洗手盆，侧面是一间洗手间，洗手间与内仓已经分隔。免费开放便利店厕所，这是一项功德无量的事情，值得行业学习。在店铺的进口处，设有两张餐台，边上靠墙处放置着一台火车票取票机。此外最引人注目的则是一些与支付相关的服务，如支付宝、微信支付、全民付 POS、招商银行积分兑换、易通卡充值、全民付缴费机、农商行小额支付、见福卡购卡支付等。这些都是实实在在的新一代便民服务措施。

第四，主打进口商品。在见福便利店进口左侧是一个鲜食柜，接着是一排四组货架的进口商品区域，还有专门吸引玩家的"玩具城"。

在加强人脸识别、语音识别与新型会员体系的同时，见福便利店还计划与餐饮企业跨界合作，共享现有资源，也让会员获得更多的优惠与便利。同时，见福便利店在管理上采用云广播、可视化陈列、移动拓展等交易、沟通、营销方式，并实施勋章、积分、排名、合伙人等制度；在鲜食开发方面，发展盒饭、水吧、咖啡等自制商品。

最后张总还说，人总是要死的，企业也总是要死的，所以，应该包容与放手，让年轻一代人来管理服务巷口的企业。

9 罗森

2016 年 7 月 18 日，上海华联罗森有限公司成立 20 周年庆典在上海虹桥迎宾馆举行。2018 年 6 月 7 日,上海罗森便利有限公司"罗森华东 1 000 店达成庆典"在上海浦东东郊宾馆举行。2019 年 1 月 18 日傍晚,罗森(中国)投资有限公司在上海浦东东郊宾馆举行"中国罗森 2 000 店达成庆典"。这三个时间节点,可以看出罗森近年来的发展速度。

1) 师傅级便利公司

1939 年,美国俄亥俄州罗森牛奶公司第一家店铺开业,公司 Logo 为牛奶罐,旨在将最难保存的牛奶以新鲜的状态送到顾客手中,向顾客传递"安心安全"。

1975 年,日本从美国取得特许加盟经营许可,日本第一家罗森店开业。

1996 年 2 月,上海华联罗森有限公司成立,因为与上海华联集团(后被整合至百联集团旗下)合资,所以当时称为"华联罗森"。

2012 年 5 月,罗森(中国)投资有限公司在上海成立,注册资本为 93 045 万元人民币,法定代表为三宅示修,企业类型为有限责任公司(外国法人独资),在上海市工商局注册地址为上海市黄浦区淮海中路 283 号 2703-2708 室。

2017 年 3 月 1 日,"上海华联罗森有限公司"更名为"上海罗森便利有限公司","华联罗森"变成了纯正的"罗森"。公司位于上海市吴中路 1799 号上海万象城 D 座三楼。

从 20 世纪 90 年代中后期到 21 世纪初,罗森一直是上海乃至全国内资便利店的"师傅",上海的本土便利公司就是在学习罗森的过程中创建、成长、发展、壮大的。

2) 5 年时间再造一个罗森

罗森的三次庆典,从西郊到东郊,给人一种横扫上海市场的感觉。罗森起了一个大早,赶了一个晚集。罗森作为师傅级的一个便利店品牌,2013 年年底在张晟执掌之前,罗森华东的门店不足 280 家,后来又关了 100 家。2018 年 6 月,罗森门店达到 1 000 家,张晟用 5 年时间再造了一个罗森。2019 年 1 月,罗森门店突破 2 000 家。2019 年年底,罗森门店已经接近 3 000 家。罗森从一个外来的区域品牌发展到了全国品牌,从缓慢发展过渡到极速发展。

从"华联罗森"到"罗森",是罗森在中国发展的一个重大转变。罗森在中国大陆的发展经历了三个时期:第一阶段是合资,与上海华联集团合资,日本罗森控股;第二阶段中方控股,2004 年日方持股比例下降到 49%,百联集团则持有 51% 股权;第三阶段又回归到日方绝对控股,到 2017 年 3 月 1 日,公司名称更名为"上海罗森便利有限公司","华联罗森"变成了纯正的"罗森"。所以,罗森在中国大陆的发展轨迹与股权结构的变化紧密相关。

从罗森官网(http://www.Lawson.com.cn/)获悉,罗森中国分布在上海、重庆、大连、北京四地,其中,上海包括浙江与江苏。据张晟介绍,罗森中国把苏浙沪地区的区域特许权授给了上海罗森,浙江罗森和江苏罗森属于上海罗森的子公司。罗森 2010 年进重庆,2011 年进大连,2012 年进杭州,2013 年进北京,2014 年进江阴,2015 年进宁波,2016 年进武汉,2017 年进南京,2018 年进合肥。

3) 怎么做成"五好事业"

罗森作为师傅级便利店公司,虽然在 2010 年就已经走出上海,但在 2014 年之前,其发展区域主要集中在上海。起飞跑道特别长,起飞时间长达 17 年。我认为主要的原因有三点:一是日本企业做事谨慎;二是在前 17 年中,产权关系多次变动导致经营方针不稳定;三是受制于同行快速发展等外部环境。

与罗森同时代的上海本土便利店主要有 4 家:"可的"(1995 年 1 月成立,2007 年被农工商超市集团收购,并入"好德")、"快客"(1997 年 11 月成立,2002 年 9 月 18 日联华快客翻牌为"快客")、"良友"(1998 年 9 月成立)、"85818"(1998 年 6 月成立,2005 年春节前改为"光明",后又改为"光明里",2017 年并入"良友",属于光明食品集团)。

2001 年,便利店品牌又增加了"好德""喜士多""21 世纪"。好德经过 3 年发展门店规模达到了 1 000 家,2007 年又收购了可的,门店规模迅速扩张。喜士多发展并不快,目前门店数不到 300 家。2003 年"21 世纪"被"美亚"收购,2004 年倒闭。这几家新生的便利店公司你争我夺抢占地盘,也迫使联华超市旗下的快客便利加快了发展速度。结果,罗森不少门店被挤压在内资便利店中间,发展严重受阻。

2004 年上海人均 GDP 突破 5 000 美元,按照便利店发展的一般规律,由于消费者更关注便利性需求,便利店的发展会进入成长期。这一年"全佳"入沪,并于 2005 年改为"全家",对行业产生了重大影响,不仅竞争规则发生了变化,而且最终也改变了上海便利店的整体格局。

2009 年上海人均 GDP 首次突破 10 000 美元,按照便利店发展的一般规律,便利店发展将进入竞争期。实际上,上海便利店行业早就进入了竞争期。那一年 4 月底,中国台湾统一集团旗下的 7-Eleven 在上海 4 店同开,但对上海便利店行业的心理冲击要大于实际影响,截至 2018 年年底,其上海市内门店数还不到 120 家。

2014 年上海人均 GDP 突破 1.5 万美元,外资便利店的门店数与销售额虽然还没有赶超本土品牌,但在地铁站点、居民小区、商务区等客流量较大的特定区域,外资品牌已明显占据区位优势,到 2016 年外资品牌便利店的门店数首次超过 1/3,销售额超过 40%。这一年罗森宣布实现盈利。

2018 年,上海市内 8 个主要便利店公司,内资的有 5 家:好德、可的、良友、光明、快客,分别属于光明食品集团(好德、可的、良友、光明)与百联集团(快客),门店 2 158 家,门店占比约 43%,市内零售占比约 40%;外资 4 家:罗森、全家、7-Eleven、喜士多,门店 2 915 家,门店占比 57%,市内零售占比 60%。

由此可见,在上海,外资便利店的经营规模与销售体量已经全面赶超内资。不仅如此,2018 年上海便利店的市内零售额也首次超过了中小型(除大卖场以外)超市(通常所说的"标准超市")的零售额。上海连锁经营协会统计年报显示:在 16 种零售业态中,便利店市内零售额从 2017 年的 125 亿元上升到 2018 年的 131 亿元,而同期标准超市的市内零售额则从 138 亿元下降到了 115 亿元。

从上海看便利店的发展,这确实是一个好行业,也确实赶上了一个好时代。在不远的将来,中国将成为全球商品消费第一大国,大消费时代即将到来,便利店具有多维度想象空间。但这也不是一个好玩的行业,更不是一个可以投机的行业,甚至不是一个适合投资的行业,它是一个需要守株待兔的行业,是一个需要永续经营的行业,更是一个照亮和温暖城市的行业。从这个意义上来说,便利店是一个功德无量的好事业,也正是这个原因,便利店需要由"好企业"来领航,由"好伙伴"来跟进。这就是我对"罗森五好"的理解。

便利店的发展是模式的创新与坚守,这是一种只有充分调动总部与门店的积极性才能快速而有效发展的运作模式。按照罗森张晟的说法,便利店的总部就如自行车的后轮,便利店的门店就如自行车的前轮,两轮匹配,才能快速有效发展。很多企业也试图通过特许加盟方式来发展便利店,这本身并没有错,错在把加盟总部当成了"警察局"和"税务局"。

罗森从 1996—2002 年,只开了 100 家店,问题就在于后轮大,前轮小。自 2003 年改由中方管理后,又进入了一个前轮很大、后轮没有变大的时代。如果一辆自行车前轮大、后轮小,那它的方向会很稳,但是提不上速度;相反,如果前轮很小,后轮很大,则会翻车。2016 年,罗森实现了门店全面盈利的状态,正是因为前轮和后轮做到了平衡发展。

总结过去发展直营店不利的教训,罗森认为只有走得更稳才能发展得更快。后来罗森发现与当地企业合作做一个前轮,比自己去做一个前轮要快得多。因为罗森有强大的后轮,这样就能撬动更强的前轮。

张晟几年前提出的 CVS 自行车理论,近年来也在不断深化。他认为,若要自行车跑得快、跑得稳、跑得好,需要有 8 个能力支撑:网店拓展及维护能力、市场营销能力、公关能力、供应商开拓及谈判能力、商品策划能力、门店日常管理营运能力、内部精细化管理能力、系统能力。这 8 个能力先后相关,内外相连,是一个系统工程。

罗森最近 6 年来在中国的杰出表现,可以用以下五个方面来概括。

(1) 没有胡扯"概念"。实施 CVS 自行车理论,即前轮包括网店开拓及维护能力、市场营销能力、公关能力、供应商开拓及谈判能力,后轮包括商品策划能力、门店日常管理营运能力、内部精细化管理能力、系统能力。

(2) 突破"加盟模式"。采取国际上通用的"地区转让"(area development agreement,这是美国的划分)方式,即总公司在某一地区寻找一个总代理人,并与他签订协议,允许他在该地区内全权发展正规连锁店。这种方法适用于开拓全国和海外市场。其优点是总公司的投资少,利润双方分成,在管理上也比较容易操作。其缺点是要选择合适的地区转让者则比较困难。在实际运行过程中,地区特许会出现多种变通的形式。在本地的特许店一般采取直接特许(direct franchising)的方式,而发展到全国甚至跨国发展时则往往采取地区特许的方式。地区特许的加盟者应该具有较强的经济实力以及长远发展的决心和计划。

（3）主力商品有特色,自建鲜食加工中心,开发自有品牌商品,盒饭升级,甜点甜而不腻,味道、口感、分量的统一,标准化的运作,这一切的核心是精心研发。

（4）罗森的"变脸术"年轻人很喜欢。以往在课本上所说的连锁经营都强调统一,但罗森则专注于差异。张晟说,罗森与其他便利店相比,最大的不同点是"脸长得不一样"。罗森为了迎合不同消费群的需求,开发了不同类型的便利店,在日本有"百元罗森""自然罗森""医院罗森""地铁罗森""邮政罗森""动漫罗森""药房罗森"等。柯南罗森早在 2012 年落户上海,自然罗森也已经在"上海环球金融中心"开业。2018 年 1 月 8 日,罗森哔哩哔哩主题店在上海正式对外营业。这是 B 站首次推出线下跨品牌合作店铺。该主题便利店位于上海市杨浦区国正中心 3 号楼（国亮路 79 号靠近政高路）,也就是 B 站总部大楼的所在地。据 B 站工作人员介绍,这家便利店主要是服务于 B 站自家员工,会永久性地保留 B 站主题元素。对于喜爱 B 站的用户而言,这家便利店已经不仅仅是一家店铺了,而是在线下体验到 IP 品牌魅力的独特场所。

（5）服务水平全面提升。2014 年神秘顾客调查得分较低。此时罗森提出 CVS 自行车理论,花大力气夯实基础和薄弱环节。经过两年的调整,2016 年神秘顾客得分提高到81 分,此后,罗森中国门店的经营管理开始持续优质稳定,甚至有几家店还得了满分。

4）便利店就是一块耕地

便利店这个行业并不好玩,全世界便利店都由大集团支撑。经营不好,亏损起来连"烧钱没有底线"的人也会害怕。所以,认为便利店是风口的投资者,大部分都将会变成"炮灰",颗粒无收。大家都想树立一个品牌做个便利店投资,或发展加盟,去忽悠加盟者,这样的打算基本没有胜算。有一句话很重要:总部不是警察局,更不是税务局,它是一个提供服务的机构。品牌没有树立起来,体系没有建立起来,精细化没有做到位,商品没有特色,服务没有温情,不能保证店铺盈利,就想发展加盟店,是不会有前途的。最后的胜利者,不是以店商或电商来划分的,谁能把服务做得更精细,谁能拉近与顾客的关系,谁能保证加盟者盈利,谁就能胜出。

总之,便利店既不是什么风口,也不是什么山口,它更像是一块耕地,耕种者要以一种慢的心态去迎合快的节奏,最终以慢功夫,养护土壤,深挖水沟,造林护地,才有资格去想象在这块耕地上可以种些什么,才会有丰硕收获,才能到达水草丰茂的彼岸。

10 好德

1997 年,我在上海市财贸管理干部学院任教期间,与复旦大学张晖明教授一起为联华超市做了一个 3 年发展规划,主要给联华超市董事长王宗南提了三个建议:一是做好生鲜;二是开大卖场;三是办便利店。联华超市董事会没有同意开办大卖场,但举办了"生鲜食品节",创立了"联华快客"便利店。

1) 创办"好德"

1998 年下半年,我应邀调任农工商超市总经济师,提议开办便利店,领导观察了两年才决定实施便利店发展计划。

2001 年春节后的一个晚上,领导很亢奋,到深夜终于定下来"好德"这个店名。店名定下来以后就要决定由谁去主管这个事业,先是选择了领导一手培养起来的总经理助理毛爱萍,她没有接受这个任务。后来,她去了联华快客,主管特许加盟业务,直到退休。接着又找第一期强训班毕业的时玮康,他接下了这副担子,现任农工商超市集团总裁。好德的店招与色彩选用了一个斜体英文名称"alldays",寓意全年无休,并以宝蓝色作为主色调,配以玫瑰红与纯白色。宝蓝色是当年的代表色,当时很亮丽,但后来发现色彩太浓郁,会给顾客造成一定的压抑感。2018 年好德开始启用湖蓝色标。

为了营运便利店,我们还特地从中国台湾请来了曾在 7-Eleven 做过主管的赖正泰先生做好德的营销总监。为了安排住宿,好德在普陀区还特地买了两套房子,给总监与几个大学生住。

好德第一家门店开办于 2001 年 4 月 15 日,选址上海祥德路的居民区。第一家好德提供馄饨与烧烤。那天早上,时玮康总经理对我说:周教授,这是鸡汤馄饨。馄饨确实很鲜美,但是馄饨与烧烤做到 50 多家店的时候,就关闭了。赖正泰先生对我说:做这两样东西不妥!他不敢与领导说,于是只好由我面呈领导。领导听了我的说明,似乎听明白了,说了四个字:你看着办。于是我心里也有了底,立马通知赖正泰先生,一个字:撤!赖正泰先生还问:那这些设备怎么办?我也回他四个字:你看着办!

2001 年 6 月 28 日,50 家好德便利店同日开张,当年开店 150 家,达到了预定的发展目标。2002 年好德在优化管理的基础上,发展提速,全年开店 369 家,门店数超过了 500 家。2003 年继续狂奔,好德便利店达到了 1 000 家的经营规模,但仍然亏损。1 000 家便利店的直接投资和直接亏损各 2 亿多元,合计 4 亿多元。这在 2003 年前后,对一家经营连锁超市的公司来说,应该是一笔巨大的开支。

1998 年上半年,从农工商超市副总离职的陶金成创办了家得利超市,2001 年又创办了 21 世纪便利店。后来他跟我说,是他先提出开 500 家的目标,后来农工商超市跟进,也制定了 500 家、1 000 家发展目标。到底是谁先提出来的并不重要,重要的是我们开到了 1 000 家,并且于 2007 年收购了可的。

21 世纪便利店在开始的时候制定了"要么不做,要做就做第一"的目标。当发展到 500 家的时候,面对上亿元但还不见底的亏损,思想上就产生了动摇,最后又错误地认为与"美亚"可以实现优势互补。美亚收购以后,在没有搞明白便利店运作的情况下,又错误地实施了一系列所谓的改进与改革,最终导致 21 世纪便利店在消费者、房东与供应商三者联合夹攻下被迫退出市场。21 世纪便利店的退出,与其说是被市场淘汰的,更不如说是由一系列决策失误和处事不当导致的,连锁公司应该从中吸取教训。实际上大家都面临着危机,危机处理能力强的可以面对危机而继续生存,否则就被淘汰。

2) 好德的十大创新

从 1995—2001 年,上海先后出现了"可的""罗森""联华""良友""85818"等便利店公司,并成为五大主导品牌。曾有媒体预言:在相当长的一段时间内,上海便利店市场将由这五家分占。但到了 2001 年,由于"好德""喜士多""21 世纪"三个新品牌的诞生,打破了媒体的预言,上海便利店市场出现了新的竞争格局。好德在开张前曾请顾国建教授参加了一次研讨会,顾教授说:好德的加入将会使上海的便利店更精彩! 事实也基本如此。

(1) 定位符合便利店的业态功能。超市是满足每日必需的家庭消费,便利店则是满足个人消费与提供便利服务,哪里有不便利哪里就有便利店的发展机会。

(2) 实施差异化的品牌战略。农工商超市发展便利店并没有采用已经家喻户晓的"农工商"品牌,而是打出了一个全新品牌——alldays,旨在培育与超市截然不同的经营理念、经营业态与经营品牌,旨在强化好德"全年无休,始终如一,天天便利"的服务形象。

(3) 创办者以开放的心态,博采众长,吸纳了国际上最新的便利店经营理念,以满足消费者便利性、即时性与时尚性的"中食"(介于在家吃的"内食"与饭店吃的"外食"之间)需求和便利服务。

(4) 加入上海的本土化特色和自身的专业特长。厂商品牌商品一般没有什么大的区别,区别在于"自有品牌"的定牌商品,如盒饭、熟菜等。国际上大型的便利店系统自我开发产品占比高达 60%,这既是便利店创立经营特色的基本手段,也是便利店重要的利润来源。好德就利用背靠农工商超市的有利条件,开发了一系列自有品牌产品。

(5) 严格按便利店的经营定位选址。好德首选街角铺面,并考虑到店面的商圈特征、透视性、可接近性等因素。2002 年 4 月份,好德在创办一周年之际,还利用农工商大卖场的优势,推出了"大卖场加便利店"的开店模式。便利店一边连接大卖场,一边紧靠居民小区,充分体现了便利的功能,经营业绩高出成熟店铺的平均水平。

(6) 强调总部的专业化管理,如推行以信息系统为基础的商品台账图以后,新开门店的商品出样速度提高到了每店 3 小时,并为新品引进、旧品淘汰、日常管理、订货、盘点等商品管理工作奠定了数字化管理的基础。

(7) 设置宽大的服务台与自助服务区(DIY),以增强便利店的人性化服务功能。

(8) 在发展初期不急于发展加盟店,而坚持直营连锁,在总部的管理技术比较成熟并能够确保门店盈利的情况下再发展特许经营,但是,并没有因为直营连锁而影响发展速度,这主要依靠农工商超市的强力支持。

（9）建立与超市相互独立而又可以做到部分资源共享的信息系统、配送系统与培训系统，并鼓励经营者持股，从而具备了企业发展的良好机制。便利店与超市的不同定位决定了它的发展必须具有独立性，包括商品组合、商品分类、业务运作、组织方式、物流配送、教育训练等都有自己的特殊性。所以，为此服务的信息系统也就必须独立开发。

（10）超市与便利店的展店人员相互提供店铺信息，大大促进了店铺开发的速度。

总之，好德的发展模式对便利店行业的发展产生了重大的影响，如实施差异化的品牌战略，首创了在大卖场开便利店的店铺开发模式，推行了商品台账图。关键是好德从一开始就面向市场，定位比较准确，并且按照现代国际便利店的标准模式来规划、设计与调整，避免了进入"迷你超市"的陷阱。

3）不断调整

好德是由农工商超市的一群富有激情的年轻人闯出来的，但是，重大的战略大部分都出自农工商超市集团的最高领导。要有发展的基本原则，于是好德发展初期就确立了一条基本的展店原则："宁可租金贵一点也要位置好一点。"他们选择街角位置开设便利店。当时行业中盛传好德在抬高租金，其实，租金确实在提高，但那是市场大势。在这一原则指导下，好德占有了上海很大一部分街角位置的铺面。

好德最初500家便利店是经过四轮评估而决定的：一是展店员；二是展店经理；三是便利店公司老总；四是集团最高经营者。严格把关，控制细节，抢占了很多有利位置。

那时候，我每周有三四个晚上都在陪领导看便利店铺面。直到有一天晚上，总计看了13家店铺，领导全部认可，向大家说了一句话："你们毕业了，以后你们自己看，我就不看门面了。"也就是在500家门店以后，便利店选址由便利店公司自己决定，但后500家店铺的业绩明显不如前500家店铺。追求快速抢占市场是重要原因，领导的生意眼光也确实很厉害。

经过2004年的盘整，2005年好德开始盈利。

4）收购可的

2007年光明食品（集团）有限公司旗下的光明乳业（600597）以2.268亿元人民币的价格转让其持有的"上海可的便利店有限公司"81%股权给农工商超市（集团）有限公司。

这一转让完成以后，"好德可的"实施"两块牌子一套班子"营运模式，农工商超市集团成为当时全国拥有便利店最多的公司，门店总数超过2 300家。在上海地区，这两家公司拥有1 550家门店，约占上海市内便利店总数的40%，其中，在上海拥有直营便利店1 370家，占上海市内直营便利店门店总数的56%。网点除上海外，相对集中分布在江浙两省，如嘉善、嘉兴、湖州、杭州、萧山、绍兴、宁波、昆山、太仓、苏州、吴江、无锡、扬州、宜兴、张家港、常熟、江阴、常州、扬州等20余个大中城市，形成了直营、委托加盟与特许加盟三种发展模式。"好德可的"具有比较完备的常温与低温相结合的物流配送体系和成熟的信息管理系统。

可的成立于 1996 年,在便利店行业是稳健发展的典范。可的与海鼎公司在信息物流技术方面的互动合作,在行业中也是有口皆碑。但收购以后发现,可的与海鼎公司的服务合同是按照可的的销售额分成 5 个百分点,于是就不再使用海鼎公司的系统。同时由于农工商超市拥有占地 200 多亩的物流基地,可的原有的物流公司也就停运了。当时,后来创办盒马鲜生的侯毅担任可的物流中心的经理。因为公司变迁,他也离开可的去了京东,再后来于 2016 年创办了盒马鲜生。

曾任联华超市董事长的王宗南先生调任光明食品集团担任董事长后对我说,当初成立百联的时候,没有快速将华联超市与联华超市合并,错失了 3 年时间。所以,他调任光明食品集团以后就立即开展"合并同类项"的工作,将可的并入农工商超市。如果没有这次合并,也许就没有盒马鲜生。许多事情,偶然中有必然,必然中也有偶然。

截至 2019 年 12 月底,在上海,"好德可的"市内门店 869 家,全部为直营连锁店,市内门店规模位居第 3;全家市内门店 1 545 家,市内门店规模位居第 1;罗森市内门店 1 325 家,位居第 2;快客市内门店 669 家,位居第 4。

11 贵州财大的京东便利店

2018 年 9 月 4 日,我在贵州财大开会期间,探访了附近的一家京东便利店。贵州财大老校区,设在贵阳市中心地带的山头上。其他大学的特点是"门面大,话筒差",贵州财大则是"门面小,话筒好",甚至可以说根本没有门面,从一条小马路进去,进口只有两辆小车的间距,进口右侧有个门房,门房师傅不能在门房间直接发卡给司机。但他们很有智慧,弄了一根一头有叉口的小竹竿,把门卡插入叉口,就可以不出门房把停车卡直接给司机! 正可谓:民间处处有智慧,百姓个个是高手!

早上 7 点刚过,位于贵州财大小铁门外半山腰上的"京东便利店"吴馨雨便利店已经开门。门面与店面陈列比周边其他店铺显得更干净更整洁。早晨的顾客并不是很多。

我问店老板:"加盟京东有什么变化?"

店老板说:"京东对我们的要求是不能卖假货。与从前相比,主要变化是现在向京东进货,我 90% 以上的商品都是向京东要货。可以货到付款,也可以采取赊账付息的方式。我都是采取货到付款方式。"

我问店老板:"加盟以后收益有没有提高?"

店老板说:"加盟以后效益有所提高,毛利率一般可以做到 17% 左右。"

我问店老板:"什么东西销售最好? 京东有没有提供有关数据分析的系统?"

店老板说:"当然是酒水卖得比较好。你看我还自己引进了整坛零拷的白酒! 江小白也卖得不错。你说的什么系统,我们还没有,京东也没有提供,京东也没要我们的数据,什么东西好卖不好卖,我心中有数。"

店内有 3 个冷柜,售卖饮料矿泉水等,店门口还有一个冰柜售卖冷饮,服务台售卖香烟、计生用品。服务台前有两个木制堆头。长方形的店面,有三排货架,主要供应食品杂货,并有整坛零拷的白酒供应,这是店老板自己进的货。

当问起为什么不做点早餐、生鲜等商品时,店老板说,周边都有菜场,早餐店,我们也忙不过来。

在与京东便利店同一条街的百米外,有一家面积稍大一点的超市。在贵州财大内的酒店住了 3 个晚上,去那家超市买过两次水果,那里出售的小米蕉挺好吃。因为看过京东便利店,便问超市店主:"你为什么不加盟京东?"老板说:"就是换个门面,价钱贵一点而已。送他们货的供应商同时也送我们货。"

我没有仔细比较京东便利店与超市的价格,只感觉京东便利店更整洁,老板也挺友善。但他们也都有自己的经营想法与思路。整合这些便利店不是一件容易的事,京东便利店的门面整合与商品整合,还是做得挺好,但提升空间很大,要做的事情很多。

12 盒马集市和百联 RISO

2017 年 6 月 29 日上午,与盒马总裁助理郭旭林先生相约,带 78 位上海商学院市场营销专业在校大学生去位于上海浦东浦城路 398 号的上海湾 B1 层的盒马集市参观学习,午后又去了位于盒马集市附近的张杨路 655 号的百联 RISO。从盒马集市到百联 RISO 距离 641 米,步行时间约 10 分钟。

学生从奉贤校区出发,由曹剑涛博士跟车带队。带学生出来参观学习,是一件风险极大的事情,一旦出点事情,学校与老师都要承担全责。所以,每次外出,总是小心再小心,计划再计划,不敢有半点疏漏与懈怠。这就是当今大学,一方面要加强学生的实践教学,另一方面又不敢多做实践教学,把学生"圈在校内"。正如对待小学生,课间不让学生参加活动,只能待在教室里。

有其他老师带队,我就可以轻松点。不用花一个多小时再赶到学校,可以从家里直接出发。早上 7 点半,我从莘庄附近的家中出发,坐小区免费班车,20 分钟到达莘庄地铁站转乘 1 号线地铁,到徐家汇站再换乘 9 号线,在浦东商城路下车,路程时间约 90 分钟。

莘庄站的人多得令人震撼:刷卡进站以后去站台入口的宽敞通道居然排起了长队,人多得有点吓人。由此我想到,这就是中国民众的力量,中国民众的消费力量!如果这些力量被调动起来,用"排山倒海"四个字来形容,一点也不过分。这就是中国力量!但要调动这些消费力,需要零售业者持续不断的创新与转型。我走出地铁站,毫无方向。每次到浦东,总有路盲感,所以去浦东从来不敢开车。还是高德地图好,一路指引我走到盒马集市。技术正在改变人类,我们得学会新技术的应用,才会有效率,才能如人所愿。

盒马集市入口处有家星巴克,与同事一起在此吃早餐。一杯牛奶、一杯咖啡、一个海鲜三明治合计 77 元。这在过去是一笔不小的开销,但如今,工资没啥提高,感觉却已经发生了些许变化,这似乎像是几元钱的开销。难道这就是所谓的消费升级?去星巴克坐一会,主要是学生未到,参观约定时间还早,不仅为自己补充能量,更是为了给手机补充能量,星巴克的沙发座位边上有充电插座。我在小杨生煎看到过有充电插座的长条座位,但在盒马集市与百联 RISO 都没有发现有充电插座。我的同事对我说:百联 RISO 一楼可以用电脑,说明有插头。也许盒马集市也有充电插座,只是昨天没询问一下。

1)对盒马集市与百联 RISO 的初步印象

从店面场景来看,两者有不少相似之处,如以海鲜、蔬果为主导,包装化销售、自助收银与敞开式人工收银相结合,使用电子牌卡,购物环境优于传统超市等。百联 RISO 的卖场布局比盒马集市更紧凑,但盒马集市比百联 RISO 更快捷。盒马集市保证"五公里范围,半小时送达",百联 RISO"三公里范围内下单后一小时到达"。

盒马集市是从上往下走,店铺在地下,百联 RISO 是从下往上走,店铺从一楼到二楼。盒马集市是长条形铺面结构,两头都可以进出,确实给人一种逛集市的感觉。

从营运逻辑来看,盒马集市强调的是既不同于传统生鲜超市,也不同于生鲜电商的做法。传统生鲜超市,是单线运作,单维营运,主要是卖东西,盒马集市做到了多维营运,不仅卖东西,更是吃货们吃东西的场所。盒马集市通过"店配"解决了生鲜电商难以解决的时效性与商品鲜度问题。

2)颠覆与回归

"盒马鲜生"这四个字,主要有两层含义:一是像河马那样张开大嘴吃,所以,盒马的主力是"与吃相关的产品与服务";二是颠覆传统的生鲜营运,所以叫作"鲜生"。盒马其实就是一个颠覆传统的"四不像"。

你说他是店商,他其实更像电商;你说他是电商,其实他就是实实在在的店商;你说他是超市,他所做的则是餐饮的活;你说他是餐饮,他还真的不是做餐饮的,而是卖各种各样你所喜欢的东西的店铺。就是这样一个"四不像",消费者很喜欢。我的学生说,盒马集市茶饮、餐饮品牌,都似曾相识,但在一个地方集合,只有在盒马集市所见。也许这就是"集市"的魅力所在。一个零售公司,能自己设计出客人喜欢的独特产品自然好,这叫"产品设计"。能采购到富有特色的商品也非常重要,但比产品设计(自有品牌)与采购(自主经营)更重要的也许还是"项目设计",只要项目好,不怕没有好品牌、好产品加入。

RISO 以"百联·新零售发现店"为背书。有顾客说:"左边一个广告粗看还以为是日本的什么店广告。在没有进店之前看到电线杆上的这个广告牌,很奇怪为何写品鉴意大利。"那是因为 RISO 是意大利语,意思是大米。

由此引申出:我们愿以一粒米的尺度去丈量食物的安全,忠于品味,回归初心,带给你美食的本味,生活的趣味与人情味。还进一步注解说:RISO 是你的餐厅,你的购物车,你的元气空间站,你的愉悦轻时光……仿佛置身哆啦 A 梦的神奇口袋,你想要的通通给你,这个空间下一秒又会蹦出什么呢? 生活需要慢慢品味。

从 RISO 的含义注解来看,似乎很美妙,但不见得人人都能理解,其读音不便于传播。如果有一个中文名称,也许会更好! 这个名称,要更接近消费大众的理解度! 百联 RISO 更强调的是"回归",这样的描述相对来说比较空洞,缺乏内容的支撑。

3) 商品与价格

盒马集市地下有一个楼面,营业面积为 1.1 万平方米,引进了天猫超市;百联 RISO 地上两个楼层为 4 500 平方米,引进了书店。两家店都主打生鲜、海鲜与餐饮。

(1) 波龙与帝王蟹。在盒马集市,1.5~2 千克的帝王蟹,每 500 克 218 元,百联 RISO 卖 198 元。在盒马集市,400~500 克的波龙,按只卖 99 元,百联 RISO 则卖 158 元每 500 克。盒马的龙虾品种显得更多,称重的帝王蟹个头更大。

(2) 费列罗巧克力。费列罗巧克力价格百联 RISO 明显偏高了,16 粒装卖 59.2 元,每粒 3.7 元。

(3) 水果。百联 RISO 一楼进口就是各类水果,品项较多,各种颜色的小番茄,就有四五种,价格也不贵。奇异果甚至比水果卖场还便宜,同类黄心奇异果在小的水果店卖 12 元一个,在水果卖场卖 7.2 元一个,百联 RISO 卖 6.5 元一个。

(4) 菜价与肉价。在盒马集市,我访问了一位老太太,她在 46.8 元 450 克的盒装黑毛猪蹄膀边上犹豫。她说,蔬菜价格与菜场差不多,也新鲜,就是肉比较贵,这黑毛猪,菜场与卖场相同品牌,菜场便宜好多。我说:"像您这样有格调,应该到盒马买猪肉,猪肉好坏差异很大!"她感觉应该是这样。

(5) 配菜与色拉。在百联 RISO 有各种色拉食材可供选择,在盒马集市有各种配菜可供选择,还提供肉馅料理,这些快捷的商品深受年轻消费者的青睐。

(6) 道具与场景。在盒马集市,不同类别的商品区域或服务区域,都十分注意场景与道具的配合,在百联 RISO 也很注意场景与道具。商品与服务的场景化、道具化,这也是零售业的一个基本发展趋势。

4) 效率

看盒马鲜生的前后场拣货袋传输系统,金桥店与浦东的盒马集市有很大不同。在金桥店,这个系统做得很张扬,明显地具有展示效果。在盒马集市虽然这个系统依然存在,但已经不放置在显眼的地方,比金桥店更隐蔽,也许就是为了缩短传输路径,提高前后台营运效率!

去年以来零售业谈论最多的就是"新零售"。其实,新零售既不是马云首先提出来的,也不是去年才提出来的。早在 2006 年我国就提出了"新零售"。这一年是我国零售业从快速发展向低速发展的转折年,零售面临增长发展瓶颈的时候才提出了"新零售"的概念。查阅中国知网收录文章，从 2006—2015 年整整 10 年，有关新零售的文章才 19 篇，2016 年则有 96 篇，截至 2017 年 6 月 27 日，本年度知网收录的有关新零售文章已经多达 312 篇，其中 95％以上是记者写的文章，学术界对新零售不以为然。教授们说，新零售不是一个科学概念，每个时期都有新零售，如果现在的零售变化叫新零售，那以后的新变化怎么叫？难道叫"新新零售"吗？

我觉得，在当前提倡新零售还是很有必要的，零售业要通过创新与转型，解决两个方面的问题：一是顾客（或叫用户）的体验问题，他们普遍没有受到应有的重视、尊重，经营者更不知道他们需要什么？怎样才能让他们舒心、开心。二是零售的效率有待提高，其实是要提高流通的整体效率。第一点与消费升级相关，第二点与持续发展相关。我认为，这两点就是新零售的本质所在。所以，看新零售，不能光看卖场的表面以及顾客的体验，更要看它背后的营运逻辑与营运效率。这才是本质所在。

5）餐饮

盒马集市与百联 RISO 都主打餐饮。在盒马集市，不仅有小吃、茶饮、西点，还有圆桌的正餐。在百联 RISO，一楼有餐食台，但餐饮主要在二楼，而且分中餐与西餐不同区域。百联 RISO 的餐饮项目没有盒马集市多，在盒马集市的餐饮区有些是市场上见过的品牌，盒马把他们集合起来，叫"集市"。盒马集市甚至有河豚、烘山芋、煎饼果子、海参、鱼胶。两家都有鲜花销售，但盒马集市的场景更好。

在盒马集市，我要了一杯 22 元的奶盖抹茶和 15 元两杯的生啤酒，喝完后步行去百联 RISO。走进百联 RISO 二楼见一中老年食客独自在啃龙虾，便坐下与其交流。他出生于 1962 年，自由职业者，在附近工作，一份龙虾 88 元，加 25 元加工费。他觉得很好！还说，有钱没钱都得吃！

我们三人，在百联 RISO 点了两份粥，一份海鲜河粉，一盆菠菜，合计 122 元。点好菜给一个电子提示器，菜烧好以后凭提示器与单子取菜，倒也很方便。现金、信用卡等都可以支付。粥的分量很足，一份粥至少可以两人吃，味道也不错，清淡而入味。快吃完菠菜的时候，发现菠菜汤上面飘浮着几个黑点，这明显是锅子烧干后没洗干净出现的问题！我请大厨出来自己看，过了 3～5 分钟，大厨出来了，说是他们的错，是没有洗干净锅子的缘故，问我要不要再炒一份。我说吃饱了。他很客气地说给我退款。很有诚意。但收银说，退不了，他们没有这个权限！我说，没关系！但我加了大厨的微信！总体感觉良好。

6）总结

因为有学生在，需要随时关照，按时返回，两家店都没有细看，只是有一些感官认知。总的来说，有如下体会：

（1）无论网商做实体店，还是国有大集团紧跟市场变化做业态转型发展，都是好事情。不存在要不要的问题，消费者到实体店购物的意愿从 2013—2017 年经历了一个 U 型曲线，这是消费升级与企业创新、转型的结果，没有这些变革与创新，消费者的信心不可能提升。

（2）外出就餐已经成为一种生活方式,满足这种生活方式构成了一个日益庞大的餐饮市场。国家统计局公布的消费数据显示,2016年全年餐饮收入为35 779亿元,同比增长10.8%,占社零总额的10.8%。估计这个增长速度还会继续加快,小餐饮增长快于大餐饮,如果按照11%的增长速度,到2020年全国餐饮规模就将接近5万亿元。路边摊、馒头店、面条店、汤包店、披萨店、锅贴店、馄饨店、便利店、超市、购物中心、咖啡店、书店、面包店、茶饮店、正餐店、快餐店、汉堡店、豆浆店、煎饼店等,还有很多,中国人的口味非常复杂! 满足他们的口味,一要多样化,二要多变化,三要多味化。不是一个海鲜就能使客人满意的,对喜新厌旧的中国消费者,绝对不能让他们一辈子都吃一种口味的"通心粉"。

（3）贵在后场。传统的"人货场"三要素有必要进一步细分。实体店体验是一种场景;线上订货、送货到家是一个场景;堂吃加外带是另一种场景;线上接单,门店取货,后场合流,快递到家,又是一种营运场景。总的来说,"人货场"可以进一步分为"人货场仓"。如果1/3的餐饮面积能创造1/5的销售额,1/3的后场面积能创造一半的销售额,那么,商品售卖的场所就变得更宽敞舒适而具备了体验的条件。

（4）单线与单维地做零售的路子会越来越窄。零售在经历了百货、连锁、超市、无店铺革命以后,当前已经进入移动时代,这是零售业的第五次革命! 任何一家单线运作的零售公司,不一定死亡,但不可能做大! 在消费需求升级,消费者已经从过去的"买东西"转变为"吃东西"的时代,零售也就变成了一种"娱乐业",所以,没有故事,没有精神,没有念想,没有理由,单维销售商品的零售店,将会被多维运作的零售店压缩到一个越来越小的空间之内。

13 盒马"新零供大会"向供应商提了四点要求

2018年8月9日,盒马"新零供大会"在上海市长宁路1018号龙之梦万丽酒店10楼举行。

早上7点30分我乘小区免费班车到莘庄,再乘地铁1号线到万体馆转乘4号线到中山公园,直接进入龙之梦2楼,这时候大概是9点15分。我问保安酒店怎么走? 被告知酒店在1楼星巴克边上。走到1楼还是不明方向,出购物中心还是没方向,再返回购物中心问1楼保安,终于给我指明了酒店的方向,还是在前方的星巴克边上! 但我明显感觉到保安有点不耐烦,此事使我感到长宁龙之梦这个地标性购物中心有点退化与老化。

来到酒店10楼会议场所,眼前看到的场景使我想起了20多年前大型连锁公司一年一度的零供战略合作年会,都是人山人海。所不同的是,盒马让人看到了更多的"鲜活成分"。凭二维码入场,鲜美生活自拍,大屏幕滚动播放着生鲜主题的开场视频。我坐在前排媒体坐席,低头做着我自己该做的事儿,盒马当家人侯毅很客气地过来向我问候。我感觉他似乎比从前清瘦了一些,但显得更精神。

主持人说,盒马最关心的是消费者体验,侯毅每个月会带领团队开一次研讨会,分析消费者的体验与反馈。在介绍来宾时我注意到参会嘉宾包括云南省农业厅、湖北省农业厅、山东省农业厅的代表。这让人看到了盒马供应链的强化与延伸的迹象。

一个供应商大会在五星级酒店举办,确实有点高大上。但与从前辉煌时期的某些连锁企业相比,五星级酒店开个会就太平常不过了。

记得在十五六年前,上海有家连锁超市公司居然包了一架飞机到三亚喜来登酒店召开零供战略合作大会,从可口可乐、百事可乐、宝洁等国际品牌公司到全国各地的供应商,销售排名前50名的公司分配2个出席名额。供应商以为这次一定要流大汗出大血了。不料这位零售老板说:本次会议全部免费,我们要从博弈走向共赢。如今,盒马鲜生重提零供关系的"共赢"观念,到底要给行业传递什么信号?

盒马称:

(1)新零售的深入发展,使零供关系从博弈走向共赢,"新零供"关系诞生。

(2)作为阿里巴巴新零售的标杆企业,盒马鲜生在发展中不断探索和打造新的行业标准。

(3)盒马鲜生自成立以来,不收上架费是雷打不动的标准之一。

(4)健康的零供关系有利于双方纵深合作、长期共赢,最终也将提升消费者的体验,创造新的顾客价值。

为什么要打造新的零供关系?盒马将如何推动新型零供关系?如何与供应商合力创新、共同成长,最终推动打造新的生态环境?

大会开始,只有主持人的简单介绍,没有开场白,更没有领导致辞,单刀直入。

第一位出场的是盒马的黄仕杰先生,他向大家展示了盒马的五类客群:年轻尝鲜、奋斗夫妻、宽裕白领、精致家居、潮流长辈。精致家居应该是家庭主妇,潮流长辈这个人群划分得好,这个画像的命名也特别好。约占10%的潮流长辈,居然占据了盒马APP的50%。

第二位分享的是盒马当家人侯毅先生。他说:消费者需要更多的商品(商品的丰富度),更好的性价比(优质而不贵),更方便的购物模式(更便捷的购物与服务),这三点是不变的。

侯毅说:盒马对零售有没有借鉴意义?他用两个月时间考察了欧洲与美国,对比发现盒马有以下三点创新。

(1)盒马改变了消费理念:从一周购买到一天购买日日鲜。

(2)更新鲜健康,手机一点,30分钟免费送达,更方便。过去零售引以为豪的"动线规划"，在盒马看不到，盒马没有动线规划。

（3）盒马数字化的会员、营销、支付、营运、管理，更有效率。

侯毅说：中国零售业目前的普遍问题有以下三个。

（1）零供关系失衡。中国零售业一直以供应商为主导，零售商没有建立买手体系。所以盒马要建立买手体系。零售商是柜台出租者，不是经营者。零售商不承担经营责任，而是转嫁给供应商，导致供应价格不正常。商业腐败滋生，大量利益进入灰色渠道。

（2）商品研发滞后。商品力是零售最大的竞争力。中国零售商的自有品牌开发能力、制裁能力、基地建设物流与供应链能力一直没有建立起来。

（3）经营理念陈腐。新鲜度与成熟度作为生鲜农产品的第一要素。如芒果大部分都是半成熟采摘，这样便于运输、保存与销售，也能大幅度减少损耗。但据侯毅介绍，他们从产地采摘成熟芒果，让消费者可以手剥芒果，而不是刀切芒果。

侯毅说：解决零售业腐败的关键是买手制，买手承担起责任，才能使采购更有效率。

什么是新零供关系？侯毅的回答很简单：你做你的，我做我的；各司其职，各负其责，各自做好自己的事情。这就是新零供关系。盒马不需要供应商派促销员，不需要供应商来管陈列和销售，商品卖不掉是零售商的责任。（这才是零售的未来）

侯毅说：不改变零供关系，零售没有未来。盒马愿意去承担这个风险。呼吁大供应商开辟一个新零售渠道，你不努力，盒马就会放弃。中国的商品价格为什么会这么高？供应商应该好好思考这个问题。今天开这个会，没有向大家收1分钱，我们认为，零售商应该承担起这个费用（零售要承担更多的经营责任与经营风险）。盒马在全国建立物流体系，只有完成基地建设、供应链建设，盒马才能向消费者提供更好的更有价值的商品。如果国内供应商无法满足盒马需求，盒马就向全球采购。盒马将逐步取消年终返利，当然，奖励是可以的。3年以内，50%的商品要做自有品牌。杜绝腐败，这是底线。这就是盒马的买手制。

盒马对供应商的期望有四点：

（1）建立新零售的渠道体系，要实实在在的裸价，让利给消费者。

（2）建立与零售商信息互通、共享的系统，确保上下游信息完全畅通。

（3）建立原产地和食品安全追溯体系。

（4）取消中间环节，提高供应链效率，保证商品的新鲜度。

侯毅认为，中国零售是一个超级蓝海。他说：截至2018年7月，盒马有64家店铺，覆盖2000万名用户。未来盒马，将进入中国所有一二线城市和发达的地级市，服务3亿人口。时间节点是2021年3月。

在对话关节，主持人问云南省农业厅厅长，对盒马当家人有什么要求？这位厅长说，不敢提要求，希望盒马快点去开店。

侯毅说，估计进入一个城市全覆盖需要30～40家店铺，这需要一定的时间，所以，盒马制定了3年发展规划。这也需要政府的支持,还有农业的集约化与供应链的再造,让中国的农业真正成为主流产业。对话以后,盒马与云南、湖北、山东三个省的农业厅以电子方式签约。

侯毅在演讲中提到盒马的未来要占到30%的市场。对此我不是很理解,侯毅所指的30%,可能是指"吃"当中的内食以及部分中食。不知道我有没有误读。如果是指生鲜食材市场,这个市场不仅有品质之分,小众与大众之分,更有新旧业态之分,如盒马用新零售去做一顿饭的每日鲜食材与餐饮,但如我这样爱好种菜烧菜的"60后"消费者来说,菜场仍然是主要的购物渠道,尽管我觉得盒马是一种很好的零售模式与服务方式。外食市场2017年是4万多亿元,内食目前仍然远远大于外食。而且会有更多的变数。所以,这是一个想象中的"深蓝海"。

盒马倡导"鲜美生活",向12家合作伙伴颁发了"盒马合作基地"铭牌,最后盒马与供应商举行了"合力共赢"启动仪式。

14 消费者现场感受:盒马鲜生的促销新花样

因为家住盒马鲜生汇阳广场店(上海市徐汇区田林东路75号B1)附近,所以常会去这家店看看,有时候是特地去的,有时候则是去汇阳广场随便逛逛顺路去的。

汇阳广场是一个商务办公综合体,东沿漕溪路,西、南两侧为灯具家具市场,北侧为高层住宅区,基地面积16 556平方米,建筑用地6 045平方米,总建筑面积超过100 000平方米,其中,商用面积48 000平方米,办公面积35 000平方米。

汇阳广场有489个停车位,附近有地铁1号线、轻轨3号线以及22条公交线路,周边2公里范围有20万常住人口,新开发的楼盘每平方米房价为8万~10万元。盒马鲜生虽然在B1,但只要进入汇阳广场,就能看到盒马鲜生的标志,十分醒目。

盒马鲜生总是喜欢在B1层开店,其实,在综合体内,B1层开店是最实在的,对顾客也最为方便。

1) 盒马鲜生迎合了生活方式的变化

从前感觉盒马鲜生有点特别,如只能用支付宝结账,其实,盒马鲜生的支付方式有三种:支付宝、礼品卡、现金。如果用现金支付,实际上是一种用临时卡代客支付的方式,不能享受某些促销优惠。

与其他超市或菜场相比,盒马鲜生的东西并不便宜,当然也有既新鲜又便宜的东西,如2.5元一包并标有"星期 * 不卖隔夜菜"的"盒马菜 日日鲜"广东菜心,看起来很新鲜,想起来很放心,吃起来很可口。

特别是无最低消费额度的快速配送,这一点很合我的生活习惯。从前总是去超市或菜场买一大堆东西吃几天,现在觉得这种生活方式不安全,最好是买一顿吃一顿,新鲜安全,使人安心。

最近我发现,在盒马鲜生 APP 中的"我的盒马福利社"中,居然有了"养盒马领福利""购买金额排名"这些带有娱乐性的互动栏目。盒马鲜生每月还公布消费者"本月月榜",月度消费前 30 名可以领取奖品,如汇阳广场店 9 月份的月榜 TOP30 可获净水器一台。

现在的大卖场、连锁店,也有类似的会员积分兑换活动,但没有趣味性,奖品也非常"小儿科",没有刺激消费的作用。盒马鲜生的做法,不仅有趣味,参与者觉得好玩,有点分享红包的味道,与当代生活方式很贴近,而且奖品也比较体面与大气。

做商人不能做成尖刻的小人,要成就大业,就要豁达大气。我们今天就来说说电子宠物与购买排名这两件事。

2）购物兼养电子宠物

养电子宠物是消遣娱乐,一度曾非常流行,但自从有了微信,电子宠物似乎不再"得宠",因为大众有了比这种消遣更能维系情感的新方式新途径,如发朋友圈获得点赞。

如今,盒马鲜生折腾了一个新的"宠物玩法":把宠物的成长与顾客购买时间、金额以及优惠券等捆绑在一起,既具有娱乐性,又具有激励性。凡在盒马鲜生购物的消费者都可以领养一只小盒马,消费者为小盒马选择性别和姓名。

特别值得一提的是,小盒马的性别选项是男、女,而不是公、母。这样做的好处是赋予了小盒马人性,就如同消费者领养的孩子。中国消费者的消费心理是再苦也不能苦了孩子。即使自己没钱也要给孩子提供良好的物质条件。有些消费者为了把自己的"小盒马"养好,即使没有特别需要也会想办法消费。

主人自然盼望小盒马越长越大。小盒马的成长规则:每日成长需消耗 1 千克,每消费 10 元,次日 8 点前会长 1 千克的体重。小盒马每天都有成长记录。盒马用户在规定时间内完成相应的任务内容,即可获得相应的权益。任务包括完成规定时间内的购买天数,完成规定时间内的消费总金额。

例如,消费者连续 4 天消费 500 元就能获得相应的权益。消费天数是为了保障盒马鲜生 APP 的来客数,消费金额则是为了保障客单价,来客数和客单价之积则是门店的销售收入。所谓顾客获得的权益,就是盒马鲜生的消费者可以获得促销优惠券。

为了给消费者直观的反映,界面会直接显示针对该消费者的时间和任务的具体要求。盒马鲜生的 APP 页面突出显示完成任务能够获得的优惠券,优惠券通常比较有吸引力,以期对消费者有巨大的激励作用。

消费者对生活必需品的价格非常敏感,但是消费一旦和娱乐消遣挂钩,消费者对价格的敏感度就会大幅度降低。"养盒马领福利",盒马福利社是盒马鲜生 APP 的一个重要功能选项,该选项增加了在盒马鲜生购物的娱乐性和趣味性,与消费者建立感情联系。

3）大数据助推消费者竞赛

为刺激消费,盒马鲜生利用消费数据推出了带有娱乐竞赛性质的"周周榜"。周周榜分"上周榜"和"本周榜",口号为"争逐周冠军,得吃货王牌",两榜均显示该店消费者的消费排名、消费金额。

2017年9月第三周,汇阳广场店"吃货王牌消费者"的消费金额为9 393元,十足的"土豪",一周消费上万元啊!排名第2的消费金额为4 188元,第3名为4 174元。盒马鲜生公布该店消费者的消费排名和金额,显然不单单是为了陪顾客娱乐,更是为了鼓励消费者"剁手"。

少数消费者会把在盒马购物看成是消费竞赛,争夺第一,大部分的普通消费者据此可能看到位居前三名的消费者,消费实力如此之强,觉得自己太过"节俭",于是为自己找消费的理由,认为自己还可以再多消费一点。中国人多,大家稍稍改变观念,如每人多吃一块肉,肉源就紧张,反过来肉就积压。

所以,盒马鲜生其实是把一个"常量"转化成了一个"变量",我们通常是把一定人口的社区消费当作一个基本稳定"常量",其实,除大米等主食外,其他消费品,基本上都是一个变量,心情好就会多购买,自己吃不了就会去分享,这样就使"常量"成了"变量"。

盒马鲜生的促销方式兼具两大特征:善于建立感情联系和充分利用大数据。突破了传统"一对多"的促销方式,设计了一系列"一对一"的精准营销方式。实现了盒马创始人侯毅在盒马筹备期间所说的话"用多维击单维"。

这里的"多维"是指:一维干货,二维生鲜,三维熟食,四维餐饮,五维加工,六维在线,七维推送,八维精准。一般的超市只能做到三四维,盒马能做到八维,自然有更多的优势。

所以,学盒马,绝不能只学其形,如果形似神离,后果会很严重。

（作者：上海商学院康海燕博士）

15 第一百货的传承和升级

"第一百货"经过半年多时间的停业改造,于2017年12月8日改名为"第一百货商业中心"重新开业。

（1）定位:有业内人士评价说:看这个招牌,还是比较传统,第一百货的升级关键是定位问题。当天我看后总体感觉是商品与环境有较大提升,但面临两个新问题:老顾客需求与新商品定位如何平衡?老顾客流出与新顾客流入如何平衡?

（2）橱窗:第一百货的橱窗非常著名。围绕"西藏中路—南京东路—六合路",有16个橱窗,开张那天开了11个,其中4个是品牌展示橱窗,7个是圣诞橱窗。询问店方管理层：为什么不把橱窗打开做一些轻餐饮，如咖啡吧。店方说是保护建筑，不好动。在静安区的久光百货，去年也花巨资进行了改造，"庙街"的底楼铺面在改造前为浪琴专卖店的大门面，改造后开设了哈根达斯、星巴克、POLO 等新店铺，浪琴的铺面缩到了一边。

(3) 连接：第一百货由 ABC 三个部分组成，A 为老楼，B 为副楼，C 为原东方商厦南京东路店，也称为东楼，总面积超过 12 万平方米。目前开业的 A、B 两楼约 8 万平方米。A、B 两楼前后连接在一起，B1 销售黄金、滋补品、羊绒制品、茶叶、烟酒等，1 层有化妆品、名表、名品服饰，还有万宝龙专卖店；2 层有奢侈品概念店、珠宝配饰、时尚服饰；3 层有女装与配饰；4 层有童装与玩具文具，还设置了一个与天猫合作的母婴室；5 层有男装与皮具箱包；6 层有数码电器与家具用具；7 层有 100 弄文化空间（老上海风情展示）、VR 体验馆与顺丰大酒店；8 层有影院与餐饮。从设计与当前实际营运的情况来看，A、B 两楼的客流连接还没有做好，尤其是两楼连接的中庭没有充分利用。如果把这个中庭改为溜冰场，倒有可能带来人气。另外，老楼与副楼之间的通道，可以点缀一些好玩的东西，弄一点类似"集市"之类能带来人气的场景与小铺。8 层影院未开，8 层上面应该有个屋顶花园，但至今没有开张营业的计划。大概是担心发生安全事故。

(4) 温度：第一百货是一个"有温度、有念想、有记忆"的非常不一般的店铺。2018 年 1 月 12 日我第二次去改造后的第一百货有三个原因：一是到茂昌去取眼镜，顺路而去；二是上次没有看地下室，想看看从前卖鞋子的地下室如今变成了什么样；三是想给父母买围巾。过年前到传统老店为父母买点"暖心商品"的顾客应该为数不少，两条薄薄的羊绒围巾打八折去零头后售价 2 000 元，不算便宜，甚至有点贵，但因为是给父母买的，钱已经不是很重要，重要的是品质保证与一份心意。让惦记着父母的子女们，能找到"有温度"的商品，这是一个大市场。这也是向年轻人"引流"的一个途径，让年轻人在为父母购买商品的同时，也带上自己喜欢的人去感受"情感体验"。

(5) 印象：改造后的地下室，改卖黄金珠宝与羊绒制品，一个品牌设置一个专柜区，一个名叫"金生生"的玉器珠宝柜台倒是引起了我的注意，其他都没有给我留下特别深刻的印象。到达 1 层自动扶梯口，见有顾客指着导购牌问：是不是只有两层？每一层自动扶梯前的导购牌上只有本层、上层、下层这三个楼层的介绍，没来过的顾客就误以为只有这三层。但在直达电梯的门框上方却有 B1～8 层的介绍。1 层化妆品柜的设置，给人很窄小与压抑的感觉，每一个品牌都搭起了高高的围栏与框架，一眼望去，没有通透感，专柜与电梯之间还形成了一条很窄小的通道。这两点设计，大大降低了店铺的场景美感与舒适度。

(6) 母婴：如今的零售餐饮业都在大打"母婴童"牌，常常是孩子引着家长去店铺，所以，与母婴童相关的产品也受到行业的强烈关注。有些创业者已经开出了亲子游乐餐厅，把小孩玩与大人吃结合在一起。第一百货在这方面也确实花了一番心思，如与天猫合作在 4 层的副楼设置了高大上的母婴室。母婴室外有惠氏奶粉的自动售货柜，母婴室内有沙发、产品展示屏，两个可以分开的哺乳室，但没有看到传说中的低价尿片与小罐奶粉。在母婴室外还有一个高大上的厕所，特设父母带孩子的厕所，设有小马桶。厕所里甚至有擦手抽纸。但4层童装区域没有设儿童乐园，经询问后发现，因受安全消防管理方面的限制而不能开设。但在A、B楼连接处的中庭，有恐龙模型、儿童木马等展示、互动与游玩设施。昨天去第一百货发现，几个大男人骑着木马在聊天！

（7）情怀：7层已经开张的是"100弄文化空间"与"顺丰大酒店"。"一百橱窗半世纪"以及怀旧物品吸引了众多顾客观摩。跷跷板让老阿姨们玩得很开心。一百多个老旧的搪瓷杯在召唤"亲人"，地图上贴着寻人地址。有些项目还没有开张。导购手册上写着："世界很小，一百很大。"开张日的人气并不是很旺，而且以中老年人为主，游客也不多。挂着拐杖的老年人也逛得挺开心。品牌提升以后，老顾客似乎还不能适应，新顾客还未能有效引入，这也是第一百货的纠结之处。人气比较旺的是卖围巾、线帽的销售区，但1 200多元一条的羊绒围巾，很多顾客还是只看不买。在A楼背面看到一家"福太太"服装专卖店。AIGLE（艾高）长袖衬衣售价1 190元，经查，京东价为1 090元。在1层电梯口有老年顾客看到导购指示牌上写着每层都有餐饮就说，为什么不放在1层？看来年轻人与老年人的需求差异确实非常大。昨日发现，人气最旺的是位于7层的顺丰大酒店，中老年顾客谈笑风生，但酒店外的"100弄文化空间"却很清静。情怀这东西，如果不能与心境与场景相结合，完全是一种无用的东西，百货公司的转型升级，不能光靠"情怀"，需要通过场景与内容，给顾客一个理由，拉近与顾客的距离。

（8）总结：传统百货转型升级，要提高自己的运营能力，商品研究要加强，迎合年轻人，拥抱新渠道；中外百货基因不同，中国是招商制，国外是买手制；转型升级有一个过程，不要颠覆性变革，渐进比较有效；大家都在探索自营与自有品牌，如万达的鞋子，天虹的Rain_Co（女装买手店）；传统的按照商品物理性质分层展示的方式，应该有所变化，向生活百货方向转变；百货核心能力〔顾客洞察＋定位技术＋商品力＋运营（环境＋服务＋营销＋数字化）〕；不少在做自营的百货，其实自营比例也不过5%；百货产品的设计需要改进。比如内衣、T恤、衬衣等贴身的衣服，要命的吊牌为什么总是在领子背后，为了剪掉贴牌，常常把衣服剪破，厂家应该改一改贴牌位置。商家应该关注此类基于顾客最基本的思考点。原价不实问题应该引起百货行业的普遍关注，原价不实现象在百货行业是非常普遍的，顾客也习以为常了，但顾客是理性的，折扣大，不一定买，顾客看重价格，而不是折扣。顾客懂行，所以，商家要更诚信。

第一百货的重新开张，给百货业的转型发展提供了一个样板，转型是否成功，大家拭目以待。在未来，第一百货的设施、设备、布局、品牌等都有必要及时调整，以便更好地把自身定位、顾客期盼、内容提供、服务方式、顾客连接、营销活动、场景设计、餐饮配置、娱乐消费等有机融合，真正实现传承与转型、升级与提效相互匹配。

16　大学生眼中的第一百货

2017 年 12 月 8 日上午，上海第一百货商店旧貌换新颜，重新开业更名为第一百货商业中心，并打出了标语"老地方，新体验"。整栋楼内以老上海味道与购物餐饮相结合，互动体验较好。而第一百货商店在 2017 年 6 月 18 日晚 10 点开始闭门改造之前，其实在互联网时代之下已有些渐渐淡出人们的视线。在"市百一店"华丽变身之际，我想从大学生的视角来谈谈第一百货。

第一百货前身为大新公司（The Sun），为旧上海四大百货之一，当年在上海人口中，常能听到"到公司去"，其实就是专指南京路上的四大百货公司，以及由此引领的消费时尚。当时的消费潮流和时代风尚就是从这"公司"开始的。虽然四大百货在上海滩竞争激烈，但问世最晚的大新公司仍然后来居上，超过永安公司而跃居四大公司之首。

从前老人们说，不到第一百货，就不算到过上海。在物资匮乏的年代，百货业的蒸蒸日上对上海的普通百姓来说无异于一件幸事，因为在买什么都需要票证的年代，很难满足当时已步入小康社会的上海群众自我的物质需求和精神需求。第一百货商店也是中国第一个引进自动扶梯的百货商店，如今我们觉得常见的扶梯却让当时的人们感到好奇万分，纷纷前来乘坐。在大人们购物、闲聊时，自动扶梯就成为孩子们的游乐器械。而我从小最开心的事莫过于过年时爸爸妈妈带着我去南京路第一百货买新衣服，那时候我们都觉得第一百货的东西是最好的最时尚的，所以就算价格在当时有些许高昂，但我们全家仍会每人在"市百一店"挑选一整套过年的新衣。

提到第一百货，不得不说的就是它的橱窗文化。从 20 世纪 50 年代起，第一百货的橱窗布置就非常有时代特色。我在网络上搜集了一些第一百货的橱窗图片，它不像如今的商品橱窗里只有品牌当季最流行的款式，它还有和时代背景相结合的种种画面，仿佛橱窗内也有一个设计者所编织的橱窗世界。我觉得那时第一百货的橱窗就仿佛是老上海的时装秀，是时尚的风向标。而今天，第一百货的橱窗"重出江湖"，圣诞装扮让路人纷纷驻足拍照留念，让我更期待看到下一个有着第一百货风格的橱窗世界。

走进第一百货，能看到人头攒动，而且有意思的是一眼望去多是些上了岁数的顾客们。1 层与从前一样多是化妆品柜台，但引起我注意的是如今柜台中不仅仅有身为奢侈品的国际一线大牌，还有一些年轻化的、价格较为亲民的品牌柜台，比如 VDL、banila co 等，第一百货内甚至还有我国化妆艺术大师毛戈平先生创立的 MAOGEPING 品牌柜台和靳羽西女士创建的羽西品牌柜台，相信未来会有越来越多的中国品牌入驻第一百货，让身为中国人的我们更好地了解我国自有品牌，也让这些品牌能更好地走向世界。

在第一百货 2 层，首先映入眼帘的就是"奢侈品概念馆"，这是一个国际奢侈品牌箱包的集合区域，可以大致看到有 Gucci、Louis Vuitton、Prada 等品牌。店内采取"限流"模式,不少顾客进店挑选的同时,入口处也已排起了长队。看来第一百货已经找到了顾客群体的"痛点"和"痒点",在我看来,这类奢侈品绝对是我选择实体店而放弃网店进行购买的原因。

店内与化妆品柜台设置相同的是,服装鞋包类都是让学生族望而却步的奢侈品牌,以及大量的快时尚品牌、国有品牌,并且几乎每层楼都设置有餐饮区,这和对其他百货大楼的体验是完全不一样的。我和身边的女生们在逛街后,往往会选择前往餐饮店,休息的同时会聊聊天、互相拍拍照、吃些甜品,所以我认为这样在服装区内设置餐饮区对我们这个年龄段的女生来说体验感是非常良好的,逛街逛累了随时可以走进店内休息,而后进行下一波的"大出血"。

第一百货内最先让我感受到设计者的创意的是在4层童装区,虽然4层不仅仅是孩子们的天堂,还有部分女装区和餐饮区,但是明亮的七巧板形状的防滑地面巧妙地将成人和儿童区域分隔开来,非常有意思。童装区域围绕一块玩具区展开,我可以想象到过年时对新衣服不感兴趣的孩子们和同龄人在玩具区徜徉的场景。

让我感受到与其他百货另一个不同点是6层数码电器区与家居用品区,逛这两个区域的时候我仿佛走进了日本百货店 Bic Camera 的美容家电区,各个国际数码大牌的电器商品和美容仪器陈列在品牌柜台内相邻的位置,更有品牌以开放式厨房的形式将商品陈列给消费者,让人耳目一新。除此之外,还有各国大牌入驻,最吸引我的是有网红吹风机的 dyson 柜台以及 Tiger 虎牌柜台。甚至在我眼前出现了以后阿姨们的叮嘱从"去日本给我带个电饭锅回来"改变为"去第一百货给我带个电饭锅回来"的画面。

最让我惊喜的是第一百货7层名为"100弄文化空间"交互体验区。从自动扶梯走上7层最先映入眼帘的就是一个极富未来感的展品,可以说是名副其实的"眼前一亮"了。

我在参观这个区域的时候,耳边时时传来老上海人的谈话声。有一个个翻看老上海地标拍照留念的人们;有望着展品跟身边人提起当年获得先进工作者后视为珍宝的搪瓷杯的人们;有看着满墙的三五钟,然后指着其中一个说,"喏!老早家里也有个"的人们……交互体验区内还有游戏区域,目前能够亲身体验到的是 VR 版本的老上海弄堂游戏——跳房子,以及色彩梦幻多变的跷跷板,让我最有感受的是看到一位位奶奶辈的老人带着自己孙子辈的孩子参与游戏,使对老弄堂游戏的记忆变成了与下一辈一起创造的当下。这里的每一件展品都不单单是一件物品,还有每个上海人的回忆,更有我们对未来的展望。

在这里,"70"后和"80"后们细数着来自20世纪的回忆;在这里,奶奶辈带着孙儿辈一同玩老上海弄堂游戏;在这里,老上海味道和现代感交相辉映,都散发出更为璀璨的光芒。我相信只要大家对老上海"市百一店"的记忆仍在,那它的灵魂就会始终存在,而在此基础上建立的第一百货商业中心已经散发出了新的光彩,谁说这不会成为当今上海的一座新地标呢?

(上海商学院 2016 级市场营销专业学生　王玮琦)

17 "小而美"的上海淮海 755

2015 年 12 月 12 日，发源于上海徐家汇的"东方商厦淮海店"改名为"淮海 755"，隶属于百联股份，转型为以"无印良品"为旗舰店的精致型购物中心。尽管是一个多业态组合的商业体，但门前最为显眼的是"百联"logo 下面的"MUJI 无印良品"。

1）淮海 755 最成功的地方是"小而美"

百联股份公告显示：淮海中路 755 号，原新华联商厦，是自有房产，建筑面积 22 985 平方米。据现已调任百联全渠道公司的原淮海 755 购物中心总经理杨敏介绍，淮海 755 的实际营业面积 17 000 平方米。无印良品占据了地上 1～3 层，合计面积 3 438 平方米。

1 层无印良品以旅行用品、烟熏工坊、女装、童装、美容保养、自行车为主。无印良品外围，在淮海中路 755 号沿街有两家店铺：Seasaw Coffee 甜点咖啡店和 Under Aromour 安德玛运动装备店；在商厦中庭边上还有一家"花与猫的天空"鲜花园艺店。中庭沿自动扶梯边上还点缀了小饰品售货架。

2 层无印良品以个人定制、家具搭配顾问服务、男装、文具、收纳用品、客厅、卧室场景为主。外围的店铺以健身为主，健身私教品牌"人马线"占据了大部分空间，还有安柏夏冰淇淋、凯知乐儿童玩具等。

3 层无印良品以餐堂、书吧、厨房餐桌用品、家居、互动空间为主，外围店铺以餐饮、家居为主，有牛新寿喜烧、达福乐牛排馆、TIGER 居家生活馆、RESEE（玩家杂货馆）、爱手爱脚。

4 层有 1/3 的面积是 DAISO 大创生活馆，1/3 是以烤肉为主题的餐饮、套餐以及茶饮，有 TUK 土耳其烤肉、牛小心的烧肉屋、记在心里、隐茶·茗月，另外 1/3 是游玩摄影美容等铺面，有黑暗迷宫、倾城宝贝家庭摄影、唯美度。

5 层是餐饮，有 Uncle5、炉鱼、香天下、小青森锅物。

6 层是利苑酒家。

东方商厦淮海店从单体百货转型为以城市地标为标志的精致型购物中心，是在淮海中路沿街百货店的"关店潮"中发生的。从 2010 年开始，华亭伊势丹转变为万得城（家电），第一百货成了宝马旗舰店，二百永新转为优衣库全球旗舰店。所以，杨敏在淮海 755 开业以后说："整体来说，单体百货经营情况都不容乐观，这也已经不是秘密了。"我曾问杨敏对淮海 755 的总体评价，她对我说："755 最成功的地方是小而美，体验感和场景感强。"

2）淮海 755 的首次印象

2016 年 5 月 26 日，联商网在淮海 755 购物中心内举办了一场上海零售创新沙龙暨好门店考察活动，我应邀参加，并参观了无印良品主力店。当时有三点感受比较深刻：

第一,百联通过"去百货品牌",营造了一个"小巧玲珑"的精致型购物中心,是百货走出困境的一种有效突破。当时有报道称:开业当天的高峰时段排队人数约 800 人,顾客入店的等待时间一度超过 45 分钟,客流量超过 4 万人次,以后延续 1 个多月,还不时出现排队盛况。

第二,用网络推广引流,改造以后原有客户只留下 5%,首次到淮海路区域的客流增长了 40%,实现了客户年轻化的目标。

第三,有一种质感,如无印良品 1 层的"MUJI to GO"区域,摆放着一艘中间分开的原木古船,分开部分陈列商品,木质感、神秘感、穿越感特别强烈。这种"质感"渗透在全店,让顾客放慢脚步,放松心境,缓缓前行。

3) 淮海 755 中的无印良品

2018 年 2 月 26 日一早,我从莘庄乘地铁 1 号线到陕西南路站下来,不到 9 点半就到了淮海 755,没有看见排队场景。

9 点 40 分,来了一位外籍女性顾客,看了一下"正门不通请走边门"的告示以后,推边门打不开,便转身进入了无印良品边上的 Seasaw Coffee,要了一杯咖啡,在沿街大玻璃窗前的高脚凳上坐下,边喝咖啡边看手机。我在她边上拿出自己随身带的茶壶与茶杯,喝自己的红茶。无印良品开门后,我先后在 1 层女装区与 2 层男装区遇见了她,前后慢悠悠逛了 1 个多小时,最后消失在 3 层的餐饮区。

9 点 45 分,来了一位老年女性顾客,没找到开门时间告示,便问我几点开门,我说一般是 10 点开门。据她介绍,由上海交通大学老教授介绍,慕名而来,想买一件男式毛衫。

Seasaw Coffee 比无印良品开门早,那些等候开门的客人,都先在咖啡店休息,等无印良品开门,可以从咖啡店经过中庭,进入无印良品 1 层,或由自动扶梯直接上 2 层。据介绍,淮海 755 的无印良品是中国最大的无印良品旗舰店,我感觉其主要有四个特点。

第一,主题明确。店内导入了全球首创的 MUJI Diner(餐堂,在 3 层)及 MUJI BOOKS(书吧,在 3 层)、Open MUJI(互动空间,在 3 层)等空间,旨在全方位传递"感觉良好生活"的提案。据杨敏介绍:3 层去年做了适当的改造,扩大了餐饮的面积。从当天的实地观察来看,中午 12 点前后,通往 3 层餐饮区的客人逐渐增多,但人气并不是很旺。

第二,特色服务。在 1 层有 AROMA Labo(香薰工坊),可以根据顾客爱好调制各种香型;SA(服装搭配顾问服务)帮助顾客挑选心仪的服饰。在 2 层设有 IA(家具搭配顾问服务),帮助顾客打造舒适的生活空间;MUJI YOURSELF(个人定制)有刺绣工坊、印章展台、布面彩印、礼品包装等服务,提供个性化服务。在个人定制服务台有好几位顾客等候着,其中有一位女性顾客买了 8 块方毛巾,每块 15 元,要求打上不同的刺绣标识,合计又支付了 80 元,并且要等到傍晚 6 点取货,顾客留下电话,以备联系。

用品"专属化",这是消费升级的重要表现之一,很多家庭,毛巾、杯子、碗筷、拖鞋等都早已加上了标记,个性化从生活细节开始践行。既然选择了"个性化",那就不会在乎花点小钱,耗点时间。特色服务只能与这种慢下来的品味生活相结合,才会有价值。

第三,组合展示。在整个店铺里,书籍、食品、器皿容器这三样东西到处都是,它们与各种消费场景组合在一起,感觉很融洽,是一种自然的交叉组合。古船边上的木柱子挖空一截陈列着糖果饼干,三个楼层每层都设置了布局不同、格调不同的收银台,收银台前的等候区也都整齐地摆放着多种包装食品。

书吧虽然在 3 层,但在其他楼层也都点缀着各类图书,如在 1 层童装区,摆放着很多有趣的儿童图书。3 层的图书展示与饮食文化融为一体,很有特色,从"来自世界的美食"开始,世界的食文化,先是按照国别划分各类图书,再分为:每位的根源、常备菜、便当、好器物等,再分住、乐、行各类图书。

第四,价位较高。我曾想到学校旁边位于上海宜山路上的光启城中的无印良品购买一个拉杆箱,但最后没买,主要是三个原因:一是拉杆的时候"不小心"夹了手指;二是硬壳感觉容易坏;三是价位较高。

在无印良品,我有两个问题一直没有搞明白:一个是关于商品的品质问题。有顾客向我反映,在上海光启城无印良品购买的藏青色女衬衣会褪色,洗过两次还是褪色,感觉色牢度不合格。另一个问题是关于店内摆放的沙发。2016 年去淮海 755 无印良品的时候,见皮沙发上放着一块写有"请勿就坐,敬请谅解"的牌子。这次再去这家店,见有一处沙发没有放牌子,便问家具搭配顾问:为何不放牌子了? 回答是,顾客已经购买的商品会用围栏拦起来,并告知。没有买走就可以坐。但在 2 层的另一处又见到放置提示牌的沙发,上面写着"仅供购物体验,请勿长时间休息,谢谢合作"。问边上的服务员,回答是,确实有个别顾客长时间躺在沙发上。

但总体来说,淮海 755 无印良品给我的感觉是温馨的,在里面闲逛两个多小时,看什么都不会有人来干扰,拍照也不会有人来提醒,只在 3 层餐堂拍菜单照片的时候,才有服务人员低声亲和地提醒我不要拍照。

但与无印良品相比,位于 4 层的 DAISO 大创生活馆 10 元店,给人的感觉不仅有点压抑,而且很不适。原因只有一个:这家店用了很多告示、摄像头来提醒顾客"不要偷东西"。他们把顾客当小偷了。即使卖 10 元的小东西,也仍然可以把心胸放大,把格局做大,但如今开在高雅淮海路上,针对追求生活质量的有品味有品质有品格的"三品人群"的淮海 755 中的 DAISO 大创生活馆,以一种俯视消费者的态度做生意,是很难获得认可的。

还未入店就看见一块红色吊牌,上面写着:"店内有监视录影机全程录影中,一旦发现有偷窃的行为,一定立刻报警处理。"

出入口有一排门禁系统立牌,上面写着:"亲爱的顾客您好,若您经过防盗感应门时触发警铃,请由门市人员协助您,处理后续动作,谢谢。"

而最滑稽的一个场景是,店中过道上方挂着一个摄像头,摄像头下面悬挂着黄色条幅,上面写着:"摄影中,请微笑!"

有一次我到永辉买东西,第一次用自助收银有点不适应,请服务员帮忙才完成。结果到家发现,有一件商品没有结算,总计 10 元钱。实际上是机器出故障后漏检。结果永辉方面说,这就算是我们的错,对所有顾客都一样,是正常的损失。我欣赏永辉的大气,而不是因为少付了 10 元钱。这是一种态度与立场,站队虽然重要,但比站队更重要的是立场,你是站在顾客的立场还是站在自己的立场,这是衡量企业有没有未来的关键标准。

我觉得,消费升级是一个过程,我们首先看到的是吃的升级,但吃总是有限的,真正的消费升级绝对不在吃上面纠结,应该在用、行、住、乐等方面体现出来。用方面的升级,会对百货、购物中心等零售业提出挑战,现在我们使用的很多东西,价格低廉的品质不能保证,稍微有点质地的,价格又定得毫无道理,这样的时代应该结束了。

当今我国市场存在一个"优质低价"的日用生活百货空白点,超市品种少价格高质量也属低端;地摊货与网购商品,价格虽低但品质令人担忧;高端百货有时候比大众百货更坑人,以"伪品牌""洋品牌"为支撑的"伪高端"也充斥其中。名创优品(MINISO)之所以能获得成功,就在于击中了日用百货消费者的诉求点。货真价实、优质低价的产品吸引了消费者。快时尚化、生活关联化、优质低价化、小业态化是成功的关键。

百货店的未来发展要回归生活,市区百货店有可能与社区超市和便利店跨界联合为一家企业,使百货店上接天网,下接地网,复兴其在商业中的引领地位。这方面应该多向日本和我国台湾商人学习。

百联集团去百货品牌,树"淮海 755"新品牌,是一种有益的大胆探索,小而美、小而精、小而乐、小而慢,在发展中不断调整与完善,我相信百联集团会越做越好。

18 见到冠超市

有关冠超市的传说,已经有许多。2018 年 12 月 6 日,我在 2018 全球自有品牌产品亚洲展的中国自有品牌 2.0 时代高峰论坛上与冠超市创始人林永强先生相遇,才知道冠超市成立已经 20 年了。

1999 年在平潭岛开出第一家冠超市平潭太元店,只有 230 平方米,如今这家店已经扩展到 3 000 多平方米,店铺 logo 也有很大变化,"GUAN MART"变成了"GuanPark","市场"变成了"公园",微微昂扬的"黄冠雉"开始进入行业的视线。

1) 奇特的平潭岛

平潭岛是个很奇特的地方,全国第五大岛,福建第一大岛,主岛形如麒麟,岛上时常东来岚气弥漫,别称东岚。海岸线长 400 多千米,优质沙滩 100 多千米,与台湾地区新竹港相距仅 68 海里。进岛有海关卡口,岛内还有一个跨境交易中心。微风吹过,让人感受到海的气息。在跨海大桥建立之前,与大陆的交通都靠轮渡。当地人说,打鱼、挖洞、造船、打石头是岸上主业,据说全国 80% 的挖洞业务是平潭人在做,除大型造船厂外,全国有 60% 的造船业务是平潭人在做。岛上夏秋季常有台风,靠海的房子全部用石头垒砌。

林永强先生,"70 后",平潭岛农民出身,爱好摄影与艺术,"冠超市"据说已经成为全国颜值最高的超市。如今,大家都亲切地叫他"强哥",小小的个子,"浓缩的都是精华"。

20 年时间,冠超市已经发展成为全国连锁超市中最活跃的第二梯队,41 家门店,2.3 万平方米营业面积,4 800 多名员工,20 亿元年销售额。规模不算大,发展不算快,但形象绝对亮丽,颜值绝对高;从平潭冠超市(好货也便宜)、福建冠超市(努力做最好),到中国冠超市(生活更美好),求新求变,理念不断升级;深耕福建、广西、云南三地区域市场,处于领先地位,成为区域优秀零售商。

2) 只要有机会就上

令人奇怪的是,在世纪之交成立的超市公司,并没有像全国其他超市公司那样极速发展,而是在过了 5 年之后,在离平潭岛 165 千米,跳过福清,在福州西北面的闽清县开出了第二家冠超市,那是 2004 年。

从时间间隔来看,他们的开店思路很稳健;从空间间隔来看,他们的开店思路又很跳跃。有人说,冠超市到了福清之后,跳过福州去了古田。

这是为什么? 林先生对我说:"福建人,只要有机会就上。"机会到底在哪里? 是什么机会? 我花了 1 个小时查阅了他们现有 41 家门店的公开资料后发现:他们的总部虽然设在福州,但福州只有一家店,大部分店铺都分布在外围,他们似乎采用了一种"避实就虚,外围突破"的战略。这种战略上海等地也有公司采用过,当初叫作"农村包围城市",因为城市中心有比自己实力强大的公司,所以只能"避实就虚"。冠超市现有门店,除福州 1 家、平潭 8 家外,其他门店都分布在宁德、龙岩、三明、莆田、晋江、南宁、都安、平果、田阳、靖安、来宾、桂林、柳州、西双版纳等地。

冠超市从外围寻找商机,给自己营造了一个"蓝海世界",赢得了稳健发展的时间与空间。我觉得这是冠超市蓄势待发的宝贵战略基础。如果没有这个基础,也许就没有今日的冠超市。这就是冠超市的聪明之处。

3) 5 年一个跳跃

第二家门店跳跃式开张以后又过了 5 年,冠超市于 2009 年进入广西,是一个偶然的房地产机会。再到 2014 年又是 5 年,这一年"冠业"与万达、吾悦广场、爱琴海、花样年、碧桂园等知名地产公司签订了战略合作协议,打造新综超业态。这一步跳跃,不仅迎合了商业升级的大势,而且也使自身业态获得了重大的提升,还抢占了商业发展的有利地势,经营模式也从单一的超市发展成为组团经营,超市外围引入了"5A 严选·高品质母婴""潮品生活馆""派派熊""Q 芒先森""紫色花语""希尚""儿童主题乐园""ABCKIDS 童鞋"等招商项目。

冠超市与美团合作,借力开拓"到家业务",已经取得了较好的成效,给店铺带来了增量销售,并与多点(Dmall)签订了合作协议。全渠道零售业务的开发,为冠超市深入社群、社区,开启了适应数字化新消费趋势的大门。

2018年,冠超市确定了未来5年的发展战略:"以供应链为核心,做具有全渠道经营能力的智慧零售企业。"携手阿里,成为阿里Rex零售系统全球首个用户,以加速数字化进程。在冠超市平潭龙里店,我看到了"支付宝自助收银台"。在未来3年,冠超市将以"一城一店"的方式快速布局4～6线城市。

4)自有品牌开发凸显成效

在冠超市万宝店,我进门就看到了一组与火锅相关的自有品牌商品陈列在展示台上,在冠超市龙翔店每500克25.8元的GuanPark薄荷糖,比同类品牌商品至少便宜1/3,成为"爆款产品"。

林先生介绍,他们对自有品牌商品开发的重视,已经体现在组织架构的变革上,从前是从属于采购总监,属于采购的一个部分,如今则是自有品牌总监统管采购,完全颠覆了以往采购组织架构。冠超市目前有300多支自有品牌商品,在不久的将来,这个数据将扩大到1 000支。

这种转变,为自有品牌商品开发提供了组织保障。

冠超市发展的20年,5年一个脚印,步步为营,盈科而进,从外围突破,不仅颜值超高,内涵也不断提升,领地渐渐扩张,在不确定的环境中砥砺奋进,实现了一次又一次自我超越,"GuanPark"在未来有可能发展成一个全国著名的"授权品牌",由此使"冠超市"转型为"冠商业"。

19 永续经营:不仅仅是冠超市林永强的梦想

我们对日本式经营,在20世纪80年代曾经有过狂热的学习热潮,随着改革开放的深入,越来越多的人开始向美国学习,最终却遗忘了近邻日本的经营法则。其实,我们需要重新找回经营的"定力",注重管理的"现场",遥望未来的目标,做永续经营的好企业。

企业是社会的公器,不在大小,活着就好。人不能永远活下去,但人的精神可以永生。这其实与古人所说的"先义后利,不言利而利自生"的理念是一致的。在"暴饮暴食式经营"的当下,树欲静而风不止,光靠企业舵手的"定力"是不够的,得依靠一种机理与机制来保障企业的永续经营。

2019年1月12日,冠超市在其发源地平潭举办了20周年庆典,公司董事长林永强在演讲中向大家展示了一个梦想:永续经营的全球著名品牌。他说:"我也许做不到,但我的团队做得到。"

永续经营,不仅仅是林永强的梦想,还应成为更多企业的经营共识!

这不禁让人想起了"愚公移山"的故事,愚公挖山不止的精神感动了天帝,最后天帝命夸娥氏的两个儿子搬走了太行山与王屋山。这是一种坚韧不拔、不懈奋斗的精神,这种精神与后来的大寨精神和大庆精神基本一致,关键是:能打硬仗!这与"幸福都是奋斗出来的"思想也非常吻合。正所谓"好企业相通,坏企业相异"。

冠超市目前在福建、广西、云南三地发展,41 个门店,年销售额 20 亿元,这个体量在全国零售行业中属于"小字辈"。但形象靓丽颜值高,目标远大步子稳,从平潭冠超市(好货也便宜),到福建冠超市(努力做最好),再到中国冠超市(生活更美好),求新求变,理念不断升级,被评为"中国零售业十佳成长性标杆企业""中国最具竞争力成长型连锁企业",可谓是全国连锁超市行业中的"小强人"。

1) 为何要"永续经营"

在英美语系中,公司就是 company, com 是前缀,是共同的意思,其词根是 pan,原意为平底锅,联想到用平底锅煎蛋,会做得很大。这个词根有两层意思:一是扩展;二是面包。公司也是这样:①从现实观点来看,几个人在一起啃面包过日子,发展初期很艰苦;②从理想观点来看,几个人为了实现一个共同的理想,扩展自己的事业。所以,公司不是一个人的,而应该是大家的。否则遇到困难就会很孤立。开公司就是要不断做大,不想做大的话,就没有必要开公司。这是外生型成长的发展逻辑,也是美国式发展模式,善于利用资本,抢占市场,快速进退,功利至上。

欧阳菲在《日本企业永续经营之道》一文中指出:战略行为短期化,虽然效率较高,但企业会大起大落,缺乏持久力。日本则有着使企业持续发展的基因,专一、精益,集体智慧能够在企业内部获得积累和沉淀,内生创新和改善的能力很强,属于"内生持久型经营"。

拓展力是一种外功,它得益于灵活机动的外部资源整合力;持久力则是一种内功,它得益于较为长期的经营战略。经营观与经营战略不同,企业生命周期也不一样。日本是长寿企业最多的国家,延续 200 年以上的企业接近 4 000 家,而美国不到 200 家。

企业到底需要什么样的发展模式?现代管理之父德鲁克给出的答案是"生存",即"永续经营"(going concern)。他认为,组织的目的是使平凡的人做出不平凡的事。这样,一个企业事实上已经升华为一所能够教育、改造、修炼、发展、提升人性的"大学",同时,企业也不是一小部分企业拥有者用来谋利的"工具",他正在变为一种"社会公器"。我国企业过多地向美国学习,却遗忘了近邻日本的经营之道,染上了"暴饮暴食"的恶习,"暴饮暴食式的经营"使经营业绩高频震荡。

心灵的扭曲、变态、狂躁、异化,是这个时代的重要特征之一。你、我、他,其实都是病人,都需要救治与赎罪!企业作为一个营利性组织,还有比盈利更重要的义务、责任与使命,这样的企业才有活着的必要与价值,才配得上永续经营。

2）何为"永续经营"

永续经营的说法源自日本,能够长久地正常运转的企业,才能称得上"永续经营"。这与企业的大小没有必然的关系,这是一种"定力决定",与内在的"持久力"相关。为什么大多数企业都活不过30年? 这与企业当家人的事业周期有关。如果个人与企业绑定在一起,个人的生命周期与事业周期就决定了企业的生命周期。

企业有生命周期,10年入门、20年入道、30年入定、40年入化。沃伦·巴菲特之所以被称为华尔街股神,那是因为他在50多年的股市投资生涯中保全了"从成功走向成功"的名声,漫长的成功经历使他在这一领域达到了"出神入化"的境界。

有些人虽然没能或没机会让企业永续经营下去,但他们勇于从零开始,彰显了"不死鸟精神",日本的和田一夫与中国的褚时健,都是具有硬汉胸怀的"像太阳一样的男人"。在零售行业,有多少曾经叱咤风云的舵手,最终在平庸中销声匿迹。因为成功,所以失败,成功是失败之母。但又有多少人,虽败犹荣,他们的光辉能照亮后人前进的道路。还有一些舵手,他们的事业周期虽然半途夭折,却也让行业永远铭记,他们获得的是"口碑"!

所以,永续经营的最高境界是活着,企业不在大小,活着就好,人不能永远活着,但人的精神可以永生。

3）如何永续经营

对永续经营,有很多不同的观点,以下七点仅供参考。

（1）感动平凡的人。坂本光司教授所著的《日本最了不起的公司:永续经营的闪光之魂》一书中被称为"最了不起"的公司,不是索尼、不是丰田,我们一个都不认识,它们甚至可以小到一个水果摊,但有着日本式的精细、苛刻、较劲以及工作态度和社会责任,把声誉、信誉、社会责任看得比什么都重要,他们身上流淌着道德的血液,因而他们不仅对社会发展有意义,更让每一个平凡的人深切感动。

（2）将顾客当成聪明的买家。通用汽车CEO杰克·韦尔奇(Jack Welch)提出了永续经营四条规则:第一条,在这个需要保存有限资源的世界,企业应该遵守新的道德规范,取之社会,用于社会。第二条,将顾客当成聪明的买家,给顾客选择权。第三条,设立全球德道规范。第四条,聆听全球社会心声。专心倾听是企业的长寿之道,企业应设置超敏感的"天线",从社会各个不同角落接受信息。总之,成功管理企业的信誉才是企业永续发展的经营之道。

（3）重视"现场力"。《持续力:企业永续经营的八大关键》一书的作者远藤功认为,现场力是根本,提升现场力要做好两个方面的工作:一是激活中低管理层的潜力;二是现场"可视化"。中低管理层直接面向一线,这些管理者的工作状态,直接决定了品质与效率。现场可视化并不是中国人现在借助信息技术所能实现的"可视化",主要是指问题发现的可视化,不能形成隐瞒掩盖问题的风气,要建立"问题过失不是错,隐瞒掩盖才是错"

的可视化理念。激活中低层，让经营与现场"可视化"，这两点是提升"现场力"的根本保证。

（4）年轮经营，只要不比前 1 年差就好。塚越宽在 1958 年创办了"伊那食品"，这是一家让丰田喊"师傅"的小企业，年销售额约合 11 亿元人民币。他的公司之所以连续 60 年销售与利润双增，就是因为不追求销售额和利润等数字，而是以打造一家好公司为目标。他说，只有让员工、客户、公司所在地区的周边居民，以及其他与公司有关联的人，都感觉到幸福、都竖起大拇指说好的公司，才称得上是好公司。为此他写了一本名为《打造一家好公司（做最了不起的小企业）》的书。他还以自己的经营实践为背景，将一生的经营理念写成了《年轮理论》一书，他认为：企业的成长也像树木的年轮，宽窄不一，慢慢生长才会稳定结实。他有一句名言：企业经营，只要不比前一年差就好。

（5）公司的成败取决于管理者的关键决定。《管理者的决定》一书的作者苏醒说：在真实的商业世界里，几乎没有哪个决定称得上"全然正确"，公司的成败主要取决于管理者在关键时刻所作出的关键决定。真实的商业决策场景，犹如一场 Jenga 游戏，决策者需要格外小心地从一摞摇摇欲坠的积木中抽出一根木条，放到塔顶，不断创造新的高度，同时必须保持平衡不坍塌。决策的高下之分，仅在于所得是否大于所失。

（6）攻占一个城市后再向其他城市进军。《永续经营：打造百年老店的 8 种战略》的作者铃木贵博以星巴克为例阐述了成功的展店策略：攻占一个城市后再向其他城市进军。星巴克最初是在美国西雅图飞鱼市场内开设的一个卖咖啡豆与咖啡用具的店铺，20 世纪 80 年代末才转型打造成咖啡店。1991 年才走出西雅图，并逐渐发展到世界各地。星巴克采取"蜂巢式"开店策略，在目标市场密集布点，主要有两大优势：一是便利配送；二是有品牌效应。

（7）永续经营就像盖大楼，需 4～8 根柱子。多元化经营的均瑶集团总裁王均豪认为：希望企业可以永续，战略是把做久放第一位，做强放第二位，做大放第三位。有些企业为了进世界 500 强，成了一个"杂食动物"，为大而大，拼凑而大，精神跟不上物质的发展，是灵魂跟不上脚步，危险很大。做百年老店，企业要永续经营，就像盖一幢大楼，要 4～8 根柱子，即多元化投资加专业化经营。

一个大国，不能在根本性问题上出现颠覆性错误，一旦出现就无法挽回、无法弥补。一个有梦想的零售企业，也同样不能在方向性问题上犯"颠覆性错误"。如果一路狂奔，遗忘了行业本分，迷失了回家的路，就会以一种可怕的惯性把企业推下悬崖。冠超市稳扎稳打，心中还有永续经营的梦想，实属不易。永续经营，不仅仅是林永强的梦想，应该成为更多企业的经营共识。至于如何成为"国际著名"，也可以有多种解读。能够从平潭冠超市升级为中国冠超市，从某种意义上来说，已经是国际化了，因为对中国所有企业来说，中国化即国际化。

（作者：上海商学院周勇、池丽华）

20 又见大润发

大润发换了"东家",变化还是蛮大的:门头立柱变了,"飞牛网"广告换成了"苏宁易购",店内有了"网红商品榜",还添置了自助收银台。

1)寻找顾客来店的理由

大年三十我在老家奉化,特别想去看看大润发换了"东家"以后有什么变化。奉化大润发的营业时间为 8:00~22:00,我早到了 1 个小时,店员已经陆续入店,大润发入口右侧的肯德基也有顾客买好早点出门。大过年的,家里家外到处都是吃的,随处可见馄饨店、大饼店、生煎店、馒头包子店、甜酒酿店、粥铺、牛肉粉条店、兰州拉面馆、煎饼店等各类小吃店,为什么还要买肯德基当早餐? 其实,这也是很正常的消费差异化、分层化、多样化的具体表现。

我姑父 70 多岁了,是老农民、老党员,崇尚科学种地。大润发在奉化开业以后,他深有感触地对我说:改革开放早 30 年就好了! 他感叹大润发东西之多! 当地人也有人反映:大润发海鲜不便宜,甚至有些贵。

但大润发有大家喜欢的便宜的东西。老家的亲朋好友有一次居然到大润发买油条回来,奉化到处是大饼油条摊,为什么要舍近求远到大润发买油条,他们说:油干净,1 元一根便宜 5 毛钱,还有一个装油条的纸袋很卫生,当地的油条摊基本上都是用乱七八糟的废纸随便包裹一下,甚至收钱与揉面不分,感觉很不卫生。于是,大润发的一根油条便成为顾客来店的"理由"。一家店铺的兴旺也许就是由这样一个个细小的"理由"支撑着的。所以,寻找顾客来店的理由便成为店铺营销的基本功。

2)我"顺走"了大润发的一瓶黄酒

阿里入股以后,大润发有很多变化,从战略视角来看:前些年大力推广的"飞牛网"改做"B2B"了,马年春节前悬挂在门头的标志性圆柱体外立面上方的"飞牛网"三个大字不见了,换成了"苏宁易购"。店门前推广飞牛网的 POP 换成了"大润发 e 路发团购批发""飞牛便利"。

"淘鲜达"到家服务的推广招贴在店内外多处可见,上面写着:"看得见的新鲜,1 小时送到嘴边。"扫码加 APP,中间还要通过邮箱注册,已经感觉有点烦,做到最后一步还需要绑定银行卡,就果断终止了。原因是,记不住银行卡号,加个 APP 还要绑定银行卡,有点"被抢钱"的感觉。

在烟酒专区,看到一款大润发自有品牌"五年陈黄酒",原价 6.9 元,促销价 5.9 元,便拿了一瓶进入自助收银区结账。按照提示,完成了支付宝付款码扫描,过了 30 秒还在"支付处理中",也没有打印收银条,我便离开收银区,问服务台工作人员。他们似乎不关心此事,叫我去找另外的人。我想既然如此,就直接来到出口处。那里有专门检查发票敲章的服务人员,见我只拿一瓶黄酒出门,也没有检查收银条。回家核对支付宝交易账单,发现没有付账。就这样,大年三十,我在大润发奉化店"顺走"了一瓶 5.9 元的黄酒。这样的事儿在上海永辉超市也遇到过。后来永辉说,这就当作商品损耗。我曾在美国超市也体验过自助收银,感觉无论是速度还是便利性,都比我国做得好,还能使用纸币自助结算。

3) 助农行动,功德无量

在自动扶梯入口处看到一张"助农行动"告示:如果您有本地产的水果、蔬菜,我们愿助你一臂之力! 并留有课长与经理的联系电话。在奉化,有很多特色农产品,如奉化芋头、奉化水蜜桃、冷西草莓等,农民种地已经很辛苦,但更辛苦的是卖,一般都是用电动三轮车拉着农产品到县城农贸市场或集市中销售,不仅费时费力,还常常被城管赶东赶西。帮助农民销售农产品,是一件功德无量的事情。但也会遇到诸多问题,如品质安全、货源差异、商品集约等。以后是否可以在连锁店开"直销店",商品包装化,以农民的名字命名的农产品。日本的直销店就是专门销售小农户的农产品,全部包装化销售,包装上印有农户的名字。

4) 服务与商品

店铺 1 层是招商区,其中包括苏宁易购。各家商户一早开门的时候,顾客较少,挂着印有大润发标志牌卡的服务人员规规矩矩地站在店门口迎客,购物车准备充足,服务人员的精神状态也很不错。从长长的自动扶梯进入卖场入口,正在整理购物车的服务员没有忘记说一声"欢迎光临",使人感到店员有很好的服务意识。

在配方奶粉销售专区设置了一个免费饮水设备,自行车专区的一面靠墙货架是儿童溜冰鞋、滑板车、排球、羽毛球拍等运动类产品,还特别配置了一把装有镜子的小凳子。儿童玩具的品类很齐全,而且分类陈列,包括女孩玩具、男孩玩具、益智玩具、电动玩具、遥控玩具、音乐玩具等,大约有 450 个品项。

原来做五谷杂粮现磨的位置,换成了一个"欧乐比",这是散装食品升级版售卖方式,也便于散货先进先出的保质期管理,按需灌装,卫生方便,看起来也很有型。

店内还有几组货架专卖"网红商品榜"商品,食品与护肤用品并排陈列在临近的两组货架中,商品中比较眼熟的是三只松鼠、百草味与西湖龙井。

5) 大小店铺都不好玩

做大店,租金与人工压死人,商品与品质累死人。如果没有招商,不能做到"零租金"甚至"负租金",独立的大卖场感觉越来越难做。

大店做小店,更难做。如在奉化,大大小小的超市便利店都被"香烟"收编做了统一的门头。零售需要整合,需要提升,但这一切都与消费习惯与购买能力相关,技术只是手段,如果背离了需求这个最根本的基础,一切都是做无用功。

21 飞牛网真的飞了

大润发给行业的压力很大,给客人的感觉也很不错,而且善于改进。2014 年春节我回老家时曾去过大润发奉化店,店铺营业已经开始,但销售礼品卡的服务人员还没到岗,水果不是很新鲜,价格也较高,自动扶梯上楼开,下楼不开。我把这一情况反馈给洪总(洪万康)后,他们作为典型案例开展了示范教育。事后他对我说,一家公司发展得再好,还是会出现这样或那样的问题,关键是如何对待问题。是啊,人非电灯,开关一按就亮。人是"活件",比任何硬件与软件都难管理。

马年春节再度光临大润发奉化店,远远望去,那标志性的圆形立柱上方有"飞牛网"三个大字,店门前立着两块飞牛网 POP,左边一块第一行写着"飞牛网",第二行是"feiniu.com,大润发网上商城",接着两行是"线下购物大润发,线上购物飞牛网",最后还有非常重要的"值得信任"四个字。右边一张 POP 写着"下载飞牛网 APP,二维码,手机购物乐享优惠"。这两块看板,没有一句废话,没有一个多余的字。走进店铺,我买了礼品卡,还买了一些榴莲、波罗蜜,甚至被芝麻花生的香味吸引,买了燕之坊的中粮百宝粉,下楼也有电梯了。总之,这是一次愉快的购物经历。

2015 年 4 月初,我在主持"互联网推动零售进入新时代"论坛时,大润发资深营运经理汤振明应邀介绍了飞牛网的发展历程。飞牛网的运作公司——上海飞牛集达电子商务有限公司于 2013 年 6 月 18 日成立。2014 年 1 月 16 日上线,3 月 5 日飞牛网整站销售突破 1 000 万元,在公司成立 1 周年时启动了 O2O 项目,8 月 6 日注册会员突破 100 万名,至 6 月初已突破 300 万名,其中活跃用户 80 万名,9 月 19 日整站销售破亿元,10 月 21 日无线 APP 业务上线,12 月 17 日生鲜业务上线。2015 年 3 月 9 日 O2O 项目上线,4 月飞牛商城上线。

2015 年,我到昆山参加第十届中国零售商大会,在上海虹桥高铁站发现送水站边上有人在分发印有飞牛网广告的餐巾纸,他们在其他零售店也设置了引流方案,如在上海全家便利店买一杯咖啡送一张飞牛网 20 元抵用券,登录飞牛网或加 APP,扫描二维码直接进站,便可使用抵用券。

2015 年 8 月 27 日,应商业创新实验室的邀请,我实地考察了位于上海市闸北区共和新路 3318 号的大润发闸北店,并与康成投资(中国)有限公司纺织商品部总经理袁彬进行了深入交流,他还兼任飞牛网事业拓展部总经理。

进门等候随访人员期间,我随机访问了该店的寄包柜引导员,她说,他们总共 3 人轮流换班,每天 7 点上班到下午 3 点下班,做二休一,月工资 2 200 元,再加上节假日加班费、交通费等补贴,家就在附近,上下班也比较轻松。看得出她对自己的工作很满意。她还说,附近还有 3 家大润发,但有些行动不便的顾客宁可舍近求远来这里,因为这是一家单层店铺,坐轮椅来的顾客比较方便。大润发最基层员工发自内心的工作热情与微笑,以及他们对铺面情况的了解,已经超过了我的想象。

我发现大润发的门店大多数都开在马路转角处。袁彬说,即使不是转角的门店,我们也会通过改造让其自然形成转角。当谈到门店生意时,袁彬很自信地告诉我们,"有些公司下属的门店,地理位置好生意就好,地理位置不好或竞争激烈,生意就不好。其实大润发并不是靠地理位置取胜的,主要是靠团队取胜"。

袁彬总结了三个原因:一是工资水平属于"中偏上"。如前述的寄包管理员,她的工资水平高出 2015 年公布的上海市最低工资标准约 9%。此外大润发还提供"双保险",即除政府规定的社保外还向员工提供额外的商业保险。二是 ETBS(员工认股计划),入职当年工作满半年后即可参加 ETBS,成为公司的股东,共同成长,分享利润。三是企业文化,把顾客的感受放在第一位。会议室墙上挂着的"欢迎、微笑、协助、谢谢"这 8 个字所体现的正是基于服务的企业文化精神。

袁彬介绍说:"我们会经常接到来自猎头公司的电话,但他们连面谈的机会都没有。为什么? 因为我们根本没有离开公司的意向,进入大润发就是'终身制',每个人都想长期干下去。"这真可谓是"一条道走到底"! 在大润发,基层理货员也分为三级,每半年晋升一次,给每个人提供一个向上舒展的空间。但其整个组织体系又是扁平化的,董事长与 CEO 下不设副总,高层直接管理各个部门,每个部门主管都称为总经理,如开发部总经理、营运部总经理,商品部再按照商品品类细分为若干部门,如纺织商品部、生鲜商品部等。这是典型的集权与分权相结合的事业部制,其特点是既能保证重大决策目标的集中处理,又能激发各个事业部的主动性与灵活性,从而使这种组织能对市场情况作出快速反应。

袁彬分管的飞牛网事业拓展部主要负责线上线下 O2O 开发、全渠道拓展以及全国布局中新会员推广等业务。飞牛已经升空,到底飞向哪里? 能飞多高? 将飞多远? 我觉得大润发"触电"有两点特别值得关注。

1) O2O:凭借实体店优势

当年大润发下属的 321 家门店,分为 4 大区(华南、华北、东北、华中),覆盖 25 个省市,建立了 25 个门店仓库。这是大润发发展 O2O 业务最基本的优势。袁总说,"人都在线下,怎么可以全在线上做虚拟的业务,如果几十千米范围内没有实体店,线上的业务就难以落地"。2015 年 3 月 9 日,当飞牛网华南站正式上线时,大润发广州花都店就承担了飞牛网华南首站门店仓功能,完成广东省内客户在飞牛网所下订单商品的配送服务。5月 12 日飞牛网在陕西、甘肃、青海、宁夏四地的服务上线,标志着飞牛网已覆盖到除新疆、西藏以外的全国各地,完成了全国的可配送服务。

这样做的优势:除常规投放广告、购买流量等电商推广手段外,大润发实体门店会成为飞牛网的重要推广渠道,成为快递包裹的中转站和自提点。飞牛网在大润发闸北店设置的生鲜配送点,冷冻冷藏库房根据温度分为四种,店铺与网商统一采购,分流发货,生鲜按照扣点结算,常温商品按照进价结算。过去用冷链车运输冷冻冷藏商品,不仅成本高,受交通管制,多次开启车门还会极大地影响品质。如今大润发启用了可保冷16小时的大容量保温箱,实现了生鲜食品配送冷链的微型化,既节省成本又有利于环保。提到环保,在大润发的洗手间发现:小便斗器居然没有自动冲水装置,但有友情提示:"响应政府节水号召,本公司使用环保无水免冲洗式小便器,每一个无水小便器每年可节省170吨珍贵的水资源。"如果每一个企业都能如此务实地响应政府号召,多做这样有益社会的好事,我们的家园就会更美好。做企业,首先要做一个有责任的"公民"。

大润发的O2O是一种"双向渐进"模式:大润发门店的陈列商品是有限的,一般为2万~3万种,但飞牛网的商品则可以无限扩展,为了让门店顾客直接体验到"商品无限"的购物乐趣,大润发门店上线了虚拟货架项目,同时将在店内开辟跨境电商体验区。这些项目能否有效落地,对系统、营运、存货管理的要求非常高。大润发信息技术团队分布在台湾、上海、武汉三地,由500多人组成;在业务营运上,两线采购合一,出货分流,对库存采取"组合盘点",全品类盘点一年三次,不同品类设置不同的盘点周期,实施循环盘点、动态盘点,基本要求是即时做到"库存精准",否则就很难开展全渠道合作。

2) 全渠道:从"O2O"提升为"O×O"

2015年6月9日,飞牛商城"O×O"战略发布暨招商大会在位于上海市闸北区江扬西路220号的大润发总部召开。为什么飞牛商城招商大会上要用"O×O"来表达他们与合作伙伴的相互关系? 我觉得,"O×O"是对"O2O"的提升与扩展。做O2O业务的大润发所担负的主要角色是零售商,主要是飞牛网与大润发实体店的融合,给顾客更多的商品选择与更好的服务体验。而做"O×O"业务的大润发所担负的主要角色则是平台商与批发商,是全渠道拓展,通过全渠道业务可以使大润发的服务品牌、供应链管理能力、信息技术、营运管理技术、精准库存、用户流量等派生出新的价值。他们试图通过"零时差虚实整合",让消费者在不同渠道的购物体验实现潜移默化的无缝对接,让不同的平台商、零售商与飞牛网、大润发门店、会员体系、移动客户端实现跨渠道联动,从而发挥"乘数效应",使大家降低成本,提高效率。其核心是大润发要借助飞牛商城从一个零售商变身为供货批发商,做一个供应链的组织者。为了实现这个梦想,大润发董事长兼飞牛网CEO黄明端在招商大会上也表示:只要是入驻飞牛商城前1 001名的商家,将获得免平台费的优惠!

全渠道"O×O"业务模式,不仅要扩招飞牛商城的合作商户,不断扩大自建网络平台,还要广泛开展横向业务合作。但大润发也有自己的选择,如天猫商城他们没有进入,也没有与刘江峰的Dmall合作。他们选择全渠道合作伙伴要看对方是共享流量还是分享流量,如果对方自己没有流量来与大润发分享流量,那就很难合作;如果对方有自己的流量但缺乏供应链资源,那就可以分享大润发资源。由此可见,大润发全渠道战略的合作对象不是综合平台,而是垂直平台或分散的中小型零售商。这是一种典型的供应链输出模式。

比如,现有的手机专卖店,如果各种型号、各种款式都要陈列全品,即使售卖一个品牌的手机,品类也有二三十种,库存商品价值有十几万元。但如果与飞牛网合作,就可以减少样机,并保证顾客约期取货或退换货。这样的售卖方式在若干年以前的家电商城中早已开始使用,但那时候店商与电商之间是局部的、点对点的合作。如今飞牛网借助自身的供应链优势和信息化优势,可以使中小零售商实现库存虚拟化经营,大大降低了他们的库存量与存货成本,提高流通效率,这是一种很有发展潜力并能提升我国零售业组织化程度的运作模式,以后有可能由此演变成为特许加盟模式或委托加盟模式。

对社区商业的未来发展,大润发也有全渠道营销的独特视角。他们认为,在上海除5 000多家公司化运作的便利店外,还有上万家甚至几万家小型的社区杂货店,这些传统店铺的进货渠道分散,如果能向他们提供综合品类供应服务,不仅能够节省他们的进货成本,而且也可以提升小型零售商的组织化程度。这一运作模式15 年前就在上海出现过,即"易购 365",2000 年 4 月正式开始,不仅开通了易购 365 网站(ego365.com)和84356 全天候热线电话,模式分为面向小商店的"B2B"与面向消费者的"B2C",而且号称"上午订货,下午送达,下午订货,隔天送达",当时上海有不少小杂货店都挂上了"易购365"的招牌。但这种模式由于受多重因素的限制,最终并没有实现规模化发展。最重要的原因有两个:一是缺乏供应链资源,不能为消费者与小商人提供优惠优质的商品;二是互联网在我国刚刚起步,缺乏社会基础。再加上运作主体是国有控股企业,启动资本也比较少。如今大润发做这件事的成功概率会比较高,品牌口碑、实体店、供应链、信息化、精准库存等方面有机组合,将实现大润发、飞牛网或合作网站、合作商户、顾客之间的无缝对接。

如果说社区商业还难以成为一个概念十分清晰的商业范畴,那么,校园商业已经受到创投者的青睐。大学生不仅是当前的消费者,更是未来巨大的潜在消费群,而且是其他平台的一个入口。所以,大学校园已成为商家必争之地,创建了诸如"59store""8 天在线""校呵呵""宅米"等校园 O2O 电商平台,它们前期的目标顾客在高校,目前白领是其主要目标用户。这些平台的共同短板是缺乏供应链资源,商品品类也比较少。如"8 天在线"供应商品 250 种,这就为大润发切入校园提供了机会,如可以把"8 天在线"的 APP 变成超级大润发,250 种商品 1 小时送达,其他商品隔天送达。这样做的前提是,大润发的商品库存量信息要及时发送给"8 天在线",并且能够让网购者及时看到存货信息,如果缺货就显示"暂时缺货"。这对大润发的营运管理与信息系统的要求是非常高的。很多企业做不到库存精准,用户体验就很差,这就是业务可能失败的关键原因。所以,做服务行当,关键仍然是细节,这一点是永远不变的。

农村市场是一个有待开发的万亿元级市场,但与城市有很大区别。这是一个假货横流、价格偏高的市场。有人认为天猫、淘宝、京东可以渗透到农村,但农民兄弟对这些平台还是很陌生,他们的消费心理是眼见为实。农民既憨厚又绝顶聪明,你忽悠他,他可能会上你一次当,但同样的错误绝对不会犯两次。你如果欺骗他们,你就永远没有机会。所以,开拓农村市场一定要把有形的东西呈现在他们面前。为此,拥有实体店的电商平台在农村就更有发展潜力。且看大润发,从设立华南首站门店仓到在华中地区上线,仅用了 2 个月左右的时间就基本完成了全国可配送布局。县城的大润发可以作为一个样板店,农村的消费者不一定会经常光顾,于是他们设计了一个"千乡万馆"计划,重点向三线、四线、五线城市拓展。

飞牛网的运作模式并不是去抢夺别人的市场,而是利用自己的优势为别人提供服务,从而实现成本递减、绩效放大、利益分享。所以,这是一种以和谐的方式实现颠覆的模式。有点像好市多(Costco)卖车。这家美国超市 2015 年在财富 500 强排名第 19 位,销售额 1 126 亿美元,2014 年售车 40 万辆,而美国最大汽车零售商 Auto Nation 年销量也不过 53 万辆。可见老牌超市 Costco 已成卖车主力。它的运作模式是与汽车经销商合作:Costco 发挥着导流作用,形似汽车电商,用户在 Costco 下单之后,导流给经销商完成交易。结果:对经销商威胁较少;通过 Costco 卖出的车,要交一定的入场会费;经销商节省成本,让利给消费者。中国汽车电商的运作模式则完全不同,他们有全消费链的想象和布局,试图跳开经销商,与汽车厂商直接合作,把卖车、零部件供应、汽车金融、汽车保险等全部组合在一起,如果再加上上门保养服务,那就完全"去经销商"了。汽车电商的运作模式与经销商形成了对立格局,反而阻碍了汽车电商的发展。近日,阿里研究院称:对传统零售业转型别太悲观,理由是,"业界普遍预测 2020 年,纯网络零售占社零总额的比重在 18%～20%,依然有 80% 以上的交易在线下发生,实体零售业还有很大的发展空间和潜力"。马云也指出,"互联网加上传统经济,才等于我们未来巨大的机会所在"。看好传统经济,看好实体店,这是共识,但传统经济与实体店如果不求改进,不思变革,甚至在实施＋互联网过程中作出错误的决策,那一定是没有希望的。

我发现飞牛网正在飞向社区,飞向校园,飞向农村,他们飞翔的基础是品牌口碑、供应链资源、实体门店资源、信息化资源、精准库存、用户流量。这是典型的供应链输出模式,无论是 B2B,还是 B2B2C,或是"千乡万馆"计划,他们都在做同一件事情:商品的代购者,商户的供应商,市场的批发商。但愿大润发、飞牛网与他们的合作伙伴联手,能给顾客带来无缝对接的购物体验。所有其他实体零售商也能把不同的通路融合成为一个场景,把不同的部门融合成为一个部门,那就是顾客服务部门。

3) 后记

飞牛网已经于 2018 年 3 月 2 日正式关闭。飞牛网真的"飞了"。2014 年 1 月 16 日上线到 2018 年 3 月 2 日关闭,历时 4 年 2 个月,耗资 18 亿元,创造 32 亿元销售额。按此计算,每元投入仅实现了 1.7 元销售额。每天耗资近 120 万元,这是大润发涉足互联网缴纳的一笔巨额学费。

22 一位大润发兼职者对"淘鲜达"的看法

2018 年暑假我到大润发做兼职,工作内容就是说服顾客在淘宝上买大润发的东西,而这个在淘宝上卖大润发产品的小程序就叫作"淘鲜达"。

由于工作的需要,我经常帮助顾客打开淘鲜达页面,久而久之竟发现了一个惊奇现象:这个"新玩意"成长得十分迅速,在很短时间内成为一个庞然大物。

据我们团队内部一位老员工透露:今年 4 月初淘鲜达刚刚在上海试行上线,到现在仅仅过了不到 5 个月,便已经将范围扩展到全国 122 个城市和在 404 个门店上线。

从这些数据中可看出,淘鲜达发展的速度是多么的迅猛,但这个零售界的"新人"是凭什么在很短的时间内取得如此骄人的成绩呢?

淘鲜达刚刚上线不到 5 个月就已在全国 122 个城市开通。

淘鲜达到底是什么?淘鲜达是淘宝与盒马鲜生结合的产物,用户在淘宝上搜索并打开淘鲜达,便可在里面购买到盒马鲜生的所有产品,并且支持 3 千米内 1 小时配送。如今大润发也加入了"淘鲜达战略",平时喜欢逛大润发的消费者现在只需点击一下手机淘宝,便可在里面买到大润发的所有商品,这无疑极大地扩张了淘鲜达的用户规模。其实,淘鲜达实质上便是马云"新零售"的一个重要组成部分,可能具有很多未来的想象空间。

总的来说,我有以下感触:

(1)零距离推广,产品深入人心。以兼职的形式雇佣推广员,让他们在超市内外向顾客介绍如何使用淘鲜达并说服其下单。一方面,在超市里布置点位(即礼品区),用于吸引超市里面的消费者;另一方面,推广员们纷纷到大润发 3 千米内的商店、菜市场、住宅区等一切有人的地方进行推广,这些身穿工作服、双手拿着礼品、旁边还有手推车的推广员被亲切地称为"小蜜蜂"。试想,经过一大群"小蜜蜂"的轮番轰炸,再加上有礼品赠送,会有多少消费者能不动心?于是,仅仅过了 3 个月,大润发奉贤分店周边 3 千米内的居民都知道了在淘宝上买大润发商品有礼品赠送,并且绝大多数人的家里已经不止一次摆着淘鲜达的商品了,而这只是"淘鲜达战略"的起步。

(2)1 小时送达,配送效率高。由于生鲜产品保质期很短,如果要花几个小时送到消费者家里,就已经不新鲜了,这是生鲜电商的致命痛点。但淘鲜达却从未将该问题放在心上,因为其不仅专门配备了配送员,同时只专注超市周边 3 千米的消费者,因此能保证在 1 小时内将新鲜商品送到顾客手里,这便解决了商品不新鲜的问题,培育了淘鲜达忠诚的消费者。

(3)商品种类丰富,满足消费者多样化需求。众所周知,大润发(高鑫零售)是我国最大的零售超市,其商品包含日常百货、生鲜食品、娱乐服务等,可谓应有尽有;而盒马鲜生作为零售界的新业态,其生鲜产品更是种类繁多、品种齐全;此外还有欧尚、新华都、中百等大超市加持,而淘鲜达正是脱胎于这几者,消费者可以在里面找到任何商品,这便解决了顾客多样化需求的问题,赢得了消费者的喜爱。

(4)优惠多多,促销吸引力大。第一次使用淘鲜达的用户会惊喜地发现:自己不仅享有 68 元的新人专享优惠券,买越多东西就越优惠,并且购物满 8 元就免费配送,还享有新人专享礼,礼品栏的商品特别实惠、便宜,比如 1 角可以得 4 个鸡蛋,2 元可以得 1 千克红提等。此外,对于老用户来说(使用两次以上),不仅享有购物满 29 元包邮的优惠,还可以参与买一送一、周二水果日、周四乳品节等优惠活动,为消费者增添了许多福利。消费者喜欢参与这些优惠活动,因为这对于他们来说就是一种实惠。于是,淘鲜达的名气越来越大,在里面买东西的人也越来越多了。

追根溯源,淘鲜达之所以发展得如此迅猛,根本原因在于有坚固的基础支撑和充足的资金支持。淘鲜达依托于淘宝生存发展,淘宝就是"比地基",如果没有其作为支撑点的话,或者其支撑不了,那么淘鲜达必然土崩瓦解,更不可能发展壮大了。有了"地基",还要有足够的钱来"建房子",尤其是对于淘鲜达这样的大工程来说,不仅雇佣推广员和配送员需要花一大笔钱,还有赠送的礼品也需要不菲的资金。不过对于"家大业大"的阿里巴巴来说,淘鲜达战略所产生的费用仍在可承受的范围内,所以这个刚刚出生不久的婴儿有着源源不断的营养供其成长。这两者才是淘鲜达发展得如此迅速的底气所在。

淘鲜达的迅速发展从某种程度上说明了我国新零售迈出了重要的一步,我们应当为这种新气象感到欣喜。但新事物的发展总是无法避免会出现一些问题,这是不变的规律,淘鲜达也一样。尽管名声已经打响,但只是超市周边 3 千米内的消费人群愿意为其掏腰包,更广阔的 3 千米外消费市场还没有办法去开发。此外,除了自身的缺陷,外部的竞争环境也同样激烈,不论同样是新生实力派的京东买菜,还是老牌势力叮咚买菜,或是其他线上零售模式,实力都不可小觑。以后的线上零售市场是诸侯混战,还是三足鼎立,或是一家独大,我们不得而知,但我相信淘鲜达在其中所发挥的作用一定是举足轻重的,毕竟马云吹的牛很多都实现了,也不差这一个,请拭目以待吧。

(作者:上海商学院 2017 级市场营销专业学生陆枫)

23 年销售额 20 亿元的香江百货为何吸引多家公司到访

2018 年 8 月 29 日,联商网组织 10 家会员企业高管"走进香江百货",他们是物美华东总经理林宝、物美商业集团华东营运总监王永杰、江西联盛集团超市总裁刘辉、江西联盛集团超市营运管理中心总监张志平、华地国际超市事业部副总经理蒋伟、华地国际超市事业部副总经理陈淑琴、家家悦人资总监毕美云、家家悦店总车小雪、家家悦企业经营管理部经理雍培林、家家悦人资部经理车晓燕、福建东百集团物业总监侯杰、福建东百集团环境经理林辉晖、江阴华联总经理解舟、江阴华联运营总监宦莉萍、诸暨市一百超市总经理王杭炯、石狮市闽乐汇购超市总经理苏连生、石狮市闽乐汇购超市经理柳永清、上海商学院周勇教授、上海商学院池丽华副教授、上海商学院在校营销系学生王玮琦、沈卓成。走进香江百货，深入了解香江百货在门店运营方面的心得。联商网董事长庞小伟、联商网总经理王跃林亲自率队参加此次活动。

这是一家以百货命名，却做着超市生意的公司；这也是一家没有 APP，却做着全渠道业务的公司；这更是一家没有做自有品牌，商品差异度却高达 40%的公司。这就是位于湖南衡阳的香江百货。

1) 门店：70%自有物业

香江百货起源于20世纪90年代中期，到21世纪初，突然停下了零售发展的脚步，转向房地产业务，从此，零售门店的发展停顿了整整10年。

2012年香江百货开始学习胖东来。经过最近几年的发展，香江百货的门店数达到了21家，销售额到2018年年底达到近20亿元。其中，8 000平方米以上的大型超市有4家，700平方米以下的社区超市5家。现有店铺全部在主城区，两家店之间的车程内15分钟到半小时。香江百货店铺物业70%为自有，2018年已开店2家，另2家即将装修，全年开店4家，没有像同行那样制定极速发展的目标，开店慎之又慎。

2) 商品：从自营开始

香江百货的生鲜食品经营没有经历过转型期，他们从一开始就实施了自采自营的经营模式。我们注意到香江百货商品自营的许多特别之处。

（1）采购：坐商变行商。采购人员约占总部总人数的1/3。在46名采购人员中，有30名是生鲜采购，但只有3人留守总部，其他27人常年在外。采购人员或在基地，或在食品展览会，甚至在各个机场考察各地的名特优农产品，完全改变了传统采购朝南坐的做派，成了真正的"行商"。

（2）激励：基本工资＋奖励。香江百货的核心考核指标只有一个，即毛利额。门店和总部采购部门都以毛利额作为与奖金挂钩的唯一指标，一个季度考核一次，毛利额比计划每提高一个百分点，就能获得1 000～2 000元的奖金。当然，如果采购商品品质不佳导致损耗加大，采购人员也要承担相应的经济责任。

（3）组织：督与导分离。营运部负责业务指导，主要职责是告诉门店怎么改进，只导不督，外部有义务督导员。公司还成立了品质监控部（品控部），归总经理直接领导。品控部对门店的不定期监督巡查，每月不少于15次。

（4）营运：为了确保品控部的独立性与权威性，其收入不与任何门店或总部挂钩，品控部只负责检查与报告，门店如果对品控部的扣分项有异议，可以向营运部门申诉，最后由总经理裁决。品控人员必须具备良好的业务能力与强烈的责任心。有些公司学习这种组织模式,成立品控部,由大学生担任品控人员,结果是外行监管内行,毫无效果。

（5）自营：从一开始就实施。为了树立自己的差异化经营特色,香江百货从一开始就实施自营模式。生鲜食品几乎百分之百自营,如面包,4家大型卖场店铺内现场烘焙,其他门店则高薪聘请烘焙师在加工中心烘焙以后配送至门店销售。如今,虽然还没有开发"自有品牌",但通过向制造商直采与坚持自营,不向厂方收取进场费等方式,加快了商品更新,实现了40%商品的差异化。

（6）价格：总部统一定价,门店价格统一。香江百货各类门店的价格都由总部统一制定,门店没有变价权,但门店可以决定"买送营销方案",如"买一送一""买A送B""面包现吃""免费试吃"等。由于各个门店价格统一,顾客可以在A门店购买到B门店退货。香江百货虽然尚未开发APP,却已经打通了门店之间的服务链,实施了有价值的全渠道营销。

（7）试吃：营运部对免费试吃制定了细致的营运操作标准,并在门店配置了10多位专门从事免费试吃的推广人员。免费试吃极大地推动了商品销售。

（8）包装：定量包装出售生鲜食品是香江百货的一大亮点。消费者是需要被"教育"的,商家为消费者提供"优质教育",消费者能渐渐养成购买包装蔬菜与包装水果的习惯;反之,则会失去消费者的信任。

商品定量包装销售,不仅能大大降低损耗,而且也有利于环境整洁,减少现场管理人员,一举多得。

3）未来：让顾客体验精致的慢生活

香江百货总经理夏志秋说,2018年开了4家店,2019年开几家店,并没有具体的数据目标。关键要看合适的物业条件。他还说：

（1）最大的变化是消费者的变化,消费升级导致需求变化,所以,经营方式与商品结构也需要适时更新。过去我们主要做基地直接采购,如今以及今后要更加强调供应链管理。

（2）未来5年商品结构的最大变化是保质期越短、储存要求越高的商品。所以,未来零售需要有更多的冷链设备投入。在香江百货总部的1万多平方米的"精彩生活广场店",冷柜长度连接起来居然有百来米,这可以说是香江百货未来卖场的一种新探索。

（3）客群画像定位于：家庭年收入10万～15万元,对生活品质有一定追求的30～50岁女性顾客。并围绕这些消费者适当扩大消费客群,有意识地给顾客分解,让顾客体会精致的慢生活。

（4）商品陈列要展示出来厚重的丰富度,这也是香江百货卖场营销的重要特色。夏总介绍说,我们不强调"动线",让顾客在卖场自由购物。从卖场整体情况来看,分区域按主题展示与陈列,特色显著。

（5）自有品牌与 APP 肯定要上，但要积聚能量，创造条件。

香江百货给我们三点启示：

（1）做零售，确定了方向以后就要持之以恒。夏总说，为了推南北货的包装化销售，第一年顾客流失了 20%。如今消费者已经接受了包装蔬菜、包装水果，其销售量也在不断提升。

（2）要认清消费变化趋势，并且要结合当地消费特征。夏总认为，较大的店铺以 2 000 平方米为好，社区店则是 600 平方米的客单价更高，业绩更好。但这是衡阳的情况，不一定适合各地。

（3）零售组织与管理机制需要创新。有什么样的考核与管理机制，就会有什么样的员工与管理者。思路决定结果，复杂的事情简单做，这是零售管理的基本原则。

一起参加本次活动的联商网会员单位九江联盛的刘辉补充说：夏总特别强调供应链上移和保持比竞争对手更优的供应链资源。注意与竞争对手的供应链差异化，只有保持了供应链差异化，才能保证毛利和商品的差异化。

例如，蔬果不在衡阳本地供应商处采购，除非是基地生产。蔬果强调品质，部分产品的分级和包装在基地出货前就完成，达到降低损耗，保证品质的要求。

（作者：上海商学院周勇、池丽华）

24　三线城市的这家酒店，为何让一线城市的酒店自叹不如

联商网组织会员企业考察湖南衡阳的香江百货，2018 年 8 月 28 日入住位于衡阳市蒸湘北路 3 号的神龙大酒店。

办理入住手续，等候电梯，进入客房，处处都体现出"用心服务"四个字，给人超越期望的感受，值得点赞。

（1）一杯菊花茶温暖人心。到酒店前台，服务员立马送上一杯暖暖的菊花茶，还特别关照茶水有点烫，暖心服务。

（2）指路服务细致周到。大堂有"出行指南"，如去高铁衡阳东，步行 209 米至宇元万向城，145 路公交直达。在前台还有爱心指路牌，指路牌分 21 个子项目，每个子项目下有小纸条，上面写着攻略，如当地特产、医院、舌尖上的味道、银行、电影院等，攻略纸条随手可取。

（3）大堂有一个点心饮料吧，免费取用。

（4）极强的快速反应能力。电梯里只要有一点点瓜子壳，便会立即通知清洁工打扫。发现问题与快速响应能力非常强。

（5）晚上入住酒店的客人，10 点到 12 点可以免费享用原价 58 元每位的宵夜，这在

其他酒店从来就没有遇见过。联商网庞小伟董事长、王跃林总经理对此都感觉很赞,纷纷发朋友圈。

(6) 这个酒店所获得的奖牌挂在墙上,清点以后发现居然有 36 个之多。

(7) 有温度的硬件设施。硬件设施不是最重要的,重要的是硬件设施要有温度:床头柜下有一块脚垫毛巾,洗手间手纸架上有一块可以搁置手机的平板,马桶水箱上放着隔水防菌的坐便垫,淋浴房放置沐浴露、洗头膏的地方放得下一副眼镜,洗手间门背面是一面镜子,放电吹风的地方贴着标记,每一种设施都处处用心。

据介绍,衡阳是一个三线城市,但酒店的服务做得很温馨很细致很周到很贴心。我认为,一线城市应该向三线城市学习。

王跃林在朋友圈发问:"为什么三线城市的服务好于一线城市?"值得探究。

我认为只有一个道理:大城市在站队,站队在考虑自己傍谁,三线城市在站位,他们在考虑应该站在谁的立场为谁服务,他们站对了立场。

(作者:上海商学院周勇、池丽华)

25 没有店名的"名店"

小时候 3 分钱一份的大饼油条豆浆总是难以忘怀,如今每次回奉化老家,早餐总是大饼油条加咸豆浆。吃过很多摊位,感觉最好吃的还是位于离家不远的那家店。

1) 没有噱头的大饼油条店

因为店铺边上有"三口井",大家都很自然地称该店为"三口井大饼店"。那天我问老板娘:为什么店名不叫"三口井"? 老板娘说:有很多公司用了"三口井"这个名字,所以最后就用了自己的名字。我估计她没弄明白公司名称、店铺商号与商标之间的差别。这是一家没有任何标识的店铺,没有招牌、没有门头、没有宗旨、没有口号,没有任何噱头。只有热乎乎香喷喷的大饼油条。

大约 30 多平方米的店铺,分前中后三个部分。前井部分:在黑乎乎的门面下有三个最重要的物件,中间是大饼炉,一边是油炸锅,另一边是粢饭桶。中庭有三张桌板,一张揉面,一张配豆浆,一张就餐。后井有四张餐桌,兼做面粉和杂物堆放处。

环境可以用"比较差"三个字来概括,但这并不影响它成为全奉化人气最旺的大饼油条店,店外等候的人实在太多,常常影响过往车辆通行,引起交通堵塞。

这是一家没有店名的"名店"。

2) 加 5 毛钱就可定制大饼

再来看看价格:大饼和油条各 2 元,豆浆 1.5 元,三份合计 5.5 元。大饼还可以加 5 毛钱"定制",就是多加点芝麻,俗称"芝麻饼"。厚厚的、黏黏的上海大饼,口感与奉化大饼完全不是一个等级,却要卖 4 元一个,但上海人还是吃得津津有味,甚至排长队购买。

我曾经问过老板娘,为什么不把环境弄得好一点,顺便提高点价格,人也可以轻松一点。老板娘说:都是熟客,我们不轻易提价。

明天是大年三十,6 点钟天还没亮,大饼油条店前就有四五位客人等候着出饼。他们说,明天要闭店过年了,今天就早点过来吃大饼。这家店就 4 个人,夫妻搭档加一位老太太,还有一位义工老伯,兼做炸油条的杂活。每天早上大概营业 3 小时,我估计可以做几百个大饼,加上油条、豆浆,每天营业额超过 1 000 元。如果不计算租金与人工费用,年毛收入估计超过 30 万元。

3) 缙云烧饼与奉化大饼

由奉化大饼使人想起来同属于浙江的缙云烧饼。缙云烧饼是一种地方小吃,如今早已从浙江丽水缙云烧到了全国与全球,不仅占领了大街小巷,还在高铁站、高速服务区占据了一席之地,据说还获得了欧盟知识产权办公室颁发的商标注册证书。在缙云也许吃不到正宗的缙云烧饼,在全国各地所吃到的缙云烧饼基本上是一个口味。一个烧饼能做到全球,确实是一件很了不起的事情。那天在三口井大饼店遇见一位在上海做金融的职业经理人,他说,这样的大饼店本来可以做得更大更好一点,但他们没有这个意识。我想:怎么做? 无非是标准化 + 规模化 + 技术化 + 资本化。我想到的不是这些问题,而是另外两个与经营和营销无关的事儿。

(1) 把一个地方的特色产品发扬光大,那是一种风潮,风潮会退潮;把一个地方的特色产品留在特定的区域内传承,那是一种风情,风情不会褪色,因为在那里有需求的根。

(2) 城市改造不仅在毁灭传统的建筑文明,更在毁灭生根于百姓的传统小店。过去的奉化县,后来变成奉化市,前年又改为宁波市奉化区。这一改可不得了,拆房"风潮"席卷奉化城。区政府前面的房子几乎被全拆光,我们住在区政府的后面,也即将被拆。围绕着菜场、小店而生的百姓们渐渐被分离,搬迁到城郊,搬迁到没有烟火气的大楼。结果是,城市环境虽然旧貌换新颜,但百姓人文却因空间的分离而支离破碎! 我们到底需要什么? 区政府为什么不可以搬离居住区,既然区政府要留在居住区,就不要把居民的房子都拆了,区政府门前的路小一点没有关系,区政府也不需要造得很大,如果百姓都搬走了,只有区政府待在那儿,是更有"安全感"还是有"孤独感"? 我觉得,宁波市政府与奉化区政府应该静心反思城市改造的思路。

我问行业人士:这些小店为什么不想改造得好一点? 有人对我说:店主背景决定店铺面貌。真实的情况是,小店正在渐渐地远离我们的生活,在小店享受美味将越来越成为一种奢侈。因为有一种欲望和力量,蚕食着传统零售的生存空间。

26 江桥：上海最大的蔬菜批发市场

零售环节，新零售把"吃"的文章做得红红火火。批发环节，经营情况如何？2018年3月14日，我们带着这个问题特地探访了位于上海市曹安公路1936号的江桥批发市场。

1）市场概况

该市场由上海市江桥批发市场经营管理有限公司经营管理，属于光明食品（集团）有限公司旗下的上海蔬菜（集团）有限公司的国有全资子公司，与台北农产运销股份有限公司、日本福冈大同青果株式会社是姐妹市场。

江桥批发市场是上海目前最大的蔬菜批发一级市场，有两个数据特别显眼：

（1）江桥批发市场面积10万平方米，全年交易总量超过220万吨，每平方米年交易量22吨，这一面积效率远远高于上海市平均水平。2000年，上海市每平方米批发市场面积的交易量为1.97吨，2012年提高到4吨。该资料来源为《上海市商品交易市场管理办法》和上海市商务委员会的《上海市食用农产品批发和零售市场发展规划（2013—2020年）》。而且这一面积效率也超过了联合国粮农组织发布的标准（每平方米年交易量10～20吨）。

（2）江桥批发市场各类蔬菜的日交易量超过6 000吨，按照全市日均9 000吨蔬菜交易量计算，江桥批发市场的蔬菜交易量约占全市交易总量的67%。据该市场总经理顾正斌先生介绍，外地"客菜"的交易量超过98%；本地菜不到2%，主要以绿叶菜为主。近日蚕豆大量上市，日交易量为500～600吨，最高交易量达1 800吨。

当谈到交易价格时，顾正斌说："最近蚕豆大量上市，批发价格是有波动幅度的，每千克3～8元"。

批发价与零售价存在较大价差，是有客观原因的。实地考察上海标准化菜市场，当前的蚕豆价格是每千克8元。按照每千克4元批发价、每千克8元零售价计算，差价4元，看起来是翻倍，但零售毛利率一般按零售价计算，实际毛利率为50%。有些研究报告用4元差价除以单位进价4元计算，结果是100%的差价率。

同时，从批发到零售，还有大量的人力、租赁费、管理费、损耗等方面的开支。据本人的不完全统计，上海标准化菜市场的摊位费约占销售额的5%，这与很多超市的租赁费差不多，是一个较高的费用开支。

通过对菜市场的调查发现：一个鱼摊一天能卖150～200千克鱼，每千克赚2～3元，平均一天赚500元，但要扣除200元的摊位费，还有运费、电费、水费、损耗，以及其他杂费，一天能净赚200元，2个人，平均每人100元。鱼是从批发市场采购的，凌晨1点半开始，到5点左右结束，天天如此。鱼贩毛收入的40%要交给街道菜场管理者，这很不公平，也直接拉动了市场物价。

在上海的有些别墅区,每天有小面包车进小区卖菜,价格甚至比菜市场还要低,因为小区物业不收场地费,平均每天能做 2 000 元生意,以 25% 毛利率计算,一天毛收入 500元以上,净收入比在菜市场设摊位更高。菜价受气候、季节、供应量等因素而波动是很正常的,如今年蚕豆价格大幅度下降,主要原因是去年蚕豆种植面积成倍增加,扩大了供应量,所以,今年的蚕豆零售价从往年的二十几元每千克下降到十几元每千克。菜市场外围、社区内外的菜店日渐增多,而且生意也不错,其主要原因除菜店就近便利外,价格也是一个重要原因。

菜市场摊位费以及各种杂费太高,导致价格居高不下,菜店在价格上更有竞争力。可见,批零差价并不是蔬菜零售价格的主要决定因素,在流通环节,决定菜价的主要因素是租赁费、场地费、运输费、管理费、人工费等。

城市大规模"拆违"导致居住成本与人工成本看涨,如果有一天大城市的菜市场真的大规模地消亡,很有可能就是由摊主后继乏人所致。

2) 市场经营模式

(1) 交易模式:车载式交易。整个交易市场分为"交易区"和"停车区",交易区只允许农产品批发商的车辆进入,不允许采购商的车辆进入,在交易区完成交易后,由场内服务人员提供专用三轮车商品摆渡搬运服务。大型重卡整齐排列在交易区内,车辆进出与停放,全靠车辆管理员统一指挥,这真的是一种高超的指挥本领。近年来,商品的标准化程度逐渐提高,市场设置了标准化商品交易区。这是一个被高楼包围的市场,景象繁荣,大车交易,小车摆渡,井然有序,标准商品,专区交易。

(2) 盈利模式:佣金模式,按照交易金额向出售方收取 4% 的交易管理费。该市场组建了一支由 15 人组成的交易价格采集与分析团队,每天将收集到的价格信息经过数据分析,核定不同蔬菜品种的平均交易价格,作为第二天结算佣金的平均价格。而交易量则根据车辆入场时的"地磅"计量。

(3) 安全检测:该市场建立了专业的检测站,获得了由上海市质量技术监督局颁发的"检验检测机构资质认定书",并许可使用"CMA"标志。该站还设有上海上蔬永辉生鲜食品有限公司委托检测点。顾正斌说:"食品安全不仅是政治任务,更是企业的社会责任,每年用于食品检查与安全管控的资金高达 1 000 万元,这么大的投入在中国(批发市场)是绝无仅有的。我们对社会承诺:每车、每品检测。每天的检测品种 2 000~2 500种"。检测分为定性检测(阴性阳性检测)与定量检测,包括快速检测、气相色谱、重金属检测、液相色谱、紫外荧光、水分检测等多种类型,每个检测样品都必须留样 72 小时。交易商品经检测合格后才能入场交易,不合格一律销毁。在该市场的办公区有多幅标语体现了其所担当的社会责任,如"担社会责任,展企业形象""树江桥品牌,保市场平安"。

(4) 管理模式:传统与现代相结合。交易场景:以对手交易为主。没有高大上的东西,但人来车往,川流不息,市场景象极其繁荣!与 10 年前相比,交易方式并没有重大改变,但后台与前台的信息化程度大大提高,该市场建立了调控中心,用于实施现场监控、数据分析与展示,所有这些信息都可以在手机上移动展示,总经理以及相关专业管理人员可以通过手机实施动态的实时管理。

3) 发展趋势

据悉,该市场已经纳入搬迁计划,即将迁至西郊国际农产品交易中心。发达国家经验表明,随着一国农业的区域化、专业化生产格局的形成与发展,农产品批发市场有向区域中心城市转移的客观必然性。这种趋势目前在我国已有所体现,未来将表现得更加充分。同时,国家往往会依法制定规划,强制迁移市中心的农产品批发市场。中心城区内批发市场的外迁,也是促进大型批发市场兴旺的重要条件,如上海的曹安市场,位于市中心地段,早在 2006 年就计划搬迁,但直到 2013 年 3 月 1 日创办 20 年之久的曹安市场终于关闭,近 2 000 个摊位的商户中,有一部分进入了市政府规划建设的西郊国际农产品交易中心,为这个中心开始正式营业提供了有力的客户支撑。我国农业部早在 2004 年颁发的《农产品批发市场建设与管理指南(试行)》第五条中就明确界定了农产品批发市场的性质:“农产品批发市场是公共事业,以服务农业、农民和城乡消费者为宗旨。其设立及业务项目由各级政府规划确定,并提供支持。”但实际执行的却是“谁投资、谁受益”的政策。所以,即使制定了批发市场发展规划,如《上海市商品交易市场管理办法》第十一条(食用农产品市场的规划管理)规定:市级商业中心不得设置食用农产品批发市场。以其他商品交易市场名义开办的市场内,不得从事食用农产品交易。但面对商业化运作的农产品批发市场,由于没有落实配套政策,很难进行布局调整,有不少农产品批发市场仍然开设在中心市区内。另外,即使是纳入规划的新建批发市场,由于存在大量的没有整合的批发市场,也难以发挥中心批发市场的功能。

农产品批发市场通过率不断下降是一个国际趋势,我国农产品批发市场也处于转型期,拓展新业务、增强服务功能是一个重要方面。现有的农产品批发市场要根据未来农产品流通的发展态势,不断开拓新业务。

农产品批发市场的发展有六个方面值得关注:

(1) 除农超对接外,更要注重批超对接,开拓为超市服务的项目,政府有关部门也要把扶持政策向这一对接倾斜。

(2) 在批发市场内培育一大批经销客户,形成二级市场、大型终端客户服务的体系。

(3) 大力推进网络营销,在不远的将来,农产品网络销售必将成为趋势,尤其是原产地农产品,可以形成特定的细分市场,满足特定消费群的需求。

(4) 富有特色的本地农产品,如崇明、南汇等地的农产品要建立集散基地,向外辐射,但大部分本地产农产品则无须经过一级市场销售。

(5) 利用自贸区政策条件,发展进口农产品经销业务。

(6) 农产品批发市场的交易功能会随着电子商务的发展越来越淡化,但在储存加工、物流配送等方面的功能将越来越重要。

中国的流通问题,关键是农村问题,农村的流通问题,比城市的流通问题更复杂:城市流通是"上下流通",上道是产品与服务,下道是废物与垃圾;农村流通是"双向流通",包括消费品和农业生产资料的供应与农产品的销售。互联网的兴起与消费方式的改变,必将对农产品流通产生相应的影响,农产品批发市场的交易功能会继续保持,但整合服务功能将发挥越来越重要的作用。

（作者：上海商学院周勇、池丽华）

27 传统而高效的"地锅菜"

我很少吃"外食",是因为餐馆外食口味虽好,但加料太猛,食后常常会口干。所以,去一次后悔一次。日前去木渎看老东家的一家超市,顺便去品尝了当地的特色土菜"地锅菜",感觉很不错,了解到一些情况,也引发我一点思考,分享给大家。

地锅菜作为我国农村的传统小吃,1 000 多年前的绘画中就有描绘。演变到现代,地锅与打鱼有关,渔民打鱼上岸,用石头垒灶,放上一口大铁锅,煮上菜,锅边贴上面饼称之"锅贴",围锅而坐,席地而吃,所以叫"地锅"。现代地锅源于微山湖畔,已有 300 余年历史。地锅的主菜品一般分为鸡、鱼、鹅、排骨、羊肉等多种,以鸡肉最为流行,所以,通常把"地锅菜"称为"地锅鸡"。实际上,地锅可以加任何荤菜与蔬菜,所以,地锅菜可以称为"地锅 + 菜",变化无穷。

1) 从肯德基到地锅菜

木渎这家很不错的地锅菜叫"原始煮意",创始人孟庆雷。我问他:为什么想到去做地锅菜?

他说:"我其实是做餐饮起步的。曾经在肯德基做了 10 年,担任过区域经理。后来也引进广东馅饼,开过 3 家店,但人气不旺,最后还是关了。做得不好的原因是本地的消费与广东差异很大。在广州晚上 10 点夜生活刚刚开始,但在苏州,10 点已经上床睡觉了。"他还自创"优来客"炸鸡汉堡品牌,开了 20 多家店铺。最近几年,转让了汉堡店,专心做地锅菜。但把"优来客"这个品牌融入了公司名称,即苏州优来客餐饮管理有限公司。他说:老家在微山湖,现代地锅菜又起源于微山湖,自己做过餐饮,又喜欢原汁原味的食品,家乡情结、餐饮情结、原味情结,这三个情结的融合才促成了"原始煮意"。

2) 传统且高效

"原始煮意"创始于 5 年前,店面最显眼的是"土灶台"三字,招牌上"原始煮意"四字略小,却是注册商标,右侧还写有四种菜品:地锅鸡、地锅鱼、地锅鹅、地锅排骨。

再看创立地,首店设在苏州木渎,该店位于河桥边,周边没有任何店铺,但有一个小停车场，一般很少会有人把店开在这种地方。木渎二店左右两面是五金店、建材店、助动车行，还有一家面馆，完全不像餐饮区，但有停车位。"原始煮意"土灶台既不开在块状的CBD、商业综合区，也不开在条状的商业街，只选择有停车位的店面。孟庆雷介绍说："对有车一族消费者来说，多走5千米路，就是一脚油门的事儿，根本不算啥事儿，但如果没有停车位或停车进出不方便，那就是天大的事儿。所以，我们选址只有一个要求：要有停车位。"

在店堂里问过两桌客人："你们感觉这店有什么缺陷？"一桌客人说，口味有点重，另一桌客人居然说不出有什么缺陷。缺陷肯定有，但价格实在太亲民，生意实在太火爆，实惠实在加口感确实很好，所以也就盖过了其他缺陷。消费者其实很讲道理，他们心里明白自己要什么！

很多企业千方百计想提高价格提高毛利，"原始煮意"却是有意控制价格与台单价，结果反而使"翻台率"越来越高，人气越来越旺。

一家100平方米的店铺，投资30万元，配置10个灶台，用工10人以下，台单价200元，翻台率5次以上，日营业额超过1万元，毛利率60%，成本控制在30%以内，利润率高达30%。按此计算，一家店1年的净利润超过100万元。

"原始煮意"一般开业3个月就可以回本。现在大家都说新零售，都说数字化，都说全渠道，但这个"原始煮意"到目前为止与这三者基本没有半毛钱关系。虽然传统，但却高效，值得我们反思。

3) 全部诀窍就四个字

"原始煮意"开了5年还不到20家店，大部分开在苏州，木渎古镇是大本营。这是一个很奇特的古镇，本地人口6.4万，外来人口20余万；古镇已有2500多年历史，这更是一个"乾隆六次到过的地方"；2018年全国综合实力千强镇榜单排名第57位。

我问孟庆雷："原始煮意"土灶台做得这么好，有什么诀窍？没想到回答就四个字：原汁原味。刚创业的时候，他召集厨师开会，只提出一个要求：去掉调味品！这使厨师傻眼了，没有调味品怎么烧菜呀！他说：我们就是要做"原味菜"，只可以加胡椒与八角，还有酱油、醋、糖。虽然只有四个菜式（冬天有些店还会加上羊肉地锅）和12种冷菜（每月会更新两个应季冷菜），但为了选材，跑了很多地方。

在木渎这个大本营，曾经出现过50多家地锅菜店铺，但后来大部分都关门了。孟庆雷的成功，主要不是店铺位置，关键是守住了原汁原味、货真价实的底线。有一次他巡视店铺厨房发现：厨师在切没有洗净的生姜。他问厨师：如果在家里，你会不会这样做？厨师回答说：大家都这样！第二天，他就关照人事：这样的厨师不能留。做餐饮，一定要做良心菜！客人看不见的地方，天在看！敢于挑战大厨，这是很不容易的事情。但他的应对办法是，通过标准化实现"去大厨"的目标。

为此他们确立了"三守"准则：选材守艺，选用生长周期180天的山林散养的走地鸡。

多一天肉柴,少一天肉散。用材守心,仅选当地新鲜原味食材,拒绝添加任何食品添加剂。传承守味,守味不守旧。

4) 不能保证加盟店赚钱怎么发展加盟

孟庆雷说:"不能保证加盟店赚钱,怎么发展加盟?"我问他:"你的店盈利能力这么强,为什么不快速发展加盟?"他回答:"情况复杂呀,从源头到店头,从后台到前台,对加盟店的控制要比直营店难多了。弄不好就会砸牌子。"

这给每一位创业者一个警示:要钱还是要口碑?钱来得快当然是好事,但也是坏事。对一个人或一个家庭来说,能用的钱就这么几张,哪怕是把钱叠到天花板,也只能用最上面的几张。但人大多数都是想不明白的,钱的诱惑力实在太大,因为有了钱可以做很多原来做不成的事。所以,还是钱最有吸引力,而口碑这东西,虚无缥缈,有什么价值?

他们计划用 5 年时间把"原始煮意"开设到以华东为重心的几个主要省份,但不具体规定店铺数。他说,要从苏州地锅发展到中国地锅,最关键的还是人。所以提出了面向管理人员的三个目标:买得起 90 平方米的房子;能买 20 万元以上的车子;孩子家人在一个小窝里一起过日子。这不是高大上的目标,却是实实在在感受得到的生活目标。

孟先生前面还有很多问题需要解决:重口味要不要适当改变?目标顾客要不要扩大?要不要进商业综合体?菜品要不要增加?12 种北方口味的冷菜要不要改变或增加?走出苏州,下一站选在哪里?北方还是南方?如何结合移动互联网做好会员营销?特许加盟怎么发展?菜品的标准化怎么做?企业形象与店堂环境如何升级?怎么培养一大批营运干部?如何通过简便易行的考核与绩效管理调动大家的积极性?如何一以贯之,确保品质?我觉得,所有这些问题,关键只有一个问题,那就是立场问题。

柳二白先生 2019 年 1 月 25 日在联商网资讯发了一篇题为《好零售商与坏零售商的差异到底在哪里》的文章,从"看待成本的不同方式""利润的获取方式""总部发挥的作用""对待员工的方式""管理者发挥的作用"阐述了两者的差异。看了柳先生的文章,我很受启发,这五个方面确实从营运决定了企业的结局。但我有一个补充观点:好零售商与坏零售商的分水岭是,对待用户的立场与态度。站在用户的立场,从用户的视角,以用户喜欢的方式,向用户提供适当的服务,从而获取适当的利润,这样的企业才是好企业。

5) 新的拓展

2019 年 7 月 12 日,一直在街边开店的"原始煮意"的第三代店首次出现在城市综合体,这个店的名字叫苏州新区永旺店。孟庆雷对我说:别人要提高客单价,我们就要想方设法控制客单价;别人要跨界,我们就要"守艺",用原始的食材,守住老一辈人传统的制作菜品的手艺;人家要"好吃",我是要"回味",所以选材要优质,用料要单纯;人家要创新,我则重"传承",把民间失传的菜品重新找回餐桌。

(作者:上海商学院周勇、池丽华)

28 重新认识"来伊份"

2014 年年底，应商业创新实验室的邀请，我到上海来伊份总部考察，并参观了门店。

我小时候，吃得最多的是两样食品：一是爆米花；二是小麻雀。爆米花是用大米加糖精爆制而成，按照当下的食品安全标准，肯定属于危险食品；麻雀则是美味的营养食品，但如今已属于保护动物。还有几样自制零食，如炒蚕豆、炒发芽豆、炒米粉、炒年糕片、炒地瓜片等，绝对不沾半点油，因为糖紧缺，唯一的添加剂就是用于增甜的糖精。

有了小时候的记忆，我一般不会去购买经过现代加工的休闲食品，偶尔会到传统的食品店如"立丰"去买点鸭肫。吃的时候有鲜咸的感觉，吃过以后就只想喝水。在上海南京东路的一家大型食品商店里，我还买过 200 多元每千克的猪肉脯，口味太甜。有了这些咸甜不当的感官体验，就自然会远离此类食品。

但我注意到，下一代与我们完全不同。他们在网上大量购买各类休闲食品，如三只松鼠，网站做得很活泼，促销活动频繁，促销力度也很大，这一切都很对年轻人的口味。如 155 克精选山核桃仁只卖 39.9 元，235 克精选手剥奶油山核桃只卖 29.9 元，分别比原价优惠 16 元与 39.1 元。

来上海 30 多年了，近年来发现休闲食品专卖店的发展如雨后春笋，大约 6 年前去过一趟来伊份总部，发现店铺已经有 1 000 多家，令人吃惊的是这些店居然全部都是直营店。所以，当他们向上海连锁经营协会申报"优秀特许品牌"的时候，大家一致认为，既然没有开展特许经营业务，也就不具备申报"优秀特许品牌"的资格。那时候来伊份总部在地铁一号线锦江乐园站立体停车场的楼上，办公场所不大，但布置很精致，环境很整洁。来伊份的当家人正在策划一个"畅想百年来伊份"的活动，当时我就觉得这是一家有梦想的公司，很不简单。一个口碑不是很好的行当，要畅想百年，是需要有十足的信心、勇气、毅力的。如今，来伊份总部早已搬到了位于上海松江区的自己拥有物业的高层大厦，连锁店规模扩展到 2 000 多家，而且开展了特许经营业务。看了来伊份新总部，有两点印象特别深刻，一是他们的信息中心；二是实时信息的动态反馈。有了这两点的支撑，我相信来伊份的业务拓展会更有潜力。

在业务运作方面，来伊份对退换商品的处理原则，给我留下了特别深刻的记忆。在食品零售行业，凡是顾客退货、临近保质期商品或过期商品，很多零售商都退还给供应商。这样做虽然减少了零售环节的商品损耗，但也存在很大的隐患。有些没有底线的供应商，会把零售商退回来的商品重新包装再销售出去。也正是这个原因，来伊份 10 余年来坚守一条最朴实的原则：顾客退货绝不退还供应商！这一条原则说起来简单，但要真正做到却很不容易。有些大公司总是在媒体上报道自己的质量保证体系，从源头把关到过程监控，从专业采购到物流配送，说得天衣无缝，实则问题频发。我觉得，关键是立场问题,是站在顾客的立场还是站在利益的立场。如果立场站错了,即使某些方面做对了,那也是暂时的,问题最终的爆发也只是一个时间问题。这就是零售的一个根本问题。来伊份做到了,坚守了这一条最基本的原则,贵在坚持,贵在专注,所以,给消费者更多信任。

来伊份作为实体零售商,"80 后"是其 800 多万位会员中的主流消费群,其中女性消费者占 80%。调查显示,其消费群正在向两头延伸:一是年轻化趋势,消费群已经扩展到"90 后"甚至"00"后;二是老年化趋势,消费群中产生了养生需求。对上海地铁人群的随机访问调查也发现,常备来伊份食品的被访者占比最高。来伊份消费群年轻化的发展趋势与其近年来亲近互联网的营销策略相关,例如在"双十二",与阿里系合作,对采取支付宝结算的顾客,在门店享受半价优惠,每单优惠限额 20 元。原来不在来伊份实体店购买商品的消费者,通过这次优惠促销活动被引流到线下,来伊份实体店的服务给他们留下了深刻印象。另外,如果来伊份能开发适合中老年人的养生食品,发展潜力会更大。

展望来伊份的未来,有三点感想:①现有产品完全可以通过网络实现销售,来伊份的未来成长空间主要不是在线下开更多的实体店,工作的重心也不必放在店铺形象的更新换代上,关键是要迎合越来越年轻的消费者的购物习惯、购买行为与消费心理;②把现有的实体店逐渐从单一的休闲食品专卖店转变成为健康生活服务站,减少商品陈列空间,增加服务空间,实施跨界营销,如为中老年人提供必要的生活咨询与服务;③建立更为严格的供应商评估体系,更为严格的产品质量标准体系,更为严格的商品质量监管体系,让更多的消费者确信:来伊份产品想起来好吃,看起来好吃,吃起来真好吃,吃过以后还想吃。

29　寻觅城市超市

2014 年 11 月,应商业实验室的邀请访问考察了城市超市(CITY SHOP)七宝店。城市超市属于小规模、自造型、差异化、跨业经营的零售典范,经营范围也早已超越了单纯的零售业务,从店商到电商,从店头到田头,从商品买卖到餐饮服务,从服务城市到农庄旅游,主业越做越精,供应链体系越来越健全。

第一家城市超市门店成立于 1995 年 7 月,至今在上海有 13 家门店,北京 2 家门店。马年春节前开张的七宝店位于上海市闵行区沪星路 289 弄 1 号,是城市超市规模最大的旗舰店,四个楼层,共有 1 万平方米,1 层菜场,2 层食品,3 层百货,4 层餐饮,以黑色为主色调,给人很多想象的空间。这是一家去了还想去的店铺,能让我产生一种想与人分享的感觉,因为在那里有不少从前吃惯了但如今根本买不到的食品。在那里居然有 9.9 元每 500 克的山东小国光和 7.3 元每 500 克的山东黄帅苹果,国光苹果甜酸松脆、黄帅苹果清香软糯的感觉,真的无与伦比,可遇而不可求。不能怪农民不种好吃的苹果,只要有商人去收购,让好东西实现价值,农民就一定会种植,中国农产品的好品种也能代代相传。如小土豆比大土豆好吃,但产量很低,因此,价格就要高得多。

有人说城市超市的价格有点贵,但我觉得贵得有道理、贵得有质感、贵得物有所值。店里售卖的青菜价格虽然比菜场稍贵,但几乎只剩下个菜心,买回家的全部食材都可以食用。这才是国际化大都市应有的生活模式。我觉得,城市超市的"CITY SHOP CITY LIFE"已经向人们展示其核心价值——倡导新的城市生活。城市超市的当家人崔轶雄曾表示他们所做的就是想顾客之所想,供顾客之所需!如今,他们已经从发现与满足顾客需求提升到创造与引领顾客需求。

我在店堂里还发现了现做现卖的德国啤酒,堂吃10元一杯,外卖270元一桶,类似20世纪80年代到杂货店装生啤的热水瓶。服务员见有人过来,便倒上一小杯轻轻放在吧台上,让顾客免费品尝。棕黄色的啤酒,泡沫细腻,酒香醇厚,甚至有点咖啡韵味。如果有朋自远方来,在家宴请,我一定会记得到这里来打外卖生啤。

如有朋友小聚,这里也是一个很好的去处,4层有火炉果木现烤面包、披萨,还有68元一位的自助餐,品种有五六十种。外卖甜点与半成品,大多10元一份,如杯子蛋糕10元四个,各式云吞10元一盒。上海人也爱吃面条,但煮面容易做料难,于是,超市里就做出几元钱一盒的各种拌面、汤面的"浇头"售卖,有些顾客下班买回家第二天早晨就可以做自己喜欢的面条当早餐。

由此看来,至少有两件事情政府是"多管闲事":一是菜价,二是早餐。政府感觉菜价是关乎民生的问题,要保产量稳价格。但这样做不仅"伤农",而且"伤民",价格压得太低,种不出好菜,包不了安全,吃不出健康,更没有品位。靠政府补贴既不是长久之计,也缺乏管理效率。不知道从何时开始政府把早餐当作一项工程来抓,在上海郊区,随处可见在尘土飞扬的车道边上坚守的统一规格的早餐车,虽然也有不少人购买,但这不应该是上海早晨的风景线。上海毕竟不是美国纽约的第五大道,那里的早餐车边上站着的售卖者真有点像星级宾馆的大厨。

我从城市超市的经营中看到了四条做零售的最基本规则:

第一条是底线。这是一个说起来容易做起来极难,要坚持下来就更难的问题,因为人的良心与道德在金钱与利益面前常常表现得很脆弱。为了确保售卖商品的特色与品质,城市超市渐渐演变成了一种自造型零售业态,自制食品是其最大的特色,即商品自己找、蔬菜自己种、面包自己烤、咖啡自己炒、餐饮自己做、旅店自己开,更可贵的是严格坚持各类商品的有效售卖时间,超时即撤柜处理。品质与诚信是"扔出来的"。这是一个"基因"问题,如果没有打造"良心工程"的决心与行动,就不可能建立起"良心产业"。

第二条是根本。零售是一个服务生活的行当,过去的老店铺之所以能具有超越时间、空间与金钱的魅力,那是因为有人文传承。这里包含三层意思:第一层是自重,有职业荣誉感,能从顾客的笑容中感受到快乐。只要有这样的员工,零售转型就有希望。也许正是基于这个原因,于东来才对员工那么好,好得难以想象,但结果还是令人失望。这又是为什么?也许这也是人性,人的欲望是无穷的! 如此说来,我更喜欢没有"梦想"的员工。第二层是专心,全身心地专注于本职工作,如一个烘焙师以追求香醇的咖啡为最高目标,此外没有更多的奢望。前述城市超市,他们从境外聘请的员工,就具有这样的品质。一条道,走到底! 第三层是专业,以专心而达到专业的境界,零售人个个都有不同的"拿手绝活",那才是服务顾客的最高境界。但当下中国,很难找到自重、专心、专业的零售服务人员,城市里的大学生也很少有人愿意去做被认为是起薪低、晋升慢、条件差的零售业。这样下去,零售即使有所谓的思维创新、模式创新、技术创新、营运创新,那也只能是一个内容贫乏的空架子。所以,培育专业人才是零售业未来发展的根本,没有零售人才,一切都是空谈。我这里所指的零售人才,不仅仅是指零售当家人、零售投资人、零售管理人,还包括零售一线的专业技能人员。

第三条是运作。零售运作一定要在保证效率、服务水平、商品品质的前提下管好钱袋子,以低于竞争者的成本经营企业,或以较高的成本提供给顾客更有价值的商品与服务,这实际上是资源调配、成本控制、时间节点安排、顾客服务等方面的营运管理问题。这里要思考与活用两个基本策略:一是"套裁概念",内外部资源要实现最佳组合,实现资源互补,这正如城市超市当家人崔轶雄所说,资源配置要像裁缝师傅套裁衣服那样充分利用布料,尽可能减少边角料损耗。二是杠杆效应,要给顾客一个购买理由或来店理由,如杠杆撬动整个卖场。这还需要两次吆喝:第一次吆喝,是让顾客光顾商店(聚集人气);第二次再吆喝,是让顾客买东西(扩大销售)。有专家提出,在现代市场做生意要做到:产1卖2说3。我认同企业与产品都需要恰到好处的传播,但是,过度的传播实际上很容易走向反面,迷失方向,这不属于零售的"恒生态"。

第四条是保障。企业规模越大,上述各个方面就越需要通过系统来管理,更多地利用自动化、智能化、信息化等手段来保证良性运作。如从前需要高成本才能实现的个性化服务,在信息技术的支持下可以实现低成本运作。于是,零售业从原来的低价格或高水平服务的两极化,发展转变为较低的价格和较高水平的服务的中间化,由此形成了一个新的以信息与网络技术为支撑的大规模中间市场(Big Middle),这也是国外零售业演化理论的新发展。所以,系统支撑越来越重要。

零售总会在不同时期出现不同的表现形态与运作模式,这就构成了各式各样的"新生态",这可以叫作零售的"时尚"。但是,经过竞争激荡而传承下来的运作系统与运营规则,则不会因为零售"时尚"而改变,这些永恒不变的东西才称得上"恒生态"。我觉得上述四条规则就是零售的恒生态。

业内普遍把零售颓势归之于电子商务,归之于曾经拉过人力三轮车的"疯子"——马云! 这个起步于 1999 年的公司,胸怀让天下没有难做的生意的使命,试图做一个跨越 3

个世纪的企业。经过 15 年的奋战,终于修成正果,发展成为以互联网为基础的多元化跨国企业,构造了以电子商务、金融、物流为主体业务,以数据为核心,以健康与快乐为目标的经济圈。在这个经济圈中,还留下了一大块空白区域,让后人有了遐想空间。

如今,马云引领大家已经打响了以小胜大的人民战争,把"11 月"这个零售业的"小淡季"打造成了"全球购物节",居然还抢注了"双十一"商标。

针对零售电商一马独大的现状,有人在"双十一"以后唱出了"淘宝不死,中国不强"的反调,并从"未来的购物方式"到"不可一世的马云",从"淘宝的慢性影响"到"国外的经验"展开了分析,最后提出了淘宝的四大危害:不诚信疯狂生长、误导年轻人、引爆价格大战、国税枯竭!更有人把马云与褚时健作比较,称马云是风口的猪,褚时健是现代西绪福斯。

其实,所有这些问题,无论线上还是线下,都普遍存在!现在的关键问题,既不是电商的种种不是,也不是店商的种种不是。最根本的问题在于——在创建零售"新生态"的过程中,很多商家忘记了"恒生态"。

有报道说,我国某外资医院的护士发现一个规律:来就诊的技术类公司如微软或沃尔沃的员工,人都非常好;而做零售类的企业如 H & M 和宜家,员工看病时则非常挑剔和不配合。这是什么原因?可以通过调查进行深入分析。但我觉得,这与职业行为有一定的关联度。我国零售业似乎普遍有更年期征兆,犹如已进入了人到中年的困惑期。说得严重一点正如鲁迅先生笔下的孔乙己,在渐渐失去人们的关注。中秋之后秋风起,长久未见孔乙己!到了年关只有店主还记得他欠着的 19 个铜钱,再到第二年中秋,连店主也不再挂念了,"大约孔乙己的确死了"。

人毕竟有归途,企业不能与人类比。企业如果经营得好可以永续,而像零售那样服务城市的行当,更可以万寿无疆!人到中年,可能会因迷茫而消沉,也可能变得坚实而奋进。但愿中国零售是后者。但愿那些热衷于零售时尚的经营者们,也能去思考零售的经典,让零售的"新生态"有"恒生态"的支撑。

30 走进大寨

"大寨"在 20 世纪六七十年代曾经是全国的一面旗帜,周恩来总理把大寨精神概括为八个字"自力更生,艰苦奋斗"。2019 年,我到大寨以后的体会就一个字:干!正如大寨村前党支部书记、国务院前副总理陈永贵所说:"干部干部就得先干一步,不先干一步,就不能当干部。"这话说得好。据说,陈永贵曾在人民大会堂脱稿讲过 4 个小时,所以周总理夸他:没有文凭,但有水平。

大寨的成名,与历史背景、自然条件、历史事件有很大关系。大寨其实是北宋时期在山西昔阳的一个大营地,大营地叫"大寨",小营地则叫"小寨"。也许就是营地斗志培育了大寨人战天斗地的意志。

大寨地处太行山腹地,原本是山西昔阳的一个贫穷小山村,从 1945 年解放到 19 世纪 70 年代,在"七沟八梁"中开出 800 多亩地,全村原来只有 80 多户、300 多口人。

我以为,推动大寨人埋头苦干的原动力,起初就是那种原始的"求生本能",首先是造梯田,其次是退耕还林,如今则是靠旅游和商业运作致富。这一点与我国当前各行各业所面临的情况完全一致,小富即安,不思进取,就不可能有新的突破。不过,这其中还夹杂着一些特殊的历史事件与历史背景。

大寨祖辈开垦的土地,小而分散,如一顶顶草帽,散布在"七沟八梁一面坡"上,所以当地人称其为草帽田。人们形容当时的土地:"土块打不烂,风吹遍地干,地边白草绣成团,地墙荆棘围了个严。"这种土地的产量极低,在中华人民共和国成立初期亩产不到 70 千克。1953 年,大寨开始实施农业集体化,其中最著名的就是在虎头山上造大块梯田,后来农业部专家把这种梯田称为"海绵田"。那是因为:土层厚,土质松。山西大同市郊有一位农民参观大寨,用自己戴的毡帽装了大寨土与自家土做比较后发现:一毡帽土,大寨海绵田的土要轻 7 两。

其实,大寨虎头山以石头为主,祖辈开垦的梯田不仅单块面积很小,土层也很薄。大寨人改造新建梯田,主要有三个办法:第一,用石头垒起一人多高的地墙,这是加固加宽梯田与加深土层的基础工程。第二,从山下挑泥土上山,当时大寨人称为"三挑",即挑土、挑水、挑苗。"农业学大寨"号召提出以后,全国各地参观大寨的人越来越多,参观者也得参加劳动,每人背满满的一挎包泥土上山。第三,增加土壤腐殖质。为了解决土壤贫瘠的问题,开始的时候用"土掺沙"与"沙掺土"相互调剂的方法,虽然有一定效果,但未能从根本上解决土壤板结的问题。后来他们采取秸秆还田,加水加粪,与泥土混合发酵,增加了土壤的腐殖质,从而达到了改良土壤的目的。

1963 年 8 月初,大寨下了 7 天 7 夜百年不遇的特大暴雨,虎头山的 7 条山沟浊浪滔滔,洪水摧垮了道路、堤坝和梯田,大寨人 10 年辛苦都被雨水冲垮了。139 亩梯田被冲为平地,600 多亩庄稼绝收。全村 270 间窑洞和房屋,倒塌了 253 间,能住人的只剩下 17 间。80 户人家,78 户无家可归。政府很快给大寨拨付了粮食等救灾物资,但大寨人什么物资都没有要,号召村民白天修梯田,晚上建窑洞。

1964 年 2 月 10 日,《人民日报》刊登了《大寨之路》的通讯报道。8 月,毛泽东说:"要自力更生,要像大寨那样,它不借国家的钱,也不向国家要东西。"12 月 21 日,周恩来在《政府工作报告》中把"大寨精神"总结为八个字:自力更生,艰苦奋斗。党和国家领导人对大寨的肯定推动了"农业学大寨"运动在全国迅速铺开。

一个贫困的小山村从此进入了国家高层与全国百姓的视野。于是就有了外国政府代表团访问大寨的事儿。当时,尽管我国经济还处于困难时期,但对第三世界国家每年都有经济援助。1965 年在北京与阿尔巴尼亚谈经济援助协议,因为对方狮子大开口,一直没有谈成。因为受大寨精神的启发,后来中央决定让阿尔巴尼亚经济代表团去考察大寨。当时用 7 架军用直升机把代表团送到临时建造的停机坪,再用 212 吉普车送到大寨。周恩来带队,罗瑞卿、叶剑英随同,代表团成员一律吃农民饭菜,规定一荤一素,后来大寨又增加了一个荤菜,这已是大寨人过年时才能吃到的最好饭菜了。以阿尔巴尼亚劳动党中央政治局常委、部长会议第一副主席科列加为团长的经济代表团,看了大寨的生活状态与劳动情景,回到北京以后就再也没有提出过分的援助要求,就此顺利达成了援助协议。

周恩来先后 3 次到过大寨。第一次到大寨的时候就提出要植树造林,但在 20 世纪 60 年代,大寨人还挣扎在温饱线上,不舍得在梯田种树,只是在边边角角的石头缝里种树。经过特大洪灾,在村民基本解决了温饱问题以后,陈永贵说:"荒山变山林,不愁吃与穿,山坡栽满树,等于修水库,现在人栽树,将来树养人。"但大面积植树造林是从 1998 年开始的。

1991 年,郭凤莲重新回到村支书的岗位,1996 年正式开放大寨旅游线路,如今,大寨旅游门票每人 48 元,年接待游客超过 30 万人次,一个只有几百人的小山村,仅旅游收入每年就达 300 万元。大寨还利用自己的品牌知名度,开发了"大寨牌"系列产品。

垦荒种地是求生,退耕还林是求变,弃农经商则是求富。大寨发展历程的核心精神,就是求生、求变、求富。这就是他们前进道路上的初心与原动力。

大寨与大庆,是我国历史上的两面旗帜。一个是农业,一个是工业,行业不同,但大寨人与大庆人的共同特质是,在极其恶劣的自然条件下,自力更生,艰苦奋斗,吃苦耐劳,能打硬仗。这正如大庆的铁人王进喜所说:人无压力轻飘飘,井无压力不出油。但我们学着学着就走样了,忘记了榜样的精神实质,却一味地去追求外表的光鲜与形式的优美,那终究是短命的。

当下我国零售业也是如此,学着新零售,玩着无人店,开着社区店,投着生鲜店,叫着前置仓,喊着数字化,靠着互联网,但仍然没有把握零售业的真谛,仍然没有把握消费者的真正需求,结果只能是一地鸡毛。

第 3 章

线上沙龙

　　线上沙龙是联商网发起的一项活动,至今已经延续了40期。一般都是联商网总编诸振家拟好讨论主题与周勇联系,再邀请分享嘉宾,嘉宾大部分由联商网邀请。沙龙都是在"新零售干货群"里进行,时间一般选择在晚上8点到10点,但讨论常常超过11点,甚至到第二天早上还在讨论。联商网有后台工作人员总结当天讨论的观点,经分享嘉宾确认以后,第二天在网上公开发布。本章内容由联商网公开发布的讨论观点编辑而成。

1 从 2017 年"双十一"看零售的未来

到 2017 年,"双十一"已经走过 9 年,对中国零售业产生了深远影响。消费者如何看待"双十一"? 消费行为产生了哪些变化? 未来可能会变成什么样?

围绕这些问题,联商网新零售顾问团于 2017 年 10 月 25 日邀请到张国宏、王玮、葛建辉等新零售标志性业态的引领者、购物中心与百货行业的资深专家、大数据挖掘系统解决方案的服务商,与上海商学院从事电子商务和市场营销教学研究的专业教师蒋传进、葛如一、池丽华以及学生社团的代表赵宋文,来探讨 2017 年"双十一"的变化及对未来零售行业的影响。

联商网零售研究中心与上海商学院联合组织了一次关于上海大学生"双十一"消费变化的调查,本次调查由周勇、池丽华两位老师设计,赵宋文具体实施。

1) 关于"双十一"

上海商学院学生、营销策划研究会社长赵宋文说

通过调查,发现本次"双十一"上海大学生主要体现出以下特征:

(1)大学生"双十一"购物热情基本持平。2015 年的调查显示:在校大学生在"双十一"有购买意愿的占比为 65%,2017 年的这个指标也维持在 65%。由于调查样本不同,在 2017 年调查的样本中,2016 年参加"双十一"的占比为 76%,有购物意愿的人数下降了 11 个百分点。这与 2015 年有购物意向的人比 2014 年上升 12 个百分点形成了比较强烈的对比。另外,在 2016 年参加"双十一"购买的人数中,2017 年约有 1/4 不准备购买。

(2)价格便宜仍然是参与"双十一"活动的主要诱因,但也更关注娱乐性。在问到参与"双十一"的原因时,在多个选项中 3 个选项是:有 64%、61%、47%的被访者分别选择了"因为便宜,劲爆商品惊爆价的诱惑无法抗拒""正好要买东西""有过节的感觉",排名第 4 位的"集中到双十一购买"的占 27%。但跟风式的购物行为占比仅占 15%,这说明大学生的购物行为也越来越理性,但他们也非常偏好节日气氛,有趣有乐子,对学生来说很重要,这可能也是消费者的普遍心理与购物行为。

(3)对价格心存疑虑与厌倦是不想参与"双十一"活动的主要原因。与大学生参与"双十一"的原因相对应,不想参与的主要原因仍然是价格,在不想参与活动的被访者中有 43%的学生认为"没有真正便宜多少",21%的学生"怀疑价格真实性",这两项合计为 64%。当然,也有 43%的学生"不想凑热闹",还有 36%的学生是"没兴趣",另有 37%的学生是因为"没钱"。

(4)淘宝天猫与京东仍然是"双十一"的购物首选。在购物网站的选择上,89%的学生选择淘宝天猫,比 2015 年提高了 4 个百分点;53%的学生选择京东,比 2015 年提高了

6 个百分点。

（5）有四成受访大学生认为今年"双十一"销售额将超过 1 500 亿元。但也有 22% 的受访者认为与去年的 1 207 亿元持平，有 17% 的受访者认为比去年下降，只有 8% 的受访者认为将突破 1 800 亿元。

上海商学院教授、联商高级顾问团主任周勇说

"双十一"购物节创办至今 9 年了，从淘宝自玩发展到全网群嗨，单日销售额也从 2009 年的 5 000 万元年年飙新，到 2016 年淘宝和天猫全天销售额达 1 207 亿元。

如今线上与线下融为一体，"双十一"销售额已经不能单纯计算线上销售，更要计算通过线上引流所产生的销售额；"双十一"的销售额也不全是零售销售额，更有如天猫、京东等向小商户提供的 B2B 业务。

预购时间也越来越提前，共享快递箱不仅环保而且更经济，塑料制的可折叠共享快递盒，单个成本 25 元，使用寿命 1 000 次，单次使用成本仅为 2.5 分钱，约为瓦楞纸箱成本的十分之一到二十分之一。总的来说，"双十一"消费者的购买热情基本保持不变。

尽管有学生认为 2017 年"双十一"的促销力度不大，但还是想买，就是因为预售而少了一点"抢"的感觉。如今时代变好了，消费资源不再匮乏，学生们反倒喜欢上"抢"的感觉。面对"Z 世代"人群，在中国已成为当今全球网上购物最为活跃的人群，也正成为零售业市场消费主体。商业娱乐化应该是必然趋势，我们要像对待纯真与天真的儿童那样对待一切消费者，商品道具化，商业娱乐化，这是趋势。

从本质上来说，顾客始终都是理性的。如果经营者错误地认为消费者总是感性与容易被忽悠的，那就大错特错。某些网上销售的商品甚至比便利店还要贵，学生希望"双十一"商家不要提价之后再降价。

大学生感受到"双十一"可能会有不少假货出来，我们没有对此进行局部或全面调查，但不管是否真的存在这种状况，至少从大学生心理认知现状来看，他们有这样的质量担忧。可怕的不是商品质量问题，可怕的是消费者对商品质量问题的担忧。我们其实还没有真正进入品牌消费时代。消费经验提醒消费者，他们有充分的理由怀疑一切洋品牌或土品牌。作为经营者，应以品牌信任度的提升来缩短顾客购买决策时间。湖南步步高老总王填提出的零售之"快"，不仅可以通过"改良技术"而"提速"，更可以通过"培育心智"而提升，两者相辅相成。

除了商品、价格外，消费者可能更关心东西何时达、准点达。今年"双十一"已推出可折叠共享快递塑料盒子，这既是一种环保的举措，也是一种成本规划的举措。但要从根本上解决最后一公里问题，还得依靠技术与资本的融合。

从 2009 年淘宝天猫创办"双十一"，到 2016 年淘宝天猫"双十一"全天交易额达到 1 207 亿元，再到今年"双十一天猫全球购物狂欢节"，一次又一次升级，当天销售额的攀升已经不是一个最重要的问题,关键是它已经从单纯的"购物节"演化为综合的"欢乐节"。但顾客真实感受到的到底是"小欢乐"还是"大欢乐"？是"先欢乐后烦恼",还是"前后都欢乐"？是"人人欢乐",还是"少数人欢乐"？有学生说得好,"双十一"有点像"中秋吃月饼",中秋月饼已经没有多少文章可做,我们要做就做"外演化的文章",我看"双十一"也是如此。

上海商学院信息与计算机学院副院长蒋传进说

2018年电商"双十一"的趋势:

(1)随着电子商务的发展以及社会的进步,消费者的消费观更加成熟,购物更加趋于理性。

(2)消费者更加注重消费体验,特别是商品质量、物流配送效率。

(3)移动化成为电商主流,"双十一"期间移动端的订单预计会突破85%;移动支付的竞争将会更加激烈。

(4)互联网金融将会成为这次"双十一"的另一竞争要点,预计蚂蚁金服"花呗"、京东白条支付的订单数量会超过25%。

接下来我说说对于"双十一"的看法:

2014年"双十一",我在接受上海电视台采访的时候,就表明过自己对于"双十一"的态度:"双十一"活动在B2C发展阶段发挥了重要的作用,提升了民众对于B2C的认识和接受度。但在现阶段,网上购物已经成为百姓生活的一部分,再去人为地制造一个销售爆点并没有太大的社会意义;反而可能会降低社会总福利、增加物流压力、降低消费购物体验、压榨商家的利润空间,最终沦为电商寡头的工具。

上海商学院信息与计算机学院副教授、博士葛如一说

"双十一"已经走到第九个年头,这个节日的创造者当初可能也没有预计到它会有如今这样的规模和影响力。虽然目前"双十一"看起来很成功,但是事物是一直在发展变化的,消费者对于这个节日的心态也是在不断变化的。

从这次调查的发布结果来看,价格便宜和娱乐性仍是大学生参与"双十一"活动的主要诱因,但是也有部分学生对于商家的价格战心存疑虑与厌倦,对于活动娱乐性的要求也越来越高。这两年很流行的一个概念就是"消费升级",对于"双十一"的组织者和参与商家来说,也需要考虑怎样去应对"消费升级",如何满足不断变化的消费者需求。只有这样才能保证"双十一"持久的吸引力。

电商企业是非常看重"双十一"这个节日的,许多电商企业从每年8月开始就正式进入了"双十一"备战期,从9月开始就不停地到学校要人,希望能有学生过去帮忙,因为他们实在是缺少人手。到了11月更是如此,有些企业会把合作学校几个班的学生一起接

走,包吃包住。

所以,"双十一"这场仗能不能打赢,对电商企业来说至关重要。而要打赢这场仗,就一定要有创新思维。就像我之前说的,消费者的喜好是一直在变化的,所以企业一定要捕捉到这些变化并积极应对,从而获得持久的胜利。

上海商学院教务处副处长、副教授池丽华说

我们发现大学生对今年"双十一"抱有 7 种心理派系,即感性派、理性派、质量派、物流派、跟随派、简洁派、延伸派,以下是他们在调查中的原文表述。

(1)感性派:很棒;力度不如"618"还是剁了很多,辣鸡"双十一";都是预售了,凉了凉了,完全没有抢的来的那么激情,懂我意思吧;剁手一时爽,没钱去火花。

(2)理性派:理性对待,各取所需;产品没有实质的优惠;不要先提价再降价;很多商品都是提价再降价;没有(准备在"双十一"购买),反正东西也不会降价;希望价钱再降,网络不卡;降价;变相营销;销售手段。

(3)质量派:商品的质量得不到保障,特别在"双十一",很多假货出来,希望有关部门能够加强管理;商品质量没有保证,虚假销售;买鞋买包买手机,下月开始捡垃圾。

(4)物流派:快递太慢;物流速度(要)跟上;每到"双十一"物流系统就爆了,这是一个问题;得改进物流;快递慢;快递太慢了。

(5)跟随派:实际上就是跟着人潮凑个热闹;"双十一"已经成为一个购物的节日,在这一天买东西就像中秋吃月饼一样成为一种社会习俗。

(6)简洁派:这是一些商家的套路;希望规则简单点,套路简单点。

(7)延伸派:学校也可举行"双十一",如校内的便利店减价,食堂打折。

联商网百人荟成员陆彦说

(1)2017 年"618"声势也浩大,不知道对"双十一"会不会有影响。

(2)"双十一"购物排名是一些商家必争的,因此存在大量刷单假购物数值,这些都属于企业端的营销费用,而非营收,因此,即使今年"双十一"能创新的销售记录,也很难分辨是消费者的实际购物需求增长,还是刷单费用的增长。

(3)区别于"618","双十一"从前年开始一直在向大型演艺节目类型发展,这个其实属于一种零售营销模式的转型,不可忽视。

2)"双十一"对零售发展的影响

盒马鲜生总裁助理张国宏说

我来谈谈新零售实践与发展的前景和趋势。

(1)新零售的主角,是线上企业以及新创企业。

(2)新零售的技术,是移动互联网、自动驾驶等新技术。

（3）新零售的进程，会快于大家的判断。我预计 5 年内结束战斗。

（4）新零售的受害者，会是传统零售企业。我预计最多 5 年以内大多数传统零售企业会出局。

我觉得最多 5% 的传统零售企业会转型成功。5 年内，电动车里程数、自动驾驶、送货机器人三个现有技术会成为成熟的技术，应用到商业里来，会完全改变人们的购物习惯。这三者结合，会创造社区最后一公里低成本的交付网，在中国也许低到 1 元每单，在美国也许低到 1 美元每单。

在这种情况下零售企业到店模式会完全没有优势，因为到店模式是以顾客购物成本为代价建立的护城河，一旦最后一公里的成本下降了，到店的护城河就没有了，传统企业的日子也就到头了。所以，以 WAL 为代表的旧模式、到店模式，会让位于到家模式。

对于一些标准商品，其实大多数人是没有兴趣再到店里去买的。在沙发上边看电视边下单，马上就能收到，这是人性化。

基于这个判断，第一个推论：实物交易型的商业会以到家为核心，现场体验型的商业会以到店为核心。

大多数商业品牌可能都会以这两个为界线，来重新定义品牌的内涵。当然，这两者之间不是一条清晰的分界线，而是一个宽的变化的界线。

第二个推论：传统线下零售企业能成功转型的比例可能会低于 5%。

理由如下：

（1）新零售是技术与商业结合的过程，技术对于传统企业来说是短板。

（2）传统企业见物不见人的内向化经营文化，会害死自己。

（3）传统企业要越过这关，要经历目标顾客清洗、商品结构重构、供应链重构、技术积累重构、人员培养、文化转型。

澳大利亚澳瑞姆公司中国战略顾问、中欧国际工商学院地产学会副秘书长王玮说

我早就说过，再过 10 年实体店有 50% 都要关门。十五六年过去了，最新的情况是美国电商总额的比例还是没有超过 11%。

我跟德国零售协会主席交流过，1995 年还没有互联网，出现了电传和传真，打个电话把货品送到顾客家里。到 2000 年的时候，互联网大肆兴起，当时就有人说实体店要死了，但是到目前电商占德国零售的比例也只有近 10%。

在互联网开始兴起时，美国人也说 50% 的实体店要关门。从 2000—2007 年，美国纯电商销售额的确达到零售总额 10%，可以说是分了实体零售商的一杯羹。但从 2007—2013 年，美国纯电商销售份额下降，纯电商销售份额从 10% 降到 5%，实体店内实现的电商销售份额占到 5%，实体零售店销售份额达到 90%。

为什么亚马逊等电商企业都在拼命开实体店？从 2012 年"马王之赌"（2020 年电商

市场比重若达到 50%,王健林将输给马云 1 亿元;反之亦然)来看,2012 年之后到 2017 年,虽然电商增长率相比实体店要高,但增速已下降,50% 的占比几乎不可能,电商冲击是伪命题。

"马王之赌"之后,阿里也在实体零售进行多项布局,投资控股银泰、入股苏宁云商、三江购物、百联、联华等。

2013 年之后,全球实体零售商开始利用智能手机、移动互联网投资全渠道。2013 年,美国电商和移动互联网发生转折性变化,逼迫电商去开实体店进行融合。

从全渠道零售来说,72% 的网上购买者会先在实体店体验,78% 的店内购买者会在网上对比,由此可以看出实体店的不可替代性。

辰智科技总裁、创始人葛建辉说

零售商业的本质是"人"到"场"里消费"货",新零售也跳不开这个逻辑。

餐饮是零售的一种表现形式,是既经营"场"还要经营"货"的一个复合业态,即前店后厨。

刚需、高频的特点使餐饮几乎覆盖所有客群,让各大巨头在因为互联网流量成本快速增长而烦恼时,对着餐饮行业的流量直流口水,于是蜂拥而上。这也给传统的餐饮行业带来了数据和技术。这两年典型的有外卖平台,在内食、外出就餐之外,增加了外卖这第三个就餐场景,真正意义上让餐饮互联网化,用户数据化,餐品数字化,是餐饮的新零售模式。

华润万象城邵谦说

(1)互联网企业有一个情况确实是流量红利增速放缓,市场份额也被蚕食。另一个情况是技术手段带来的销售增长也在放缓,除非有重大技术突破,否则这点很难突破。

(2)线下零售有自己的线下流量,体验式场景本身具有一定的黏性。当技术环境没有质变,线下使用技术提升是时间问题。

(3)互联网企业去线下投资,也正说明了这个技术质变的时间不会很快,因此要抢先机。

(4)互联网企业过去确实不可能颠覆零售,但他趁着技术先发优势抢先占领线下,这个还是很可怕的。未来,有一种可能是线下零售会活得很好,但最好的还是从线上来的那部分。

(组织/联商高级顾问团　编辑/杨宇、梁莹)

2　阿里买买买的"功过"

2017 年 11 月 20 日,阿里与高鑫零售公告牵手,以 224 亿元港币获高鑫零售 36.16%

的股份。作为中国大卖场标杆的高鑫零售被阿里入股,众说纷纭,是线上凶猛,或是线下商业价值再凸显,还是线下沦陷?

与此同时,阿里已投资布局了包括苏宁、银泰、百联、三江、日日顺、新华都等公司在内的累计数十个项目。

2017 年 11 月 21 日,联商网新零售顾问团组织了一场关于"阿里买买买的'功过'"的第 20 期线上沙龙,邀请了联商网零售研究中心主任、上海商学院教授周勇,中百集团总经理万明治,联商网新零售顾问团秘书长云阳子,联商网百人荟成员王国平等一批行业专家与高管进行探讨。

主持人周勇说

我们现在谈功与过,其实还有点过早。阿里正式成为高鑫零售的重要股东,高鑫零售的大润发联合阿里如虎添翼,谁是虎?谁是翼?是否能以更好的商品、更高的效率,满足顾客日益增长的对美好生活的需要,携手并进?

我们的讨论先从事由开始。2017 年 11 月 20 日,阿里与高鑫零售公告牵手,将以 224 亿元港币获高鑫零售 36.16% 的股份。这一事件引发了行业的广泛议论,众说纷纭。

我们在思考以下问题:

(1) 上半年还在讨论大卖场会不会被市场淘汰,如今阿里入股大型综合超市的标杆企业高鑫零售,这意味着什么?

(2) 阿里已投资布局了包括苏宁、银泰、百联、三江、日日顺、新华都等公司在内的累计数十个项目,昔日涨停者过半,如今发展亮点与疑惑何在?

(3) 线上企业下沉线下,线下商业价值再凸显,线下企业将会沦陷吗?

(4) 未来将对双方企业,中国零售发展与新零售进程,制造商、供应商,政府及消费者产生哪些影响?

(5) 有些人问功过几分?我觉得,功与过不用我们去评论,消费者的感受才是最重要的。

互联网与实体企业相互融合的洪流滚滚向前,势不可挡,希望能带走行业的泥沙、污秽,洁净零售生态,那就算成了!

我先谈几点对上述问题的思考,抛砖引玉。这几点不是要回答的问题,而是要引发思考的问题。

下面我们看看 2016 年的数据,从这些数据来看,目前线上大企业与线下大企业的社零占比不足 20%。

数据发现:

(1) 限额以上单位销售的社零占比,2012 年为 48.82%,2016 年为 46.43%,下降了 2.39 个百分点。年均下降约 0.6 个百分点,最近两年连续下降,2016 年下降了 0.95 个百分点。这说明什么呢?

(2) 2016 年连锁百强销售额为 2.114 万亿元,社零占比为 6.36%。

(3) 2016 年实物商品的网络零售交易总额为 4.194 5 万亿元,社零占比为 12.62%。

(4) 两项合计 2016 年仅为 6.308 5 万亿元,社零占比为 18.98%。

限额以上的概念大家都知道,应该是以年销售 500 万元为界,从这些数据发现一些趋势:

(1) 限额以上销售的社零占比连续下降。

(2) 连锁百强企业的社零占比连续下降。

(3) 网络零售社零占比持续提高。

这并不能说明大企业不行,也不能说明小企业就特别好。有人问美国的相关数据是怎样的?我们可以进一步研究。

阿里入股高鑫零售,这对我国零售到底会产生什么影响?尤其是对未来我国零售生态的变革会产生什么影响?我们邀请了三位行家,就这个议题来谈谈看法。

1) 高鑫零售为何选择阿里,怎么看待他们的结合与未来

`王国平说`

本人视角以购物中心以及财经角度为主。

从润泰层面上来看是因为缺钱,谁能够快速给钱,就卖给谁。合作并不是润泰最看重的,润泰出局后,实际上是欧尚以及管理层与阿里的合作。欧尚作为一家家族企业对控制权相当看重,欧尚零售国际直接持有吉星 55.74% + BV 持有吉星 15.2% 股份,牢牢控制住吉星 70.94% 的股份,吉星持有高鑫零售 51% 股份,欧尚亦被视为高鑫零售实际控制人。

法国欧尚自身也在不断受到新生事物的冲击,需要一个新的样本来让欧尚继续保持竞争力。中国区与阿里的合作可以借鉴别人的力量来摸索自己的道路,为其他战区开辟出新的打法。在董事会及股东会上,欧尚前期有支持阿里变革的动力。管理层层面,大润发老将有着亮眼的战绩,只不过股东抛弃了他们。在传统手艺上,大润发几乎等于标杆。

阿里负责此次变革的则是杭州泽泰信息,也就是当初出手三江购物的那家,实际本尊就是盒马。管理层处于既想变革又面临着被人变革的局面,这种矛盾未来会交织在变革当中。以门店为例,大润发"生百杂 + 客服部"组成营运阵法,客服前置负责引流,生百杂负责转化及做牢黏性。盒马引流则由线上运营总监负责 APP 引流,并与线下场景引流相结合。

大润发的地面渗透做得很强,锁定性极高,这种强势也使得大润发对于随机性客流不够重视,比如一些大润发入驻的购物中心,大润发一家独大,广场寸草不生。过早打造闭环使得大润发与购物中心互动不够。加上对线上吃不透,导致了大润发的尴尬。

值得注意的是,大润发和阿里两者如果能够互补,地面渗透＋场景＋线上,杀伤力将巨大。盒马在变革中需要平衡好阿里要的速度和大润发管理层意识的融合。

而淘宝到家的前期接入会缓和些,合作的第一年会是一个相互了解的过程,爆发期可能会在 2019 年。

为什么会在 2019 年爆发呢?因为阿里给新零售的时间节点会卡在这附近,逼得他们必须有动作。试点在宁波已经展开,明年下线再观察,2019 年可以复制。

而在这个爆发的过程中,大卖场还是大卖场,只是进行技术以及数据等的升级。而飞牛网已经转向批发,转向 B2B 模式,C 端会弱化。

就大润发来说,如果愿意拿出大润发的招牌,很多人会愿意加盟,然后大润发再进行管理输出。

而就大润发和阿里的合作看,前期是淘宝中国接入,跟三江购物现在的模式不会有太多出入。然后门店试点盒马,大润发拿店能力是国内最强的之一。议价力极高,不是三江购物、新华都能比的。大润发拿店,也有几千平方米的店,并不都是上万平方米。

从双方合作也可以看出套路,即控制线上线下双渠道,随后控制品牌。产品同质化,渠道为王;渠道同质化,产品为王。产品有网红有爆款,但最终还是渠道为王。

以后产品已经很难不走阿里、京东的线,未来受渠道控制会更加难受,甚至没有自主权。阿里的五新战略,新零售是前置,阿里实质是推后面四新(新制造、新金融、新技术、新能源)。

2)阿里战略入股高鑫零售,对中国大卖场有何影响

万明治说

阿里入股高鑫零售有三个意义:

(1)地区招安的农村包围城市战略奏效,全国性豪强授首。

(2)大卖场之王认怂,传统大卖场的圣殿形象倒塌(零售股全线下跌即为明证)。

(3)阿里大旗即将"摧枯拉朽",横扫天下。

大润发超市现在还需要黄明端,这个毫无疑问,要在平稳过渡后,完美交棒年轻人。

同样,阿里入股高鑫零售,对腾讯、京东的震撼也是相当大的,估计他们在这场拼争中先失一城,接下来,他们会有大动作。大卖场一夜之间变成任人宰割的羔羊,除少数玩家外,如永辉。接下来像华润、家乐福、人人乐等全国性零售企业,还有众多地区豪强,何去何从?可能剩下的只是价格问题,这样说来,这难道不是大卖场利好的信号?

新零售时代,大势所趋,不要做将头缩在沙子里的鸵鸟,适当增加融合,并不为过。

对于大卖场,不存在打不打得过,如果自身造血能力不行,那么资本、技术的介入,实际上是一种自救或他救。

为什么大卖场会出现今天的局面?因为 90% 的大卖场都是二房东,等到被电商打怕了,才想起来要建供应链。

而之所以永辉还挺得住,在于它早期介入生鲜供应链,形成护城河。可见,大卖场衰弱只能怨自己。

3) 以投资连接、创新业态、基础设施服务为主要抓手的阿里新零售在做了一周年之际,概念与实践、架构成功吗

云阳子说

对于此事,我个人评价的三大标准:

(1) 对阿里自身业绩提升如何?

(2) 对中国零售行业推动如何?

(3) 对未来中国经济闯难关有多大帮助?

这三大标准中,第三个标准,可能是未来的。这个未来的今天也没法讲,讲不清晰,所以我重点讲第(1)点,对阿里自身业绩的提升。第(2)点是对中国零售行业的推动怎样。

(1) 对阿里自身业绩提升如何? 从股市角度看,1 年内股价翻倍。2016 年 12 月 30 日,阿里巴巴(BABA)收盘价为是 87.8 美元,2017 年 11 月 20 日收盘价是 188 美元。有没有人想到能够翻一倍多? 这种股市,如果按照纯电商的发展,我想大家应该可以预期到股市肯定不会有如此高。所以为什么会翻得如此多? 从资本市场来说,美国投资者对新零售看明白了,给出的期望很高。同时,阿里收入超出想象,阿里的全球知名度大幅提升,国内与国外关于零售的对比都是非常震撼的。

(2) 对中国零售行业推动如何? 中国实体零售有大批资金进入,风险资本看好实体零售的升级改造。这种资金,互联网资本比如阿里,阿里的资金不断在投入到实体零售,并非控股,基本上都是以入股形式。除此以外,还有很多如弘章资本等风险资本,有的成立新零售专门基金、新零售部门,投入资金是非常多的,非常看好。

实体零售会有越来越多的人才涌入。目前来说,关于新零售的中高管人才薪水待遇都不错,一般在几十万元到上百万元之间;零售行业基础员工的工资应该也会上升的。

中国零售业将是全球新零售的发源地。零售行业应该坚信这一点,新零售战场在中国并不是在国外。国外的零售行业都在学习中国的新零售。国外一些零售可能比我们传统零售做得好,但真正的新零售是在中国诞生的,也一定会在中国发扬光大。目前,哈佛商学院已经把盒马作为一个新零售案例在研究。

(3) 对未来中国经济闯难关有多大帮助? 实体零售开始回暖了。商务部的报告显示,自 2017 年以来,相关行业的销售额、客流量等核心指标全面回升,实体零售 5 年来首次回暖,线上线下融合成为必然趋势。

最后总结一下,阿里新零售运动一周年,我打满分;盒马的诞生,说明中国零售业第一次领先世界;中国新零售运动,一定会让中国零售业与品牌商大规模走向全球。阿里新零售运动一周年超出想象,未来中国零售还会更好。但对于个体企业而言,有生有死,这是大变革时期的正常现象。

4）阿里和苏宁、银泰等企业的合作进展与启示,对同类其他企业融资与发展建议

王国平说

大家知道,与阿里"联姻"的那几家公司股价只有最惨,没有更惨。三江购物最高跌幅近60%,在A股可以说是倒数了。

在新零售如此高的预期下,为何出现这种极端的局面? 宁波盒马亏损,淘宝到家增量至今无法大面积有效覆盖。今年三江购物的数据是比较难看的,阿里资本市场刮起的风比较快,实际在落地过程中,制约因素蛮多,不像互联网行业来得那么狂野。

在三江购物与盒马合作首家店后,1年时间,也就开了宁波店和杭州店。物理网点的储备以及建设周期决定了第一年很难有快速狂奔的作为。从新签约的新华都来看,最新启动的就是拓展人员,现在到处找合适的店。

从盒马来看,二线城市与盒马的定位存在一定出入,宁波店就没有上海店出彩,或者说今年财报还无法拿出来炫耀。

宁波经济虽然不错,但早期实际就只有一个天一商圈,后来鄞州万达做起来,城市化进程才开始加速。对于一线城市模式直接嫁接,还需要不断地改良。

盒马前置,淘宝到家则藏在幕后。不论三江购物或是新华都,大部分门店都不适合改造成盒马。盒马是阿里输出的一个样本,实际要输出的是阿里后面的四新(新制造、新金融、新技术、新能源)。对于不适合改造的地方,淘宝到家的大旗就插到那里。三江购物的改造实际上更多的是淘宝到家参与。对于以后合作的对象,也是由盒马和淘宝到家"两把斧"先洗一遍。

三江购物和新华都都是区域性企业,对于阿里属于仰望姿态。且阿里一到,立马股权激励,部分员工状态提升很快。阿里能够跟员工分享收益,比部分企业在收入分配上的改革可能要来得更加紧迫一些。阿里懂得收心,军心不稳,人心不齐,谈何大战。

孙裕隆说

如果用阿里的新零售来代表零售的未来,用阿里这一年的并购代表新零售的成绩,这本身是片面的。阿里本身不做零售只玩零售这是其基本特性。阿里本质上是一家零售的互联网技术服务商,因为掌握了互联网技术先机而成为这一波的零售整合者,但这并不代表阿里就是一家能把零售整好的企业。

王国平还说

阿里现在还需要证明盒马能够下沉,以及庞大的淘宝流量是能够有效转移到线下完成交易的。盒马需要迭代出新品种来迎合下线城市。一线城市盒马已经对路,现在就看未来推出的下线盒马长相如何。

另外,迎合小镇青年那是大润发的强项,小镇上无敌。盒马为变革打开了思路,确实为零售行业立了个标杆,值得学习。

腾讯京东系＋阿里在未来的权重会越来越大,很多企业真的只能被淘汰。因为这些企业可能连货都进不到,人家不敢得罪巨头。想想十几年前渠道的美好时光,超市采购真的是渠道为王。

不论线上线下,产品都要有机会跟消费者接触。产品要有展示的机会。以前进超市抢排面,后来抢一级页面。为这两者都在阿里手上时,大部分企业就没得选择了。资本控制渠道,渠道控制制造。高鑫零售被招安后,格局已经差不多了。

看似去中心化,很多节点却被控制。打破要先经过固化,大家对固化深恶痛绝了,就会开始新一轮打破。也就是天下分久必合,合久必分,现在是分散走向集中阶段,不是集中走向分散阶段。市场出现头部就被招安,大部分企业根本跑不出来。

万明治说

方向是对的,落地则需要时间。需要澄清一点:盒马是新零售,但新零售并不只是盒马。

鲍跃忠说

全部按照盒马模式改造大润发门店肯定是行不通的。大润发的门店大多在三四级市场,很多开在县级市场,按照盒马模式改造大卖场很多区域将会受到限制。

盒马模式适不适合改造大卖场更需要观察。目前盒马的开店选址,与大润发大卖场的选址,有些门店存在着差异。盒马的选址更多是考虑商业区、商务区,大卖场的选址更多考虑的是走入社区。即便是供应链,盒马与大润发基本上是不一致的。大润发的供应链是以大众化需求的供应链体系,与盒马品质化需求的供应链有极大的区别。

未来零售市场到店与到家的结构会发生哪些变化需要观察;未来的零售形式会发生哪些创新变革更需要观察,是还会有类似于大卖场、百货店这样的主导业态形式,还是将变得更加多元化?未来的零售变革将会有太多的不确定性。

盒马走成就说明既不靠原来的渠道,也不靠以往的品牌,也不完全靠线上的流量。我的判断是,阿里与高鑫零售的合作,目前来看,就是一场资本市场的运作。如果讲双方的合作会对目前零售行业带来哪些方面的影响,为时尚早,最起码近期并不会看到相关的影响。

周勇说

(1)中国零售确实需要资本与大企业的推动。中国零售的组织化程度还很低,中国零售的有序竞争还不够,零售的营商环境还有待完善,期待行业整合能给消费者带来更多的好的体验。

（2）零售发展的有序,也包括竞争的有序。必要的时候,政府会介入。政府对流通的作用,主要有两点:一是促进公平竞争;二是保护消费者权益。中国目前在这方面做得还不够。广义来说,个人理财、电信服务、教育、医疗等,都是零售。这些行业目前还存在大量的不利于消费者的不公平的交易规则。中国移动的 18 元套餐就是一个霸王条款,用了 20 年的老用户只能每个月白白支付 18 元套餐费,只有新用户才能选择 8 元套餐。这毫无道理,但这样毫无道理的事情还有很多。流通政策的相互矛盾与陈旧之处也有很多,它们都阻碍着我国零售业的正常发展。

（3）大润发等企业改变了中国消费者的购买习惯,阿里等电商企业也改变了消费者的购买行为,两个变革者的结合,希望能给消费者带来更好的体验,企业自身也能有更高的效率。体验与效率的平衡,才是硬道理。

（4）新零售的表面是体验改善,背后是技术推动,技术后面是资本的推动,但最终都表现为效率的提升,到最后,应该是中国零售营商环境与购物环境的彻底改观,这就是其社会功效。

（5）两者的结合有什么结果,今晚的讨论有不同观点,有打 100 分的,有打 88 分的,未来的事我们保持跟进。

张智勇说

对于大润发不能改造成盒马,我表示赞同。但我觉得有个核心点是怎样理解盒马?哪些要素加起来是盒马?哪些是必需的?例如海鲜、3～5 公里配送、系统、电子价签、传送带等。

我觉得这里面应该有个比盒马更重要的概念就是淘鲜达。我的判断是阿里投资这一批,都会加入淘鲜达的体系,盒马也在淘鲜达体系中,当然了,是属于淘鲜达体系的旗舰店。淘鲜达也是盒马侯毅负责的,我觉得其实是一张更大的牌,更大的格局。

线上线下一体化是核心,大润发不会完全照搬盒马,但肯定会强化线上的部分,可能会成为一个又一个新的物种。我依然觉得核心一直都是两个词:线上和生鲜,也许可以加上快消。

侯毅说

很赞同盒马仅仅是新零售的一种观点,因为移动互联网、IOT、AI、BIG DATA。

时代的科技应用,会诞生无数种新零售模式,本质是提高零售效率,提升客户体验,所以传统零售业如果不在科技上和人才上大幅投入,洗牌是必然的。所以传统零售和互联网科技企业的结盟是传统零售快速发展的捷径。

大家更多是从传统零售的角度来看问题,其实更有必要从电商的角度来看这次的合作,对于电商未来的发展看趋势。

从亚马逊最近的一些动作来看,它对实体零售的了解还是很有限的。上周见了全球电子标签最大的法国公司,他们的 CEO 说,亚马逊创始人贝索斯,去年专程来上海看了盒马金桥店后,才决定收购全食超市,才看明白了线下的价值。

(组织/联商高级顾问团　编辑/诸振家)

3 | 2017 年的零售变化

2017 年 12 月 5 日,联商高级顾问团组织主题为"100 种零售 2017"的第 21 期线上沙龙,邀请了上海商学院教授、联商高级顾问团主任周勇,生鲜传奇董事长王卫,宏图三胞 CEO 杨帆,上海水游城投资有限公司副总经理孙旭东,朗然资本联合创始人潘育新等行业专家与高管进行了在线探讨。

主持人周勇说

各位行家,今天的沙龙已经是第 21 期了。从去年到今年,我们讨论了大卖场的发展趋势、便利店、无人商店、"双十一"的购物意向、阿里买买买、盒马鲜生的创新经营等。今天是 2017 年年度总结与 2018 年的展望。

大家辛苦一年了,我要向创业者、企业当家人、经营管理者、一线服务人员以及相关产业的服务商、投资者致以崇高的敬意!

这一年来,大家遇到了很多新问题,也看到了很多新希望!尽管零售行业还存在不少不尽如人意的地方,但那就是零售人的发展空间。顾客未满足的需求,就是我们的发展空间与机会,这样的机会在我们中国特别多。

我先给大家分享一个日本的案例。

日本是一个老龄化十分严重的国家,这一点与我们中国有点相似。传说中的德岛丸,是一家专门服务 65 岁以上老年人的流动零售商,我把它叫作"轮子上的零售店"。

我在美国曾经看到过这样的流动汽车,那是卖五金工具的,一辆车大概可以陈列 10 万美元的货物。当然这里所说的流动车是卖食品与日用品的。那些没有私家车,居住地离店距离超过 500 米的老年人,被称为"购物难民"。这一人群在全日本有 700 多万人。

他们的运作方式其实很简单,用特许加盟方式招来经营者,早上 7 点从地区超市进货,上午 10 点到下午 5 点开车贩卖,5 点到 6 点返回超市,处理没卖完的商品。他们的货源来自超市,所以与超市不是竞争关系。

流动车的店长不仅卖 400 多种常温与非常温商品,还负有照顾老人的任务,店长能记住销售路线上 50~60 名顾客的姓名,还能了解他们的健康状况和业余爱好,如遇异常情况,会在第一时间联系相关机构。

他们的服务宗旨很简单，就是跟老人做朋友。他们保持固定线路、固定时点、固定乐声，给孤独无援的老人一个期盼，一份喜悦，甚至通过手机接受客户的订单，帮老人打扫住宅、修补房子、搬重物、换灯泡等。

令人感动的是，他们不仅卖东西，还关怀老人！他们会打个电话，看看老人有没有应答，了解老人是不是还清醒。老人在家门口等候流动车，像是在等候老友的到来，听到流动车固定的音乐声，就开心得像个孩子。

更令人感动的是，德岛丸是一个坚持企业操守的公司，他们在创立之初就承诺：绝对不会在已有超市半径 300 米范围内流动贩卖，去抢夺别人的市场。如今初心依旧。"讨好人"的程度，决定存在的价值。

这个案例给我两个启示：

第一，我们的市场比日本大得多，那些未满足的需求，就是我们的目标市场。

第二，零售需要有"套装概念"，融合不仅是线上线下一条路，还包括行业之间的协作，产业链之间的协作。抢夺别人的市场只是初级竞争。

2017 年都说是新零售的元年，那么大家都有哪些感触、感想、体会与展望？

联商网编辑部为今天的在线沙龙定了一个主题——100 种零售 2017。我问联商网 COO 月小刀，这是什么含义？

小刀说，一千个人心中有一千个哈姆雷特，对于即将过去的 2017 年，每个零售人心中也有不同的感受和认知。古龙有《七种武器》，外国有《八百种死法》和《一千零一夜》，不同的人、企业，本身代表着不同的零售。100 种零售是一种概说，代表着零售的丰富多彩！

零售确实是应该千店千面，人心有多少，零售就有多少种！

我们预设了三个问题，每个问题大家都可以发言。每位嘉宾回答问题前可以先介绍自己。

1）用一个词或一句话来总结，2017 中国零售给你最深刻的感受是什么

王卫说

总结 2017 年的一句话就是：有些迷茫。行业变化太快了，竞争不在一个维度上，传统的竞争对手往往不再是对手，我对未来产生疑惑，难以判断。

以往你的对手就是超市，现在发现可能餐饮也是你的对手，消费者去餐厅吃饭，你的菜就没有人买了。面包本身不是我们的强项，似乎面包店没有抢掉我们的生意，但是面包吃了，面条稀饭就不吃了，还是抢了我们的生意。节日大家开始旅游，似乎和我们没有关系，结果大家都出去了，传统节日销售就下来了。

所以，仅仅是把商品做好，已经不够了。

周勇说

现在的事干了再说，未来的事，以后再说——王卫总经理给我们提出了一个很好的命题。王卫总经理做的主要是内食,但是现在做内食的,开始抢中食与外食的生意,交叉了。没地的农民,确实是迷茫,没地了,没工作了,干什么? 厨房不要了,省下 100 万元,但是服务与精神需求在哪里? 衍生需求又在哪里? 王卫总经理的发言引发我们很多思考。接下来,我们来听听潘总的分享。

潘育新说

了解现在年轻人的生活方式,判断他的购物时间在哪。如果时间足够快,会不会改变消费者线上或线下的消费习惯,改变业态和品牌的选择习惯,改变促销和渠道的选择。

看起来信息对称的电商的搜索阻力越来越大,消费者真的能买到好的产品吗? 所以好的新零售业态都是和时间有关的。要不帮助消费者节省时间,从大卖场进步到便利店再进步到无人店;要不通过现场良好的场景体验让消费者愿意花更多的时间在线下门店待着。

所以才有这么多跨界的模式出现,而不再是过去简单的购物。去言几又书店不是为了买书,而是为了看书喝咖啡;去盒马是为了体验高性价比的海鲜……

未来的门店可能是以精神上的愉悦体验为主,物质上的购物快乐为辅。

周勇说

潘总提出了一个很好的命题——零售与时间的思考。接下来,我们来听听孙总的分享。

孙旭东说

2017 年,我的感受就是"大"! 新开的购物中心一个比一个大,"苏州中心"36 万平方米,深圳的"壹方城"36 万平方米,南京的"金鹰世界"50 万平方米! 还有就是近期的一些零售界的并购案,手笔都很大,如马云入股大润发。

这说明不管是企业,还是资本家都非常看好商业,或者是说零售这个领域。

我个人的理解,不管是购物中心,还是商业综合体,或是百货,都是社会的医院,专治消费者的各种疑难杂症。今天这个焦虑了来购物,明天那个小孩儿来培优,现在很多商场有牙科医院、有宠物店……

所以,商场在某种程度上承担了很多社会功能,承担了很多心理按摩的功能,舒缓了紧张的生活压力。现在的顾客是,开心要逛商场,不开心也要逛商场。

2013 年刚到南京的时候,南京的商场、百货店、购物中心一共 24 家。2017 年的年末,南京的商场、百货店、购物中心加在一起是 72 家。中国目前地级市以上的城市商业肯定是过剩的!

再回到前面说的"大"。"大"了以后,不管是规模还是单体,都存在一个问题就是资源的利用不充分,坪效低。

周勇说

孙总也给我们提出了一个好命题——购物中心就是医院。至于医治什么,我们还要探索。接下来,我们来听听杨总的分享。

杨帆说

一个字——融。线下零售重新成为大家关注的热点,各种新物种不断出现,线上线下加速创新和融合。

零售新物种太多了,线上很多企业都做线下的整合和新技术的应用,这一年加速特别明显。前两天参加英特尔的行业峰会,明显感觉技术变革对零售企业的转型升级带来大的飞跃。

现在我们集团内部也在融合。我们集团跟乐语 3 000 家门店协同,做好平台和资源共享,年底一起召开供应商大会。

周勇说

2017 年一个字——融,两个字——快融,三个字——融得快。

总体来讲,这一年来,大家都在谈新零售。感觉有两个关键词:一是吃,二是连。

吃当中三大类,即外食、中食、内食,大家都在你争我夺!消费总支出中吃的占比已经下降到30%以下,那另外70%有什么变化?是传播得不够,还是确实变化不大?

连方面,讲得比较多的还是线上与线下相连,至于商家与顾客之间,能像"德岛丸"那样心心相印、休戚相关的零售商到底有多少?

我们常说要不忘初心,但如果本无初心,那又该怎么办?有些企业,做小的时候有初心,做大了反而丢失了初心;有些企业,做小的时候没有初心,做大了才意识到要有初心。

2) 都说 2017 年是新零售元年,请结合各自所在的业态谈谈公司和自己都有哪些改变

王卫说

对我们而言,就是实体商业被重新认可,并且能够获得等同于电商的估值,资本重视项目的未来价值。

在合肥,我们的商业模型是每 1 万人一家。目前,我们有生鲜传奇34 家,11 家还在装修;大嘴接近 80 家,拓展速度在加快。我们计划用 6、7 年的时间突破 1 000 家门店,这两年会少些,未来多地(包括外地)同时开店,会加快些。而外地第一站将是南京。这两年我们也主要聚焦合肥和南京。

我们会上线 APP,这是一款基于服务的全新软件,可以提供电子钱包、电子小票、一键退货、呼叫店长、预订商品、送货服务等,还可以用手机直接在卖场扫码付费,不用去收银台。

我们的 APP 不同于盒马,我们目的是把消费者拉回门店。所以我们增加电子手段,在线上发券,线上活动,线上订货,但是鼓励线下使用。

孙旭东说

2017 年变慢了。现在整个零售的节奏都变慢了,希望顾客能够在商场多停一会儿。你看看书店里面有咖啡卖,服装店里面有书卖,火锅店里面有擦皮鞋的。总之希望顾客能在商场多待一会儿。

以南京水游城为例,我们餐饮面积占比 28%,但是只产生了 23% 的销售,21% 的利润。购物中心的核心竞争力还是商品与服务。水游城的客群比较年轻,购物后进餐的和进餐后购物的在 30% 以上。我们做过一个滞客时间的统计,平均在场时间超过 2 小时,就有可能在商场进餐。

杨帆说

宏图三胞在 2016 年 1 月 1 日,从 3.0 模式升级为 4.0 模式,借助美国 BST 产品的导入,在南京水游城开设了第一家宏图 BrookStone 新模式店;今年的 10 月 1 日,在南京新街口东方弗莱德开了第一家 5.0 智慧门店,年前 5.0 智慧门店的升级版将在南京水游城旗舰店重新开业,开辟一家结合最新零售科技和最新智能产品的国内领先的智慧门店。

3) 请大家预测 2018 年中国零售会出现哪些趋势

孙旭东说

首先,我认为 2018 年商业领域会发生多起大宗并购案。其次,2018 年中国首富将会在零售领域产生,情况类似于当年山姆·沃尔顿成为美国首富一样。我看好马云,他不再是互联网新贵,是实实在在的实体商业大佬了。

潘育新说

我预测 2018 年主要有以下趋势:

(1) 阿里对线下零售巨头的入股和收购将会继续,特别是上市类的公司,谁会是阿里的下一个猎物?

(2) 资本推动行业内部的并购,做大头部企业,形成行业中的"摩拜"与"ofo";大部分点位落后的无人货架企业无法再获得融资,纷纷倒闭;大玩家继续进入,物流、电商、实体零售甚至分众类的广告公司都可能进入这个市场;无人货架模式会进入办公室以外的其他场景;头部企业间的供应链竞争开始启动,加速与有人店巨头企业们的合作。

(3) 基于用户手机的自助收银模式将越来越多被使用,基于会员制的自助收银设备也会增长;消费者开始接受无人收银模式,并逐步形成习惯;收银员可能成为零售行业最先受到技术影响的工作岗位;相关的防损技术、防损岗位和防损流程被再造。

(4)中国二三线城市的民营便利店企业,将成为各类资本竞标的热点,国资便利店企业混改可能会有突破。

(5)生鲜超市向大卖场转型,线上生鲜电商与外卖类企业落地线下的小风口,资本持续关注并进入。

(6)食杂店的 SaaS 使用率和进货习惯并不会发生较大的变化,门店数量会进一步减少,阿里和京东的百万店计划任重道远。

(7)继无人货架后,以 RFID 技术为核心的无人零售柜,以其标准化、低成本和技术成熟可能成为资本下一批重点布局的模式;随着机器视觉类无人零售柜的技术成熟和成本降低,将可能与有人店开展大量合作,成为设备供应商和系统服务商;以 RFID 为核心的无人店或盒子因为成本更高,落地不易,会在部分低频、高单价的场景形成商业模式,如成人用品、家居等;为无人店提供广告、营销和网络效应的服务商值得关注。

(8)越来越多的跨界复合模式会出现,并获得资本的支持。

(9)到家服务将成为传统零售巨头新零售转型的最主要模式,到家服务类公司在资本市场上获得热捧。

(10)制造型零售高速飞奔。

2017 年堪称是新零售的元年,线上线下融合更为紧密。在零售的新风口下,新技术、新物种、新玩法不断涌现,资本和新玩家不断涌入,零售行业呈现出多年未见的活跃景象。

(组织/联商高级顾问团 编辑/联商网 杨宇、梁莹)

4 传统百货应如何"向死而生"

2017 年 12 月 8 日,上海原"第一百货"重装开业,转型能否成功还需拭目以待。但由此引发了关于老百货如何升级改造的思考,"第一百货"或许提供了一个样板。

众所周知,近年来,由于消费升级,外加电商的冲击,传统百货面临不少困境,如何传承并升级,尤其是在新零售时代下,能否迎合趋势,展现出新的活力,值得探讨和思考。

为此,2017 年 12 月 16 日,联商高级顾问团组织主题为"关于老百货的传承和升级"的第 22 期线上沙龙,由上海商学院教授、联商高级顾问团主任周勇主持,并邀请了天虹股份副总经理侯毅、上品商业副总裁汤英华、周大福珠宝集团行政部招商副总经理刘茂娟等行业专家与高管进行了在线探讨。

主持人周勇说

中国有三教：儒教、佛教、道教。

儒教有点像粮店，是传统文化的核心，传统的粮店如今被众多的业态所迭代，如今可以是泛指卖食物的店铺，超市、生鲜店、菜场、餐饮店、超级物种、便利店、快餐店、大排档、奶茶铺、面包店、煎饼店、烧饼摊等。

道教好比药店，人生病的时候，需要去医院、诊所或药店。

而佛教，好比百货公司，你去也行，不去也行，去了烧香也行，看看逛逛，不买也行。总之，是一个凭心情而行的地方。

买粮食与食品，过去很便宜，无差异，如今生活水平提高了，消费升级了，加上食品安全问题突出，出现了越来越明显的品牌化、差异化、高端化、时尚化、非主食商品主食化趋势，但对价格还是很敏感。

药店、医院与病痛、生命相关。这个时候，价格就不是主要的问题，药到病除，才是关键。从肿瘤医院出来的人打车，一般都是长途，到过这里的人，除了生命与健康，其他的一切全都是小事，而且根本不算啥事！

至于百货公司，传统的百货是消费者购物的最重要场所，主要是买好一点的东西。如今的百货向娱乐化、餐饮化、主题化方向发展，但基本还是一个购物场所。

12 月 8 日，上海的第一百货我去看了，他们现在正忙着争取在年前开第一百货的"C"楼。目前开了 A、B 两个楼。

今天的主题是百货转型，主要针对的是传统百货。

我先做一个引导性发言。刚才说了儒教、道教、佛教与粮店、药店、百货店。下面来说说百货那些事。

百货，是中国零售业的汪洋大海！百货与购物中心的社零占比约 40%。

我国百货业正面临第三次重大挑战：

（1）第一次挑战：始于 20 世纪 90 年代初的"商厦热"并持续到 90 年代中期。这一次挑战与超市、大型综合超市等零售业态的发展处于同一时段。

（2）第二次挑战：其后经过 10 年调整，百货业找到了自己的定位，形成了细分市场，分化出高档百货、时尚百货、大众百货等多种业态。上海新世界城、第一八佰伴、久光百货等新型百货业态在上海百货（单体）销售额排行榜中已名列前茅。

（3）第三次挑战：互联网背景下的转型升级。在互联网时代，单体百货不仅受到购物中心的挑战，还面临网购发展的挑战。百货业面临各方面的竞争压力，出现了百货购物中心化的发展趋势，如百联旗下位于淮海中路 755 号的物业，原来是东方商厦淮海店，通过改造以后，引进了无印良品旗舰店，还集成了生活提案馆、全透明厨房、创意家居、香薰工坊等全新服务形态。改造以后原有客户只留下 5%，首次到店客流增长了 40%，实现了客户年轻化的目标。

第一百货经过半年时间的停业改造，于 2017 年 12 月 8 日试营业开张。我看后总体感觉商品与环境有很大改善，但恐怕会面临一个新问题：老客户流出与新客户流入，如何平衡？

下面我们先来说说第一个问题，天虹股份侯总，先给我们分享一下您的观点吧。

1）目前，传统老百货主要遭遇哪些困境，最根本的原因在哪

侯毅说

关于传统百货遇到的瓶颈和根本原因可以从这么来讲。做百货的人非常清楚，这几年我们面临的挑战很大，同质化很严重，性价比不高，自身卖场、商场环境老化，直接导致客流量下降，加上受到购物中心、电商的影响。根本原因在于，百货基本功不够。拿我们天虹来说，2015 年到现在，转型的基础基于三方面：消费升级、互联网技术、互联网文化。"80 后""90 后"基本在互联网环境中长大，他们不仅使用相关的技术、产品，更重要的是接受了文化的影响和植入。作为实体百货，如何顺应消费者需求变化，识别这一轮消费者的升级，以及互联网技术、革命对消费者带来哪些变化，这是非常重要的。

周勇说

（1）百货店的"原价"感觉不实。160 多年前世界上第一家百货店成立的时候就推行"不二价"经营原则，如今我总感觉百货店在忽悠人，那些"原价"最坑人！物品质量也坑人！没有了羊毛衫，都变身为"羊绒衫"甚至"山羊绒""貂绒"，含绒量到底有多少？有多少商品经得起检测？我对此存有极大的怀疑。我是比较保守又比较感性的消费者，如果像我这样的人还有不少的话，未来的百货店谁去购物？这个问题早在前几年就应该解决，但可能考虑到对行业的不利影响，没有动。

（2）百货店的商品很杂、很乱、很贵、很难选购。去高端百货店，一件像样一点的衬衣，要好几千元，在欧美日的百货公司，这样的衬衣，大概只要 1 200 元人民币，如果定做的话，还可以更便宜一些。所以，我觉得高端百货比大众百货更坑人。我们这个社会刚刚从被人瞧不起的时代进入了一个可以用服饰穿戴与金钱来体现自己存在的年代，所以，稍有点钱，就绝不会放弃用金钱与名牌来体现自己存在的机会，连阿迪、耐克这样的大众化品牌也被年轻人视为名牌。如果过了这个年代，当我们无须用金钱体现自己存在时，很多伪品牌恐怕就再也难以在伪高端百货店生存下去了。除了价格，更重要的是，如今的百货店，你能买到自己称心的商品，那纯属巧合！还有服务人员的脸，始终让人感觉是一张套着面具的脸！这一切都是顾客"大胆"消费的心理障碍。上品商业汤总对这个问题有何看法？

汤英华说

认同侯总的观点。在现在的零售环境中不乏经营非常好的百货。主要在于其定位清晰,找到了适合自己的人群,同时将人群与商品结合得很好,能够维持人群到店的频次。

价格的问题,我认为品牌方和商家要还原零售的本真。什么样的商品、价格符合消费者的心理预期,或者至少能起到引导作用。如今快时尚品牌占据很大部分销售商业空间,是因为消费者越来越理性,年轻消费者对名牌的需求不那么大,他们更关注商品和价格是否适合自己。

现在大部分百货店面临销售额同比下降的现状,很大程度上是因为同质化严重。所以,在激烈的竞争中,在新型的零售渠道出现之际,如何守住自己的阵地,找到自己的特色十分重要。

侯毅说

从消费者体验上、产品设计上需要改进。

关于价格,价格虚高是由两方面造成的。第一,前几年,零售商以价格为导向,供应商不得已加价应对促销,大家一起做坏了市场。第二,从租金到人工、原材料,成本都在提高。有零售商也有品牌商的原因。

周勇说

其实消费者也认可了百货的情况,实际上,实价销售可以提高流通效率。

汤英华说

目前大部分百货的尴尬点也在于此,大型活动例如周年庆等时间阶段,折扣力度非常大,顾客趁此机会去购买。而回归到平日,就变得冷冷清清,更导致百货店平时也做折扣活动。长此以往,恶性循环。

刘茂娟说

我应该表达了品牌商的心声,因为我一直在珠宝行业这块,周大福又是最早提出“一口价”政策的香港珠宝商,所以我们在这一块,也是有所坚持的。在我看来,传统百货面积太小,商品太多,消费者的消费过程和体验不够愉快。

汤英华说

上海顾客应该对第一百货有很深的情感,对这次重开也很关注。据去过现场的朋友介绍,重开后现场顾客年龄层偏大,不知周教授现场观察是否如此?

周勇说

我看到了,中老年人多,年轻人少,游客也少,但商品升级了。12 月 8 日在第一百货我看到,周大福边上是周生生,周大福人不少,而周生生几乎没有人。这个问题你大概不好回答,但我有点困惑。折扣大的,顾客反而少;折扣小的,顾客反而多。这里面有什么绝招?

刘茂娟说

就是因为我们的价格实在,上海顾客精明,善于对比。有两种可能,周大福某些产品不打折也比打折的行家产品价格低;另外,周大福偶尔的优惠促销,对于顾客还是有吸引力的。

周勇说

折扣大,顾客以为质量不好,所以不买;顾客看重价格,而不是折扣。顾客懂行,商家诚信。

2)百货转型的一个普遍问题是,商品升级了,客人怎么升级;老顾客有可能流失,新顾客如何有效引流

侯毅说

第一百货的转型,其实是转型定位的问题。我谈下天虹这两年在百货转型上的体会。

个人认为,除非是中心店,位于核心位置,辐射的人群很大,否则不建议做颠覆性定位,特别是社区型百货。渐进式的转变、适度年轻化是可以的,颠覆性定位风险很大。新的定位要做得很极致,加上很好的营销,来吸引新的顾客。

天虹从2015年以来,全国60%~70%的门店转型工作已经完成,其中转型的内容主要有:百货购物中心化、数字化、商品的主题编辑。

第一,百货购物中心化。引进匹配业态,总体比例控制在20%左右,这取决于具体环境,不能一刀切。我们通过即食业态的引进,增强体验性,客流明显回暖。

第二,数字化。我们的"虹领巾"可以说是行业领先的,它为消费者提供便捷便利,在精准营销上发挥作用。

第三,商品的主题编辑。我们不是简单地把商品归类,而是按照生活方式进行编辑,通过基础、跨品类、特色化的编辑,消费者可以看到商品在天虹跟其他百货不一样的呈现。

通过强化定位,再做以定位为基础的商品、环境、服务、营销升级,同时在数字化助力下,我们的转型方向更加清晰,从财务上也看到了比较好的结果。定位技术,是零售商重要的基本功。

商品的升级不是强调外观的装修,天虹的要求:强设计,低成本,高颜值。淘汰价格贵、商品不怎么样的品牌,为消费者提供性价比高的商品。

天虹南昌Cool+(定位大学生)。

周勇说

有个问题,百货升级仅仅要的是情调吗?

刘茂娟说

周大福在国内拥有超过 2 300 家门店,开始实行多品牌策略,90%的门店是大家看到的时尚经典形象,10%的门店是名贵珠宝形象、针对年轻人群的婚嫁主题甜品店形象、时尚嘻哈的饰品形象。在香港,周大福更是打造了三个体验店来做样板,为更加贴合国内百货及购物中心的转型提供服务。现在不一定要情调,但是要有情怀。

周勇说

情怀要,但年轻人提出传统百货转型能否只靠情怀?

汤英华说

去或者不去一个场所,消费者需要一个理由,场景化带给顾客更多共鸣,从而拉近了冷冰冰的大理石与顾客心理的距离。

周勇说

侯总(侯毅)所说的"渐进"两字很重要,转换太快,新的不来,旧的也不来,那就麻烦了。

3) 如今的百货正在购物中心化,一个 10 万~12 万平方米的百货转型为购物中心后,到底应该减什么,加什么,传统百货这个业态会消失吗

汤英华说

上品商业定位城市奥莱,旗下产品线是上品折扣。2016 年下半年,我接手北京北五环的老牌购物中心——北辰购物中心,进行转型升级。重新命名为上品＋。这是城市奥莱在购物中心的一次尝试。我们融入了餐饮、娱乐等业态。

上品跟其他百货店不一样的运营思路在于管理商品。各品牌在上品都有销售记录,称为单品管理系统。上品可以洞悉消费者的购物记录,以此反馈给品牌商,以便调整商品匹配等。

周勇说

购物中心越来越多,百货还能继续生存下去吗?

汤英华说

一定可以生存。百货更多是研究商品和人的关系,购物中心更多打造的是环境,以营销作为吸引客流的手段,对品牌个体的销售和关注度不是那么强。两者各有优势。

现在,很多品牌在买保底,对利润来说是好事,但对顾客来说不能满足其需求。总体来说这非常危险。侯总讲的引进性价比高的品牌,才是真正从顾客的需求出发。不要强调单品牌而是强调不同品类之间的组合,更能满足顾客的生活方式需求。

周勇说

这是不是说把传统的按照品类来划分的百货变成按照生活方式来划分的百货?

转型生活百货。当今我国市场存在一个优质低价的日用生活百货空白点,超市品种少、价格高,质量也属低端;地摊货与网购商品,价格虽低但品质令人担忧;高端百货有时候比大众百货更坑爹,以"伪品牌""洋品牌"为支撑的"伪高端"也充斥百货市场。

名创优品之所以能获得成功,就在于击中了日用百货的消费者诉求点。货真价实、优质低价的产品吸引了消费者。快时尚化、生活关联化、优质低价化、小业态化是成功的关键。百货店的未来发展要回归生活,市区百货店有可能与社区超市和便利店跨界联合为一家企业,使百货店上接天网,下接地网,复兴其在商业中的引领地位。这方面我们应该多向日本和我国台湾商人学习。

有数据显示,百货公司的销售份额超过购物中心。不同地区的百货公司,发展情况与发展轨迹可能有很大差异。

4) 百货做自营也是一个方向,哪些品类做自营更有前途

周勇说

我觉得,是招商还是自营,不是关键,关键是设计能力。商业设计能力 + 商品聚合能力 + 媒体传播能力。

亚洲百货和欧美百货自出生起就是完全不同的模式,亚洲百货是招商制,欧美百货全是买手制(自营体系),这取决于供应链掌握在哪里。中国的供应链大多掌握在品牌商手里,因此中国百货全做自营是非常困难的。

刘茂娟说

万达百货一直在尝试,推出了鞋类自营品牌,也推出万达优选区域。

周勇说

推出那些品牌依赖程度不高的产品是否可行? 百货其实从来没有放弃过食品。比如日本的百货,居然可以卖苹果树,把整棵果树上的苹果卖给顾客,称为金苹果计划。

汤英华说

上品目前在做内衣等品类的自营商品,也算是做一些尝试,但终究供应链模式非常

大程度上阻碍了自营模式的发展。除非是完全引进一批做品牌和商品出身的人,去做独立品牌。

刘茂娟说

日本超市有一点让我很震撼,就是农产品的追根溯源。以苹果为例,苹果的甜度分级,什么苹果,什么甜度,产自哪块地,果农是谁都可以查得到。我觉得百货和购物中心的同质化,不是招商问题,是定位问题。

汤英华说

有朋友举例子说某个国内知名零售企业在某地计划做某个产品档期时,周边区域其他地方一定找不到这个产品。可能有些夸张,但一定程度上说明,控制供应链的重要性。同时,自营可以加强百货的竞争力,从供应链关系到商品议价能力,以及到库存控制,都可以更好地掌握。

侯毅说

百货核心能力[顾客洞察＋定位技术＋商品力＋运营(环境＋服务＋营销＋数字化)]。

周勇说

我听了大家的分享,总结几点值得我们继续思考的问题:

(1) 传统百货转型升级,要提高自己的运行能力,商品研究要加强,迎合年轻人拥抱新渠道。

(2) 中外百货基因不同,中国是招商制,国外是买手制。

(3) 转型升级有一个过程,不要颠覆性变革,渐进比较有效。

(4) 大家都在探索自营与自有品牌,如万达的鞋子,天虹的 Rain_Co(女装买手店)。

(5) 传统的商品分层展示的方式,应该有所变化,向生活百货方向转变。

(6) 百货核心能力[顾客洞察＋定位技术＋商品力＋运营(环境＋服务＋营销＋数字化)]。

(组织/联商高级顾问团　编辑/联商网 周松平)

5　传统百货转型升级

没有消亡的业态,只有消亡的企业和门店;传统百货门店如何应对新消费趋势和需求,如何重新定位和规划,如何在硬件、商品、服务上实现提升和蜕变,如何在有限的面积内做到业绩的持续提升?百货店该坚持什么?调整什么?

为此,2018 年 1 月 21 日,联商高级顾问团组织主题为"传统百货门店的调改和转型升级"的第 23 期线上沙龙,由上海商学院教授、联商高级顾问团主任周勇主持,并邀请了上海徐家汇商城总经理王斌、国大商业管理分公司常务副总裁俞雷、资深百货人士潘玉明等行业专家与高管进行了在线探讨。

周勇说

在互联网大发展的 10 年中,遭遇业绩和估值"双杀"最为惨烈的是大卖场与百货店。前不久,英国玛莎百货宣布关闭天猫旗舰店,阿里也完成了入股高鑫零售的交易。这两种零售业态都处于转型升级的十字路口,大卖场偏重"吃",如果"鲜"字做不好,就一定没有希望。百货店偏重"用",也讲究"鲜度",而且正从单纯的"商品买卖场所"转变为"精神消费场所"。

有人说,单体百货、购物中心、奥特莱斯,都是一种模式,能不能创造一种百货新模式,百货第四业态?

境外有生活百货业态,国内吃的升级还做得不错,但用品似乎没有多大升级。如今到国外买奢侈品虽然还有不少量,但已经有所下降,去国外带回来什么?大多是小东西,如眼药水、退热贴等。

中国目前"80 后"大概有 1.2 亿人,"90 后"有 0.9 亿人,"00 后"有 0.6 亿人,合计 3 亿人不到,"60 后"有 2 亿人。中等消费人群,中国最大,大约也有 2 亿人。从人口结构可以发现一些需求的基本力量,也可以为零售发展提供一些参数与坐标。

如今有一个"9000 后"的说法,即"90 后"+"00 后"="9000 后"。

现在有那么多购物中心,还要去百货店干吗?这是一个值得百货人深思的问题!

百货店转型升级,应该给顾客一个理由,这是百货公司的经营者们需要深入研判的问题。传统百货的生存与发展,光靠地段、老牌与情怀,是远远不够的,场景、内容与特色,也许是更重要的元素。

1)传统单体百货店的出路在哪里,转型是渐进还是突变

王斌说

单体百货店如何转型与自身经营规模大小有一定关系,不同规模路径应有所区别:建筑面积 1 万平方米以下的单体百货店当前的生存境遇最为艰难,一味坚持传统经营模式,将很难持续经营。而且这些单体百货店,往往老员工多,劳务成本持续上涨。因此,亟须考虑的不仅仅是形态转型,更要侧重于业态转型。

而这些百货店往往所处地理位置优越,可以用突变式的转型方式,如向专业化方向发展,开设快销品牌旗舰店、餐饮特色街、休闲娱乐项目等,彻底颠覆现有经营形态和业态,把自身的地段优势充分发挥出来,获得应有的收益。

国大百货这样的落地方式在上海可能会比较困难,容积率、城市规划卡得很死,即便重建,也难以扩大面积。

建筑面积 1 万～4 万平方米的单体百货店转型,我个人倾向于渐进式转型。以清晰的市场定位,打造"专、特、精"形象,以经营特色吸引消费者,并少量配置餐饮、休闲设施。

建筑面积 4 万平方米以上的单体百货店,具备购物中心化的潜力,可以根据所在地段特性,通过整层功能转换增加休闲、娱乐、餐饮等功能,提高商场聚客能力。

重建很难复制,要天时地利人和凑在一起才行,而且对单体百货店来说重建如果没有达到预期效果,风险会很大。

如果是自有物业,传统单体百货店转型有一定成本优势,这些商场大多建成于 20 世纪 90 年代,经过 20 多年的折旧摊销,之前装修改造投入大多已被消化,这使得传统百货相对新购物中心来说,转型升级的财务压力反而小一些。

俞雷说

我们武林商圈的国大城市广场,就是老百货采用拆除重建的突变式改造。当时周边的杭州大厦、银泰武林店,都非常优秀,是中国的零售龙头企业,我们决定做差异化,同时我们判断,未来购物中心成功的概率更大。所以在 2007 年设计和报批时,我们就把国大百货和连卡佛拆除,重新建设一个购物中心。老百货的改造,是否要采用这种激烈的突变式改造,我认为,如果小型单体百货店重建,可以通过补缴土地出让金的方式,增加面积,按照目前中国房产价值来算,这个重建的风险,还是值得冒的。除了一线城市,大部分二三线城市还是可以通过补缴土地出让金的方式来操作的。

对于很多的小型单体百货店,同时也不是系统性的连锁商业企业,零售品牌资源缺乏的,改为邻里中心型的购物中心是一个相对可行的方案。

周勇说

讲到财务,请问,一个几万平方米的百货店,有多少员工?

王斌说

看这家百货店的店龄和管理风格,从 20 世纪 90 年代持续经营到现在的,在职职工一般在 300 人左右,如果营业员也是自己的,在 500 人左右。不但劳务成本高,而且管理难度大。连锁百货,做得比较好的,可以控制在 100 人左右。

俞雷说

以前的百货店,之所以员工多,除了历史包袱重以外,主要是财务收银人员多,现在

POS 机都可以布到柜台了,财务收银人员可大幅度减少。再按照专业分工,把保安和保洁外包掉,人就少很多了。

潘玉明说

我诊断咨询,第一眼看机制。恕我直言,老店多依赖机制生长,一是政治机制,或者说任命官员。不是官员的官员,在视卖场一线为第一生命的零售店,使命感、临场感,与需求不是很适应,要剪掉这个小辫子,让在一线成长起来的有眼光的人才来管理卖场。二是运营机制,在一些老店,掌握资源部门衍生出来的灰色口袋,彼此关联,严重的已经成势。谁家能够缝上这个小口袋,谁家卖场"鲜度"就可能展现得好一些。这几年受数据化带动,谈运营的偏多,谈机制的偏少,这是前后相继的问题。日本改造最好的百货店,第一步改造的也是机制。

周勇说

重建型,如国大百货;精致型,如淮海 755、无印良品;购物中心化,如第一百货。正如联商网郭歆晔所说:东方商厦几家店转型方向各不相同,淮海店转日式精致购物中心,即无印良品,徐汇店转连卡佛买手百货,五角场店和杨浦店转城市奥特莱斯,即悠迈生活广场,南东店 C 馆将改建成类似大悦城的购物中心。请问潘总,营运机制上最重要的变革是什么?

潘玉明说

不管哪种百货店,活下来的主要出路,首先是让机制活起来。北京有这样的案例。授权机制,切断屁股决定命运的官僚小辫子。不仅中国,日本大丸百货当初改革,也是首先解决这个问题。其次是运营再造。这需要深入调整现有产品结构。

要做专柜、商户的价值评估,从感知和 POS 实际数据两个方面对比评估,我本人设计了品牌专柜、商户价值评估模式,已经有应用。在运营商方面,产品老化、人员老化、思维定式没有更新,这是竞争力下滑的本质。

王斌说

机制问题是个大问题,也需要持之以恒地做,打破"铁饭碗",以市场机制选人、用人、激励人。我们之前也是一家老国有企业,从 20 世纪 90 年代初就开始持续进行机制改革,确实为今天的轻装上阵打下了扎实基础。管理制度化、制度表格化、表格电子化,百货业要向这个方向努力。用制度、流程来管理企业,坚持标准和原则,这样还是可以做得好的。

俞雷说

目前由于整个国有企业管理趋于严格,管理漏洞的防范、监督制约的管理思路和商业快速反应、快速推进的现状,有着本质的矛盾,大家只能在这个实施的过程中,尽量寻找平衡点。同时,同样的机制,也要看领导人员的思路和魄力,"宁可不做事,不可做错事"的思维、追责制度等,使得大部分领导不愿意承担责任,宁可按照最保险的来,所以机制的制约越来越大。有些国有企业,领导人思路开放,敢挑担子,经营上的制约就会少一些。

商业运营要有弹性和专业判断,比如不同的业种、不同的品牌,租金肯定不一样。商业运营要制度化、标准化很难。大部分时候要突破制度,只能采用集体决策等国有企业制度认可的方式来操作。

周勇说

单体百货形式会不会在未来消亡?

俞雷说

不会!百货和购物中心还将在相当长的时间内共存共荣;原有百货,在平效和零售业态的优势还将在相当长一段时间内继续保持;未来的百货方向将是核心区域的高端化、精准化和非核心区域的个性化、小型化;新建的商业项目,由于目前基本体量都比较大,做购物中心,比做百货更容易成功,做百货对商业公司的系统性资源、品牌的支持、商场的精准定位要求更高。购物中心更容易复制,更容易快速开店,适宜连锁化、规模化。

王斌说

1万平方米以下的,会消亡;1万~4万平方米的,看经营者,如果经营得当,还能撑几年;4万平方米以上的,看业态组合,转型成功,组合得当,不会消亡。

潘玉明说

应该这样说,单体联营百货店,必然消失;复合化的,有腾挪空间,不会死得很难看。

2) 传统百货店的调整改造方向,该坚持什么,调整什么

王斌说

传统百货店调整改造的方向,可以考虑以下几个点:场景化、体验舒适度、购物便利度及功能契合度。

现在传统百货店的供应商队伍不太稳定,市场主体关系早在5年前就发生了变化,强势品牌市场地位更加稳固,对百货店议价能力明显增强。联营供应商很现实,需要业绩作为其留在百货店的理由。如果没有业绩支撑,传统百货店的招商压力会越来越大,搞不好会走入恶性循环的境地。

我觉得传统百货店转型,需要坚持三个导向:

(1)坚持购物导向:让顾客能够在百货店体验购物乐趣,愿意在商场停留,是百货经营者要重点考虑的问题。如上海久光虽是购物中心,但坚持以购物为主,调改效果相当显著。说明真的做出了特色,顾客还是近悦远来的。

(2)坚持需求导向:要引进顾客喜欢的品类、品牌和商品,仓位配置要合理,备货要充足,让顾客在决定购物的时候,能以最快速度拿到商品;同时,在路线规划上,要让顾客在走得舒服的同时,尽量消除死角。

(3)坚持细节导向:要从灯光照射角度、logo大小、字体颜色、道具高度、卫生间、洗手水温、垃圾桶摆放等细节考虑,让顾客在使用时能发自内心感受到经营者的用心。日本许多商场并不豪华,但是诸多细节确实感动顾客。

局部调整的具体操作也小结为三点:要调整昏暗、混乱的视觉效果;要调整不适应顾客需求的品牌;要增加购物需求外的体验功能。

其实,零售就是细节,而细节才是魔鬼!抓住细节,就能抓住顾客的心,一个顾客走进商场感觉如何,可能最重要的不是金碧辉煌,而是灯光是否完好,地面是否整洁,垃圾桶是否及时清倒,自动扶梯是否正常运转,室内温度是否适宜,营业员迎客是否热情。因此,在改造调整之前,先要自我检视这些基本功是否做到位。

俞雷说

传统百货店的调整,还是要坚持百货的精细化管理,管理货品、管理库存。现在大部分的购物中心基本就是个租务管理部,甚至有些就是物业部来巡下场,到点收租。

以前百货店是满足顾客购买的主要需求,现在顾客的需求发生变化了。零售的购买已经不是顾客的主要需求,所以百货店也需要跟着求变。

从传统的有形产品出售,转变为满足人民日益增长的美好生活需要。百货转变为购物中心,是契合目前商业消费升级的,不仅仅是追求购物、性价比,而且要讲究体验和满足消费者的精神需求。

中央提出的,现在我国社会的主要矛盾已经转化为人民日益增长的美好生活需要和不平衡不充分的发展之间的矛盾。这个提法值得思考,确实是百货向购物中心转变的一个很重要的推手。

潘玉明说

第一,迎新先要除旧,淘汰低价值的关系产品。淘汰方法就是组织卖场人员进行价值评价。

第二,保留或坚持销售业绩平稳、客群在 30～40 岁的品牌商品,包括关联消费的餐饮、娱乐、服务类经营产品。

第三,引入新的经营产品,主要方向是跟踪或引领新生活方式,以租赁店为主,要敢于突破,创新组合,同时必须有产品更新能力,保持鲜度。

举例,日本埼玉县川越市丸广百货店,1968 年就建设了滑道、转轮等游艺设施,停车位 1 000 多个。日本大丸百货集团前会长奥田务说过,既然百货店的经营产品单元是品牌商、商户,为什么非要追求单品管理向品牌商争夺商品控制权呢?

周勇说

百货店在转型升级中,食品这块处于一个什么地位?

潘玉明说

食品,特别是高品质的生鲜,应该加强,比例提高。

王斌说

超市类经营,具有很强的专业性,如果是单体百货,不建议涉足,如果想做,可以引进专业品牌连锁店,作为配套即可。轻餐饮类,可以在各楼层作为配套,根据品类搭配,日本这种形态很多,例如下午茶生意就特别好。

俞雷说

现在超市比较火的,基本的方向都是生鲜餐饮化,主推的是高客单的生鲜。我们国大城市广场应该是杭州做生鲜最早的一个,可能也是国内最高楼层的一个,在 4 层。我认为这种生鲜餐饮化的模式,严重依赖高客单,这个模式只能在核心区域,在一二线城市布局,对购物中心的位置要求很高。

王斌说

高客单生鲜的盈利能力如何? 是吸引顾客,还是真的有钱可赚?

俞雷说

目前我们 4 层的这个 Green & Health 超市,由于在高楼层,成本也会低一些。和我们定位的客群是有质感、有追求、懂生活的年轻客群,非常匹配。

购物中心客群人均购买力强,超市体量又控制在 900 平方米左右,所以目前效益不错。超市商品主要是海鲜、牛排、日料、港式点心等生鲜餐饮化的产品;其他的超市商品,95% 是进口的,客单和销售额高,但很难复制。

3）传统百货转型的思考

周勇说

这个问题前面也有涉及，我提示一下，百货都是折扣销售，是不是可以实价销售？

王斌说

百货店的统一促销目前还能称为优势，但随着消费者品牌认知逐步养成忠诚度，这个优势也会逐步丧失。传统百货调整转型需要把握好时间和节奏，切忌为了改造而改造。

百货店是有区域辐射范围的，既有自己的核心商圈，也有特定的顾客来源，要针对自己的客人，提供有效的供给。我们下属的一家典型传统百货企业，就是以食品为特色，主攻中老年人市场，生意持续红火，同时利用沿街商铺，吸引网红品牌，使得人气相当旺盛。

潘玉明说

统一折扣促销，还会延续一段时间，这在很多老店，已形成了一种消费文化习俗。品牌渠道费用、人工费用成本下不去，实价销售很难。

俞雷说

上个月杭州大厦店庆，一天销售额高达 2.1 亿元，百货的统一促销，在中国的消费环境中，优势还是明显的。统一促销，购物中心也有，但力度远没有百货大。百货的零售品牌更多、更集中，平效也会高，品牌的支持力度也会大。

王斌说

现在商场定促销规则，品牌定出厂零售价，消费者心里价位被"计算"过了，现在百货店促销成了"套路"，各方利益在促销中达到平衡。

周勇说

还有一个问题，我不是很明白，传统百货通常按照商品归类的方式分为男装、女装、休闲体育、儿童、黄金珠宝等，这种布局割裂了消费场景，难以激发消费欲望，按照生活方式与心理场景来设计商场布局，是商场改造过程中的一个重要方面。

关于引进大品牌。在改造的过程中，还要注意另外一个问题：想聚集一些大品牌来提升店铺的集客能力，但是，结果出现三种不良情况：

一是最好的位置廉价地被大品牌长期霸占，还补贴高额的装修费，使商店财物两空；

二是改造完成并且开业了，大品牌迟迟不能入场，品牌商长期空缺；

三是消费者不买账，他们其实要的不是大品牌，而是适合他们的商品与价格。

王斌说

（1）要合理把握调整改造与稳定经营效益的关系，改造的目的是巩固提升业绩，因此，调整改造的首要判断标准就应该是，调整是否有利于聚客流、提形象、改善体验。

（2）调整改造最好能循序渐进，不宜闭店装修，工程量大，影响大，把握不好可能会适得其反，导致改造后客流非但没有增加，反而流失不少。上海的几家大商场都有这方面的教训。

（3）调整改造过程控制要尽量减少对导购人员和顾客身心产生影响，许多合资企业在调整改造期间的围板做得非常到位，虽然成本略高，但对商场视觉效果和空气质量有保障。另外，如果是大规模装修结束，一定要做好装修气味的消除工作。

（4）调整改造应该与财务管理配合考虑，一般二次装修投入折旧年限为 5 年，因此，即便是一家新商场，在进入第 5 个年头后，就应该持续投入调改。

现在许多传统百货店不是不愿调整改造，而是不敢调整改造，在经济效益好的时候不舍得投入，生怕调整改造影响生意，又怕调整改造没有效果，结果进入恶性循环，最终被顾客抛弃。

国内许多消费者还是很认品牌的，在买商品之前习惯性先看看是什么牌子，是熟悉的牌子再进柜台去挑选。而生活百货，场景式的，是弱化品牌的。连卡佛这些年不温不火，与他的品牌识别是有一定关系的。

俞雷说

其实百货店也有其自身优势，如果是目的明确的购物，比如今天去给小孩买衣服，这种童装集中布置在一个楼层的，反而更方便。

现在的购物中心大行其道，主要是现在消费者的需求发生了变化。以前是缺少商品，消费者会有明确的购买需求，现在是随机性消费，再把业态按楼层分，就不利于随机性消费、非理性的冲动购买，所以应该说百货店和购物中心各有优势，需要随着消费者需求的变化而变化。

4）百货店购物中心化是必然选择吗，具体条件与做法有哪些

潘玉明说

购物中心化不是一个严格的说法，因为购物中心目前活的也不是都那么好。应该说逐步缩小单一面孔的联营专柜，引入有生命力的租赁店。

复合化是个必然趋势。复合化，一种是在原有基础上整合，如高岛屋，包括专门店、跨业态店、多渠道服务站、文化沙龙等。另一种是全新组合，如大丸松坂屋的银座（G6）、上野店。这样，可以借鉴新零售语境的数据技术，重新设计架构。

王斌说

传统百货转型可以适当增加餐饮、娱乐功能,但不能像购物中心的比例进行设置,一方面,品类、品牌规模过小的话,对顾客失去吸引力;另一方面,体验类项目目前还是以聚客为主,平效相对低,且与购物关联度不高,需要慎重把握。

其实,即便餐饮、娱乐给购物中心带来了很旺的人气,往往零售业态也并不尽如人意。日本的地铁站具有无可比拟的聚客能力,而这些百货店往往就是地上地下连通。但是即便在大阪站,还是有百货店转型为购物中心。

俞雷说

百货店和购物中心的底层逻辑还是有自己的区别的,百货店管流水、管货品、管库存;购物中心管客流、管品牌。零售还是百货店的强项,没必要自废武功。

原来的百货店要继续坚持自己的长项,继续精准定位,加强定位的品牌组合,做强自己的擅长业种。

同时对于百货店零售的联合促销,需要继续坚持。百货店零售品牌的丰富度远远高于购物中心,所以零售业态,还是百货店的优势点。

5) 主持人总结

(1) 单体百货店有没有出路,与面积相关,更与环境与物业条件相关,最关键的还是机制与思路问题。

(2) 百货转型不仅仅只有购物中心化一种模式,实际上是差异化、多样化、生活化、场景化、数据化、主题化的混合。

(3) 百货转型有重建的,但更多的是渐进式的,认可度比较高的品牌是基础,不能放弃,同时要考虑客层变化以后不断引进新项目。

(4) 百货公司是中国零售业的汪洋大海,以前做得好的百货都是体制内的,如今为什么做不好?与历史包袱有关,但机制问题影响很大。招标制、授权制、多签制等控制手段,压抑了经营者的活力,值得思考求变。

(5) 百货公司的食品要不要做?这也是一个有选择的问题,有些百货公司就是因为食品做得好,发挥了引流作用,而有些百货公司,食品不仅引流而且创造了巨大的销售业绩。

(6) 按照商品分层布局的方式有一定的优势,但按照生活方式布局的改造方式也存在一定的风险,要慎重选择。

(7) 老百货尤其是体制内的老百货,人均劳效是一个大问题,一家店有几百上千人,实际上要不了那么多人。

(8) 百货店的折扣销售虽然已经成为行规,也获得了消费者的认可,品牌商、零售商、消费者之间的价值链也已经约定俗成,但未来按照实价销售应该是一个努力方向,需要百货人与品牌商共同努力。

（9）百货人比其他零售人会遇到更多的麻烦事，那就是安全法规，现在对大型商厦的安全管制越来越严格，这是必要的。但是，随着大空间越来越多，地上与地下，楼上与楼下，其实已经毫无区别。再加上消防安全设备越来越健全，对于什么楼层不能开儿童游乐项目的规定需要重新评估。

（10）有不少百货店，经过改造以后，硬件升级了，商品也升级了，但性价比、服务场景没有升级，光弄了一些吃的，看起来很热闹，但解决不了百货转型的实质问题，因为吃东西的人与买东西的人常常不是一伙的。

（组织/联商高级顾问团　编辑/联商网　罗秀玲）

6 服饰品牌渠道的变革

渠道优势曾经成就了达芙妮，加盟模式下达芙妮快速扩张，市场占有率一度有近7 000家门店。然而3年间，达芙妮共关店近3 000家。如今，达芙妮该如何进行渠道变革？

和达芙妮一样遭遇困境的，还有百丽、德尔惠等。市场形势瞬息万变，消费者需求不断提升，品牌商们如何转型升级？如何构建自己的渠道力？为此，2018年4月26日，联商高级顾问团特别组织了第24期线上沙龙，主题"关于传统鞋服品牌的渠道变革之问"。

1）传统鞋服品牌面临哪些共同问题

2003年到2011年这8年间，中国服装行业整体以闽派服装品牌为代表，通过高空广告、地面加盟的模式实现了渠道快速扩张，七匹狼、柒牌、利郎、劲霸、安踏、361度（包括广州的哥弟）都达到了2 000家以上的店铺数量，安踏更是突破8 000家。

而女鞋品牌百丽、达芙妮在这个阶段通过分公司与合资分公司模式也实现了渠道扩张，可以说这8年是中国服装行业的批发式品牌的渠道红利期，只要敢打广告、敢砸渠道形象、敢搞订货推广，没有几个服装品牌是发展不起来的。杭派女装秋水伊人、三彩的发展模式亦是如此。

这个阶段，除了百丽以商场渠道为主，大多数服饰品牌的主要渠道模式还是街铺专卖店。

这是多年来，联商高级顾问团成员、资深商业人士孙裕隆对中国服饰品牌发展轨迹的观察，他有所总结：2011年渠道饱和度和同质化达到顶点，加之百货渠道开始萎缩，渠道库存周转出现行业性阻塞，整体品牌商的渠道规模不再是优势。

如果说渠道规模遭遇天花板是时代发展的必然结果，那么品牌在消费者日渐挑剔的口味中变得无所适从则更是无奈。

党的十九大报告已经指出,我国社会的主要矛盾已经从人民日益增长的物质文化需求同落后的社会生产力之间的矛盾,转化为人民日益增长的美好生活需要和不平衡不充分的发展之间的矛盾。现阶段消费发生全面升级,消费者的消费需求正在迅速提升,这让许多品牌商措手不及,未能迅速做出相应的反馈,包括产品、设计、渠道、服务等方面。

新世界百货创新事业部高级总经理万俊表示,消费者"善变"的同时造就了国内多元化的销售渠道,但是作为品牌商来说,选择什么样的渠道不是根据社会热点,而是要根据自身品牌的特点来选择。

他进一步表示,品牌的迭代和渠道的变更一直都存在,只是有人越做越好,有人江河日下,不是品牌商不想求变,而是消费者的消费观念和渠道选择变化过多。在他看来,中国的消费者不是特别成熟,很容易受社会热点的转移而转移,众多网红品牌的诞生就是最好的证明。但作为服务消费者的品牌商和渠道方,却要适应这样的多变,这就不可避免地出现在某一渠道上一哄而上的局面。但哪个渠道真正适合自己,这是更值得深思的问题。

事实上,渠道多元化也带给了品牌一股反作用力,很多品牌商出现了"渠道选择焦虑症";消费者在商品渠道可以随心所欲地选择,则加剧了品牌的"焦虑"。

2) 对品牌商而言,品牌渠道购物中心化是绝对选择吗,线上线下渠道怎么融合

我国渠道问题十分复杂,这是由于中国流通基于分层化消费需求以及多层级分销,导致渠道变革既有迭代又有叠加。

上海商学院教授、联商高级顾问团主任周勇认为,从过去的单一渠道到多渠道、全渠道、跨渠道、泛渠道,是一种变革。最初的电商其实是一种渠道站位,后来发展成为一种特定的市场,有特定的目标顾客群。如今两线(即线上线下)迎来融合时期,线上渠道已经不是按照人群来划分,消费渠道的选择也是按照内容与商品来进行。

2017年,森马确立了渠道转型升级,全面拓展购物中心店的战略方向。今年3月,森马召开了新渠道发布会,宣布2018年将在巩固原有的街铺渠道优势上,大力开发购物中心、奥特莱斯渠道和线上渠道,每年新增不低于12万平方米的新店拓展指标,其中在购物中心每年新开不低于150家。在森马服饰购物中心渠道负责人丰振看来,在这一轮的消费升级中,传统鞋服品牌也面临着产品和渠道的双重升级需求。尤其是新零售大潮下,如何做好线上线下完美融合是品牌商面临的又一难题。

作为渠道方,杭州西溪印象城总经理屠芳则表示,成熟的品牌对线上、线下双渠道同样重视,只是分工有所不同:线上做库存,走量、价低;线下做体验,如新品展示。在产品设计和供应上,两线有所区分,避免冲突。这一点得到了森马渠道负责人丰振的认同。他表示会有一些线上专供商品,价格是它们的优势,但森马有一部分产品的价格在线上线下做了一样的设置,做到线上销售线下提货。

不过,孙裕隆对此有不同看法,他认为,通过产品设计区分线上线下本身对于服装品牌而言是一个悖论,传统服装品牌习惯了把线上作为"下水道",培育出的客群与线下是两个不同的群体。

如此一来,电商与店商似乎没有真正的交融而只是交叉。周勇表示,在两线渠道下,重点不是看消费群,而是看是否打造了迎合消费者的不同的购物场景。在他看来,当前很多服饰鞋类品牌以差异化的品类设计实行两线运作,这是趋势还是权宜之计或是悖论,仍有待时间检验。但有一点是明确的,即品牌要根据消费者的生活方式与购买习惯去设计与选择渠道。

3) 从百货、购物中心渠道方角度,品牌商应如何构建自己的渠道力

品牌商在渠道问题上的困境,渠道方看在眼里。

作为新世界百货南京店、上海巴黎春天淮海路店的操盘手,万俊表示,作为甲方,他们在选择品牌的时候,主要看定位是否跟项目匹配,包括调性、风格、年龄段、价格带,还有营销方式等。无论是百货还是购物中心,新兴品牌更容易获得渠道方的关注。万俊解释说,消费者对"老"品牌(无改变无特色)的购买率在下降,这些品牌的销售也呈下滑趋势,相反新兴品牌的市场表现较好。对商场来说,多一些新兴品牌有助于提升客流量。

线上流量红利渐失,线下渠道迎来抢驻风口,但线下渠道的受欢迎程度呈现两极分化:人气高、名气大的场子成为一众品牌商争抢的对象,一些新开业的商场则因人气不足而遭到冷落。

"撇开热门场子高额租金费用不说,你的品牌是否适合这样的场子,很多品牌商考虑不多。要知道,南京德基广场每年都有众多品牌因业绩差强人意而退出,上海 IAPM 也有空铺虚席以待。所以说选择什么样的线下渠道也要根据品牌自身的定位理智决定。"万俊有感而发,"抛开大而全的热门商业体,作为乙方更应该选择在细分市场做出特色的商业体,或有着与品牌本身定位相一致的线下渠道。比如文艺青年聚集的 K11 就适合文艺小资味浓厚的品牌;家庭大众消费的业态和品牌,可以多关注社区商业,尤其是一二线城市的社区商业,此为新的增长点。"

而作为渠道本身,也要做好线上线下的融合。以上海巴黎春天淮海路店为例,在即将进行的定位转型规划中,将考虑专门设置线下店铺的线上购物渠道,当消费者在线下购物、吃饭、健身后想要购买商场内没有的生鲜产品,可以到虚拟店铺扫码购买×××超市的生鲜产品,并通过快递及时送到家。万俊认定此举是有限实体渠道的无限延展。

品牌渠道多元化是基本趋势,唯有紧贴消费者需求和生活方式,提供切实的消费方案,品牌商的城池方能在一轮又一轮的消费升级大潮中固若金汤。

（组织/联商高级顾问团　编辑/联商网　周松平）

7 连锁百强和行业的未来

2018 年 5 月 21 日,联商高级顾问团组织了主题为"探讨连锁百强榜和预测行业下半场"的第 25 期线上沙龙。

本次沙龙由上海商学院教授、联商高级顾问团主任周勇主持,邀请了超市发董事长李燕川,福建冠超市董事长林永强,利群股份副总裁、董秘张兵,招商证券零售首席分析师许荣聪,联商高级顾问团成员孙裕隆等行业专家与高管进行了在线探讨。

周勇说

首先要感谢各位分享嘉宾! 下面先回顾一下中国连锁百强。

(1) 中国连锁经营协会(CCFA)首次发布连锁百强榜是在 2000 年,发布的是 1999 年的连锁百强。

(2) 1999 年连锁百强榜,只有 97 家公司。前五位是:联华超市、华联超市、三联商社、农工商超市、武汉中商。排在最后一位的是苏州百汇,销售额是 1.07 亿元,36 家门店。联华超市当年销售额是 73 亿元,门店 606 家,按此计算,单店日均销售额约 3.3 万元。当年农工商超市的销售额是 32 亿元,106 家门店,单店日均销售额约 8.3 万元。那时的联华超市以小店为主,农工商超市因为较早进入郊县,1999 年又开办了上海第一家内资大卖场,所以单店业绩较高。

(3) 1999 年是内资大卖场发展的元年,当年上海的农工商超市在金沙江路 1865 号总部基地开了一个 118 大卖场,喊出了"中国人自己的大卖场"的广告语。边上的麦德龙扬言要 3 个月打败农工商超市,但结果是麦德龙外方老总换人。那时候的内资,虽然人才、技术、模式、管理、商品、营运等各个方面都不如外资有优势,但却很有自信,坚信我们能有生存与发展的机遇。所以,胆子特别大,敢想敢为,勇往直前。那是我国零售业黄金时代的开始,连锁百强的销售规模每年以接近 50% 的速度递增。

(4) 2005 年"连锁百强"占社零总额的比重首次突破 10%,由上年的 9.3% 提高到 10.5%。

(5) 2006 年是连锁百强年销售额增幅的一个拐点。连锁百强的销售额增幅突然从上年的 42% 下降到了 26%,以后连续多年销售额增幅持续下滑。

(6) 2007 年连锁百强销售额首次突破 1 万亿元。以后几年,连锁百强的社零占比都在 11% 左右。到 2010 年下降到 10.57%,以后逐年下降,到 2017 年,连锁百强的社零占比仅为 5.95%。

(7) 2015 年连锁百强的销售额还出现了绝对值下降的情况,从上年的 2.10 万亿元下降到 2.06 万亿元。大概也就是从这一年开始,连锁百强的销售增幅出现了两个概念:两年百强销售总额比较的增幅(较小)以及公布出来的百强企业在不同年份的销售变化(较大)。如 2017 年连锁百强销售额是 2.18 万亿元,2016 年连锁百强销售额是 2.11 万亿元,连锁百强总体规模实际增长 3%,但百强排行榜因为统计方式调整,首次使用百强对比各自去年销售,增幅为 8%。

1) 从零售行业、证券机构、专家的角度,各自看整体行业的变化,这 3 年出现了什么新的情况

林永强说

行业在过去一年主要有三点新情况:一是新零售概念及尝试;二是新生活方式引发新的零售业态迅速发展,如社区商业;三是零售业者寻求新技术新渠道。

对于冠超市而言,新的生活方式变化引发超市的品类组合变化则是我们比较关注的。同时,零售的数字化之路一定要走,供应链效率及技术变革带来的效益改善应该予以重视。

冠超市近年来重点做的事情,有几个关键词:数字化,供应链效率,新生活方式的品类组合。数字化包括工作流程,用人技术的数字化,这个数字化并不需要与资本关联。资本驱动下的新零售模型还是需要时间来验证,也是要有试错的过程。站在当下看未来,才是重点。

个人认为中国零售,尤其是深耕区域零售,还有大量的空间和机会,只是我们自己没有做得很好而已。

李燕川说

在 2017 年,最大的进步是零售人清楚怎么做零售了,超市发 2017 年销售增幅7.4%,未来发展和调整主要看措施是否得力,是否下得了决心。不折腾,做好自己。

超市发根据政府要求恢复商业网点,开新店提供更多蔬菜水果等民生商品。持续调整商品结构,突出体验化。只要适合就开店,但不盲目开店。

许荣聪说

(1) 行业从低迷到复苏。这 3 年零售行业从低迷中逐步走出,从财务指标角度看,复苏明显。我们详细分析了零售行业的上市公司的业绩情况,2017 年全行业营收增速为12.6%,3 年逐步从底部复苏的趋势非常明显,百货、超市、专业连锁、黄金珠宝四个子行业营收增速均有所提升。零售企业通过精细化管控,采用调整低效门店等形式使得 2017 年费用率有所下降,结束了此前连续 4 年的上升态势。受益于收入增长和费用管控得当,行业整体净利率有明显好转。

(2) 新零售为零售企业提供新动能。自从 2016 年年底马云在云栖大会上提出"新零售"概念之后,零售企业逐步摸索实体转型新方向,在行业回暖的情况下转型持续加速。

实体零售企业通过依托互联网巨头如阿里、腾讯等或架构自有平台,整合线下线上资源,做到双向导流,实现收入增长,部分零售企业进一步探索建设O2O生态闭环。在转型的过程中,线下门店在新理念、新技术的赋能下实现模式与硬件的双升级,呈现出了更为多元的生态,其中生鲜业态渐成新宠。同时,传统的超市、百货为了适应新零售下"人货场"关系的重构,也在积极寻求着自身角色的转变,在规模与体量上走向复合与小微,探索奥特莱斯、购物中心化与小业态运作、社区超市等业态。

(3)零售企业从推进信息化、优化供应链、内部组织体系改革这三个方面入手进行内部管控,提升效能。在信息化方面,公司数字化提升了企业日常事务的工作效率,通过线上App吸引大量用户,利用大数据分析用户需求以便指导企业决策。在供应链方面,企业利用扩大自销直营占比、供应链升级、持续推进与国内外供应商的合作等方法优化供应链。在内部组织体系改革方面,零售企业利用薪酬、股权激励,合伙人机制激发员工工作热情和企业活力。

"人货场"三要素中,未来零售会逐步转向以人为核心,围绕消费者构建零售场景。因此洞悉消费者行为习惯的变化更能在下半场取得优势。

孙裕隆说

今天来看,渠道规模增长还是当下的主要表现,单店效能增长并没有体现出来。这里的渠道规模包括新零售,店铺数量是有形渠道增长,线上是无形渠道增长,背后的成本结构不一样而已,当下要实现双增长很难。

张兵说

收购乐天对利群是个机遇,本来利群上市后走出山东的首选市场也是江苏,希望通过江苏的区域集中优势把利群的供应链整合型商业模式复制过去。

商业不能跟着概念走迷失了自己,目前的商业变革是资本和地产在推动,并非行业本身推动。商业技术革新是个方向,是行业变革的核心,其他概念需要历史验证。商业的本质从来没变过,也不会变。政治经济学上一只绵羊换两个斧头,这就是商业的本质。

2)怎样预测未来连锁百强榜的变化

周勇说

未来变化有两点:第一,现在的零售基本都是买东西的,未来零售有很多是单纯提高服务的,服务两类人,即不想动的、孤独的年轻人,走不动的、不想孤独的老年人。第二,电商走到线下以后,这笔账怎么计算,还不好说。

现在的新零售都很高傲,愿不愿意进百强,还是个问题。所以,零售新业态、区域零售商、新零售这三股力量进入百强,会改变百强结构与面貌。

按照目前百强每年的业绩增幅,门槛在3年之内不会有大的提高,除非百强结构发生变化。排在什么位置真的不重要,重要的是即使排在最后,也能活得好好的,也能深受客人的喜欢。

李燕川说

未来永辉上升可能较快。三四级城市的零售企业进入百强会多。其实百强排名只是一部分,有些企业不进百强也无所谓。

企业发展好不好才是关键。企业发展的关键是满足目标顾客的需求。研究目标顾客,迎合顾客变化,满足顾客需求才是公司的发展之路。顾客年年有变化,必须不断地了解、研究才行。顾客不知道时,要主动提示。不仅是商圈空间,还有顾客空间没挖掘。

我给自己定的好目标:企业年年指标增长,员工年年收入增长。

孙裕隆说

从国内整体人口分布和市场层级的发展来看,零售店的数量只是到了阶段盘整的时段,盘整的根本原因在于落后粗放,数字化和供应链智能化后的零售将进入新的拓展期,这个拓展期比的不再是技术和供应链,比的是谁更理解顾客谁更愿意好好服务顾客,最近永辉进步很大。

许荣聪说

近几年连锁百强整体来看相对稳定,尤其是头部企业。我们认为在新零售+行业复苏背景下,龙头企业资本优势有助于更好地进行探索拥抱变化,流量和物业优势受益线下渠道价值重估,所以连锁百强的头部应该会比较稳定。而受益于新零售的大潮,一些新兴的品牌和企业逐步崛起,在部分领域也做得风生水起,几年之后可能会进入连锁百强的榜单。

3)有分析称,新天猫未来5年内将占据榜单首位,大家怎么看

许荣聪说

其实在现在一些零售企业的榜单中(比如某些以 GMV 为衡量标准的榜单),天猫已经位居零售企业首位。近些年电商发展迅速,天猫是其中的佼佼者,随着阿里新零售布局的逐步深入,未来天猫也可能打破线上线下的界限,迎来更大的发展空间。从生态角度看,阿里的天猫在阿里体系内是最重要的一环。

4)对零售行业下半场的预测,以及你的企业下半场的计划

许荣聪说

洞悉消费者行为习惯的变化更能在下半场取得优势。从消费者研究的角度,洞悉消费者行为习惯的变化更能在下半场取得优势。

消费越来越走向细分市场,不同的消费人群需要以不同的方式运营,通过精细化的运营方式提升用户体验。

一方面,高线级城市高品质、重体验消费空间广阔,比如以盒马鲜生为代表的新零售模式和以喜茶为代表的茶饮业消费升级;另一方面,伴随低线级城市消费的崛起及城乡差距的逐步缩小,被主流平台边缘化的"屌丝需求"逐渐走上舞台,零售领域也将会涌现出更多瞄准这一群体的平台和企业,如拼多多、名创优品,由此带来的长尾效应值得期待。

李燕川说

下半年继续开店,开拓新业态,调整老店铺,组成新业态。

林永强说

作为福建企业,我们有机会能近距离向永辉等优秀的福建企业学习。冠超市现在拟新增门店很多,冠超市布局的区域市场有很大的空白点。我们还有很大的机会,我们未来的增量多来自新门店。未来,冠超市也会进入连锁百强榜,而且时间不会太久,今年我们已经进入快消品百强榜。

周勇说

我觉得,这几十年来,零售行业打过几次硬仗。第一次是本地超市与中国香港、中国台湾、日本等超市的打仗,我们完胜;第二次是从 20 世纪 90 年代开始的,外资大卖场与内资零售的战争,总体上内资胜出;第三次是区域零售商与全国零售商的内斗,区域零售商更显优势;第四次是电商与店商从两项分离走向两线融合,如今看来,电商是渔民,而且目前正好在渔汛期,收获满满,店商正好遇到干旱季,比较艰辛。但电商如渔民,店商如农民。渔民靠天吃饭,农民靠地吃饭。天有变幻莫测时,但地总在那里! 所以,店商更可靠!

(组织/联商高级顾问团　编辑/联商网　崔旭升　梁　莹)

8 零售企业数字化改造

实体门店曾经是传统零售触及用户的唯一途径,之后电商强势崛起,不断抢食线下客流,传统零售遇到了极大的挑战。而随着物流、支付等一系列零售基础环节的日益完善,线上线下的界限越来越模糊,零售企业正面临着数字化转型的关键契机。

零售企业所要进行的数字化转型是什么? 大体来说,就是利用信息技术以及大数据,优化运营管理方案,完成"人货场"零售三要素的场景化升级,从而满足及提升消费者的消费体验,丰富并改变消费者的消费方式。

目前,很多零售企业清楚转型的方向是全渠道和数字化,但似乎很难完全依靠自身的力量来实现,大家都在摸索中前行。那么,如何做好数字化转型? 在数字化转型前需要考虑哪些问题? 为此,2018 年 5 月 31 日晚,联商高级顾问团特别组织了关于"零售企业如何做好数字化转型"的第 26 期线上沙龙。

1)除了与电商合作,数字化还有没有更简洁有效的途径

"数字化并不是一个新问题,15 年前,我们就意识到信息化不是什么'补品',而是每日必需的'食品'。"上海商学院教授、联商高级顾问团主任周勇认为,当下数字化作为新时代零售挖潜增效的必由之路,犹如当年高呼"POS 是零售业的唯一出路"! 而如今,零售企业的数字化转型必须与电商巨头等外部力量合作吗?

杭州联华华商集团有限公司总经理助理程园曾是联华华商门店升级项目负责人,他表示,数字化与信息化是在不同阶段,要实现真正的数字化必须经过"电子化、在线化、数字化"这三个不可跨越的步骤,信息化只是电子化向在线化转变的过程。

按照程园的理解,实现数字化的路径是电子化——在线化——数字化。而无论是零售主体,还是采购端(商品、渠道等)、消费者、运营都不仅要物理的,也要数字的,从而可以云端运行。这自然就要线上线下统一,从而实现平台化,确保触达畅通,延伸更多的内容,如数字化运营、数字化供应、数字化媒体。基于电子化——在线化——数字化的链路,我们解决数据采集,数据引擎,运行平台的问题。线上与线下是一个平台,所以与电商的合作是不可避免的。

实体企业一直以来专注于商品、卖场运营。信息技术能力方面在一定程度上有所懈怠,没有跟上互联网企业的步伐。因此,实体零售企业做数字化第一反应就是引进外部力量,或者说寻求合作。这种想法无可厚非,可以采纳。但从每个公司的整体战略定位以及对公司未来发展的规划来看,数据安全以及信息安全是否放在首位,决定企业是否要引进合作以及与谁合作。因为实体商业拥有交易场景和流量入口以及既往的数据沉淀,互联网企业也比较喜欢和实体商业进行合作。但对于外部合作,零售企业要十分谨慎,数据是企业的核心,对于顾客信息、商品信息以及多年沉淀下来的交易链路上的数据,对任何企业来说都是十分珍贵的。

而对于零售企业数字化转型的目的,徐家汇商城总经理王斌这样阐述:尽量精准,并尽量多地采集销售数据(消费者行为),在此基础上进行大数据分析,从而有针对性地改善营销服务措施,实现线上线下业务一体化,并推动供应链信息一体化。在促进销售业绩增长的同时,实现运行各环节成本下降,进而促进企业效益增长。

实体零售企业在业务过程全数字化后,再与电商开展合作,就能如虎添翼、锦上添花。但是,实体零售企业不能把数字化这件事寄托在电商巨头们身上。因为电商企业要的是结果,而实现结果的过程需要零售企业自己完成。因此,王斌也非常认同天虹高书林董事长在 2018 联商网大会上的发言：零售业数字化进入 3.0 阶段，应由零售企业主导。

不管是否与电商合作，数字化都没有捷径可循，需要一步一个脚印地扎实推进。当然，大家可以关注行业内数字化已经取得一定成效的企业，比如天虹、银泰等，然后在学习的基础上再取长补短，有针对性地开展自身业务的数字化。

2) 企业在实施数字化管理的过程中，将会经历哪些步骤

程园提出，对于数字化改造，要明确我们需要哪些数据，怎么获得这些数据，怎样运用数据，又能赋能什么，顺应卖场的运营端、采购端、顾客管理端就需要进行数字化改造。而数字化改造的第一步就是电子化。

电子化的改造成本非常巨大，实体门店数量非常庞大。就联华华商来说，如果对现有的 100 多家大卖场同时去改造，资金投入十分巨大。同时，电子化改造的工程量也非常庞大，电子化改造的内容要充分设计与规划，但架构师、产品经理等电子化人才又十分稀缺。

实体零售企业对营运端、采购端以及顾客端到底要改善哪些内容？ 如何分步去实现才能带来更大的经济效益，能够更好地促进顾客服务以及商品销售？

以联华华商的卖场营运端为例，要洞察识别顾客，从进店开始就确认顾客的身份，这个时候需要投入大量的人脸识别系统。在顾客购买决策过程中，如何去洞察顾客拿起放下的原因，如何刺激顾客去购买？ 如何去构建我们的智能定价？ 这就需要收集对应的天气、价格指数、商品生命周期、陈列位置、商圈特点等数据。此外，营运端数字化还有很多事情要去做，像智能补货、资源管理等，包括很多管理上的数字化的内容都在思考建设过程中。另外，采购链路的数字化，首先还是要做电子化，如何构建商品总集，构建商品图库、视频库等。

王斌认为零售业要实现数字化，需要具备以下三个基本条件：

(1) 具备对现有零售业务深入分析和理解的能力，并能提炼出数字化的具体业务需求，这个能力恰恰是传统零售人的专长所在。

(2) 具备理解零售业务的 IT 研发能力，能够对线下零售业务需求在深入消化吸收的基础上，提供有效的技术解决方案。

(3) 具备强有力的系统实施能力，数字化过程就是业务流程再造和管理重塑的过程，需要协调大量利益关系，如果没有强有力的推手，即便推动数字化也很难达到预期效果。

同时，王斌梳理了徐家汇商城的数字化过程，大致可以分为五个步骤：

第一步，业务电子化。现有零售企业一般都已通过 MIS 系统、CRM 系统等进行收款环节的电子化。但应该看到，收款只是完成销售的第一步，还需要从财务角度实现自动的促销计算、保底计算、扣点变动计算，不能再用手工计算参加促销活动的应收款金额，更不能靠手工去后台计算各种促销活动的结算成本。在系统自动处理完成上述工作后，还要能够精准地将计算结果推送给用友、金蝶这些财务系统,并最终实现与供应商的资金往来,这才是完整意义的业务电子化。

第二步,营销数字化。利用现有的技术手段,将会员、卡券、支付宝、微信等各种营销工具与原有系统对接,实现与顾客互动的数字化。

第三步,商品数字化。以商品数字化为核心,实现单品管理,并围绕单品管理,将商品、库存、下单、接单、支付、会员、结算等过程的高精度数据记录,为经营者开展大数据分析提供基础信息。

第四步,全渠道数字化。实现线上线下商品、库存、促销、会员等实时同步,顾客随时随地可以触达。这里最重要的一点,是实体零售管理者要运用互联网思维,就必须摒弃局域网思维,把自己的系统与互联网对接,主动拥抱互联网。但是在数据安全、信息共享等方面,还会碰到许多观念障碍和技术难题。

第五步,供应链数字化。实现生产商—品牌商—零售商(线上线下渠道)的全供应链信息数字化共享,这样可以大幅度消除供应链浪费,有效降低参与供应链运营的各家企业(包括电商平台)的数字化成本。

在实践过程中,以供应商的商品编码为商品数字化核心,并以供应商的商品编码为基础建立"公共商品云",一旦实现,就能够做到任意一家门店完成商品数字化后,其他门店不必再对商品数字化投入重复劳动,可以极大限度地提高数字化效率。同时还实现了线上与线下各门店信息完全统一的目标,为跨门店、跨平台大数据采集和分析打下很好的基础。

3) 企业在推进数字化过程中到底遇到了哪些障碍,如何解决

传统零售企业在转型过程中必然伴随着困难与挫折,推进数字化会遇到哪些障碍,要怎样解决这些问题呢?

程园说,联华华商第一家门店是 1997 年开业的,当时就使用了电脑化管理库存。如今推进数字化转型,数据体量非常大。原来构建的架构也是本地服务器形式,如何让所有的数据归集以及各个系统进行数据汇总等基层数据迁移,如何保证数据安全准确地切换到云端是一大挑战。

同时,程园认为,行业长期培养的是超市经营人才、管理人才、采购人才,对信息人才的培养相对来说有所不足,这样一来对实体零售的数字化改造来说,就会遇到如何吸引人才、留住人才的难题。

此外,技术改造以及构建自己的软硬件会碰到资金方面的挑战。技术和设备投入会遇到比较大的资金需求,而实体商超在经营思维上往往会首先考虑投入产出比,技术改造投入不是在当下就能产生明显效益的,所以就需要公司的长远战略规划来平衡。通俗地讲,实体商业是用卖馒头的钱来做创新推动变革。

总的来说,推进数字化会遇到技术层面、人才层面和资金层面这三个因素的制约。

王斌实地调研了目前市面上主流的数字化解决方案后得出结论：绝大多数的实体零售企业都还处于营销数字化阶段。即便有少数企业尝试开展商品数字化工作，但是也做得非常辛苦，需要通过现场管理人员以"人肉"方式实现数据同步。这使得系统实施难度大幅度提高，管理人员、营业员的抱怨都非常多，迫切希望管理层能推动零售系统与供应商系统之间的无缝对接。但是，从目前来看在实现数字化信息共享方面，还没有特别成熟的解决方案。

零售数字化不是一蹴而就的，需要有打持久战的准备，一线人员的基础工作、执行情况将是数字化成败与否的关键。王斌举例称，有的企业把商品数字化的工作交给营业员去输入新品，但在实际开单时，营业员只注重生意成交，采用套码方式开单，导致实际结果成了价格码数据，乃至大类码销售数据，数字化指向的大数据采集目标根本无法实现。错误的数据比没有数据更糟糕。

此外，零售数字化一定会伴随现有组织架构、业务流程的改造，一定会涉及利益关系的调整，需要最高决策者亲自来推动实行，确保数字化过程不变形，不走样。

王斌认为，微信、支付宝是非常好的引流工具，但如果他们没有提供系统的解决方案，指望微信、支付宝来主导零售业，数字化短期内还看不到成功案例。即便是阿里系最嫡亲的银泰，在商品数字化方面都还在苦苦探索。对绝大多数没有选择站队的实体零售企业而言，应该思考数字化问题，寻找好的解决方案，但在没有想清楚，也没有彻底下决心吃这个苦之前，他并不主张盲目下手开展数字化。

4）主持人总结

零售数字化是趋势，但目前仍没有清晰的方向，大家都在摸索中前行。周勇认为，零售从业者应该海阔天空谈，脚踏实地做！在做数字化的过程中，千万不可冷落了消费者，做好服务是根本。人是感性动物，买与不买，消费与不消费，都是一念之差的事情。

（组织/联商高级顾问团　编辑/联商网　张占英）

9 ｜ 零售人的幸福观

零售业是一个古老的行业，从业者多，门槛低，竞争压力大，加班出差是常态。与此同时，零售也是一个传递幸福的行业，能得到顾客的一个肯定和微笑就很满足。

联商网特别策划"幸福是什么"，一起来关注行业人的幸福感，看看他们眼中的幸福是什么模样。为此，2018年6月26日晚，联商高级顾问团特别组织了主题为"幸福是什么"的第27期线上沙龙。

本次沙龙由上海商学院教授、联商高级顾问团主任周勇主持，并邀请了新世界百货创新事业部高级总经理、上海巴黎春天（淮海路店）店总万俊，京东商城线下零售拓展部、江苏区域拓展部总经理杨绪吉,冠超市区域店长钱凤丽,五星电器常州店店长蔡斌,唯捷城配市场总监刘进,闪电购市场总监张玮参与线上讨论。

1) 是否喜欢这个行业,当初是什么让你坚持了下来

幸福不同于快乐,快乐可以是一时一地,一景一物,一人一事。但幸福肯定与人的生活态度相关。有些人,无论身处何种境地,都能感受到幸福;另一些人,无论拥有什么,都感到没有满足。

从家庭与行业实践出发,周勇谈及了他对零售人"幸福"的感受:有一种幸福不能等待,从父母的幸福中去感受幸福;工作的业绩,老板的肯定或事业的成功,虽然不是幸福的全部,但却会对人生的幸福感产生巨大影响;幸福也来源于身心的自由,身心受到束缚的人生,虽然也能体验到幸福,但那是畸形的幸福。

从文员做到店长,深耕零售行业 12 年的冠超市区域店长钱凤丽表示,进入零售行业很偶然,到目前为止,还没出现"不喜欢"的想法。她认为,在行业中,跳槽不是解决问题的办法,而且频繁跳槽的后果是让人觉得缺乏忠诚度,从而影响工作发展。实际上,每个公司都有自己的问题,与其频繁更换环境,倒不如在当下就把问题解决掉。很多问题当你真的想要去解决的时候,或许并没有那么难。

有人天生热爱零售,有人把这个行业当成是对自己的挑战。京东商城线下零售拓展部江苏区域拓展部总经理杨绪吉表示,真正开始涉足零售行业是在 2017 年年初,算是半路出家,零售行业谈不上喜欢还是不喜欢,目前选择京东之家和京东专卖店的线下拓展,对自己来说更多的是一个挑战。

闪电购市场总监张玮则称自己只能算"半个"零售人,加入闪电购之后才接触零售行业。他认为人就是在处于追寻幸福的过程中,包括自己的学习、工作,甚至是每个选择。从进入媒体、软件公司,到在阿里巴巴任职近 10 年,张玮基本上都是在线上,对零售行业没有太多融入感。在闪电购这两年,张玮通过观察各地零售企业,看到了很多真实、丰满的东西。杭州联华、物美、永辉、盒马等开了哪些店他都知道,现在觉得自己融入了杭州这个城市,也越来越喜欢零售行业。

从基层营业员进阶到五星电器常州店长的蔡斌分享道,大学毕业那会儿,对于零售行业并没有本质上的认识,更无从谈起喜欢与否。而从营业员到店长的路上一路走来,是不断验证个人对市场的见解的过程,在失败中积累,在成功中向上,得到一步步肯定。有时候越想这个行业,感觉越是好玩,它是一个见招拆招的过程,人人都有好胜心,当一次次奋斗,取得成绩之后,也就对这个行业产生了认同感。

零售是一个辛苦的行业,但有的人做一行爱一行。新世界百货创新事业部高级总经理、上海巴黎春天(淮海路店)店总万俊表示,刚进入零售行业时,真谈不上什么喜欢,也就是一份职业而已,不过随着从业时间的增加,开始寻找到了其中的乐趣。自己从事商业近 20 年,基本上就待过金鹰、万达、新世界 3 家企业,之所以能一直到现在还在从事商业,可能是跟自己不喜欢随便跳槽的性格以及所接受的"干一行爱一行"的教育有关。

进入物流行业 6 年,既是零售人又是物流人的唯捷城配市场总监刘进认为,作为一家以仓配一体化为主要产品的同城物流企业,对客户始终是保持着一颗谦卑之心去做服务。我们首先是零售的服务商,是物流人,如果从产业链上下游的关系看,我们也是零售人。通过服务去获得客户的尊重,从认知、认同到认可,这也是这个行业的重要价值。

2) 从事零售业压力很大,平时是怎样释放压力的

零售业竞争压力大,加班出差是常态,如何释放压力非常重要。在钱凤丽看来,工作压力是一个老生常谈的问题,每个人职业生涯中都会碰到瓶颈,你熬过去了,而别人没有熬过去,你就领先了。怎么对待压力,主要还是看自己怎么去调整自己的心态,工作中遇到困难很正常,总的来说,心态好,一切都会好。

对于压力,张玮认为,压力是你有没有认为这个事情是自己的事、自己想做的事。自己要做的事情,不会觉得有压力,最多是觉得累。如果是为了满足公司的 KPI,的确会有压力,因为你不知道是不是你想要做的事情,主要是为了满足别人要的结果。我比较喜欢创业公司,去学习和挑战未知的东西,所以很少感受到压力。虽然可以通过看电影、看小说缓解压力,但解决根本问题的,还是回到工作中去看事情的目标和结果。

面对压力,不同人有不同释放压力的方式。每个人都有自己的减压方式,万俊的减压方式就是运动、健身、流汗。杨绪吉认为,零售业的压力更多的是来自销售 GMV 和毛利的压力,来自门店没有人流的压力。而个人释放压力的方式主要是爬山,或去轻松场所放松。蔡斌则表示,零售行业的压力时刻存在,压力释放需要通过思路的改变来缓解。零售行业的销售、利润、费用等 KPI 都是冷冰冰的数字,需要从追求结果过渡到追求过程。

零售和物流都是非常辛苦的实体行业,越是节假日大家都休息的时候,越是从业者最忙碌的时候。零售人脚踏实地不浮躁,努力地为消费者服务,物流也是如此。零售门店货架上琳琅满目的商品,需要每天进行补货,离不开仓储和配送的支持,如果赶上大促、店庆、节庆,零售物流的压力确实很大。此外,物流成本太高,降本增效的趋势,要求库存要高周转,精益管理,配送要快,精准交付和履约,不要有货差货损,不要迟到。任何环节出问题,都是环环相扣,如果真的发生物流的问题,或者因为物流的问题影响客户的生意,从服务商的角度讲,内心也会十分自责。

如何解除压力,刘进认为,心理上不要先入为主认为压力是坏事,不然遇到压力就会条件反射地抵触,言行举止会很消极,会影响到别人,而且负能量对自己的健康也不好。他表示,遇到压力要自我暗示,把它当成一个新的挑战,接受它,完成它,久而久之,也不再畏难。甚至停不下来,喜欢找有挑战的事去做,这可能是创业公司人的普遍特征。

自由投资人周泓认为：以图 3-1 为例，可以看出压力对人对物都有重要影响，适当有点压力是必要的。

首先，根据我们对自身的认识，确定压力承受的范围，这对应着图中的智能层；其次，将这些对自身的认识，规则化，制定校正的规则，对应参数自适应层；在实践中实现压力自适应控制，对应基础控制层。由于这也是闭环控制，不可避免地将存在自激振荡的隐患（也就是始终找不到合适的度，忽高忽低）。想要适度利用压力，首要前提是解决智能层，也就是要对自己有深刻的认识。

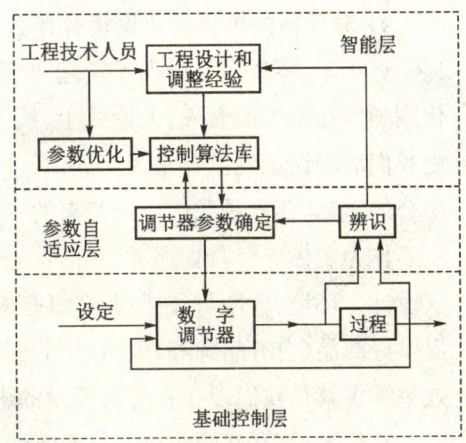

图 3-1　压力图
（作者：周泓，自由投资人）

3）在从事零售行业的时间里，你最幸福的事情是什么

钱凤丽认为，幸福之事莫过于自己从事零售行业被人认可，老顾客再次光临就是对自己的认可，团队同事肩并肩砥砺前行就是一种认可，每一次工作岗位变动，都带着公司赋予的更大的信任和自身肩负的责任。例如，去年被评为"黄山岩松杯"2017 中国商超卓越店长，更是行业内的认可与公司团队的荣耀。

6 月 16 日，京东五星电器首家无界零售体验店在河南洛阳开业，未来将在浙江连开三店。在蔡斌看来，人对于新事物始终保持激情和期待，能够参与到以后京东和五星合作线上借势、线下体验的过程，也是一种幸福感的获得。

万俊认为，最幸福的事，便是企业的成长，自己和员工的成长，合作伙伴的成长。比如，新世界百货南京店 5 年转型，到现在成为"老旧物业的传统百货转型案例"，这样的满足感和幸福感是巨大的。张玮表示，自己接触零售企业创新部门的人相对多一点，他们有激情，喜欢挑战，喜欢接触和尝试新事物，这是一件幸福的事情。

关于幸福，刘进说，首先是要热爱，热爱自己的工作。纪伯伦的《先知》里有这样几句话：从你的心中抽丝，织成布帛，仿佛你的爱者要来穿此衣裳；热情地盖造房屋，仿佛你的爱者要住在其中；温存地播种，喜乐地收获，仿佛你的爱者要来吃这产物。

只有热爱自己的工作，才会愿意花时间去投入，让自己变得专业，才会有能力去满怀服务和奉献的心意，为被服务的人创造幸福，而好的体验是可以被感知的，被服务的人一定能够感知到这种幸福。

在服务零售通时，618 大促当天第一单配送的时效是 37 分钟，刷新了去年"双十一"72 分钟的首单配送时效，那种能够给客户带来成功的感觉让人心潮澎湃，这是一份注入热爱的事业，客户收获了幸福，我们也收获幸福。幸福归根结底就是热爱，热爱工作，热爱事业，热爱奉献。

4) 对目前的零售行业现状有什么看法,有哪些好与不好

近年来,零售行业出现了新趋势新变化,中国几千年零售发展史从未像今天这样变化剧烈。在钱凤丽看来,无论线上、线下还是全渠道,都是形而上层面战略概括,综观历史我们清晰认识到世界是多元的,行业亦是如此,并不是单一一种业态或者"物种"可以统合的,求同存异是我们应该持有的一种态度,好与不好只是暂时的。

作为实体店经营管理者,我们首先传承"商品"与"服务"两个基本要素不变。购物场景设计与环境(软性与硬性)营造既是对顾客不变的承诺,更是坚决执行公司供应链系统提供好商品(自有品牌等)策略,培养团队接班梯队。以开放的心态接受技术革新带来高效率零售就是我们现在和将来要做的事情。

蔡斌表示,高度同质化的行业特性,让我们往往用价格竞争和宣传由头来吸引顾客,而不是通过不断地研究商品和服务来满足顾客的需求,这一状况非常令人担忧。实体店的顾客,目前对于价格还是高度敏感的,家电行业同质化程度太高,所以现在大家都在做差异化产品。

7-Eleven便利店如今虽然和过去差不多,但服务细节十分出色。虽然经过十几年发展,但中国很多零售门店并未做到7-Eleven这种水平。张玮表示,最关键的是时代在变化,今天在讲消费升级,行业中过去是好的东西现在可能要做改变了。整体来讲,现在零售行业的保守心态居多,变化创新的比较少,动作比较慢,而在20年前,零售行业的大部分企业还是创新的。这个局要怎么破,我觉得是行业需要关注的。

杨绪吉认为,客户的体验永远是第一位的,客户的感知在变,但店没有变。目前的消费者对于品牌的追逐度也越来越高,而且这个群体正在逐渐扩大,品牌的集中度也会越来越高,需要引起注意。

在万俊看来,过去的商业太好做了,好做到不需要投入太多的精力,只要开个商场(超市)就可以赚得盆满钵满,那是因为人民群众物质生活严重短缺,而不是我们商业人的能力体现。

而现在,我们要在越来越多的商业体中脱颖而出,要在不断变化的顾客需求中找到方向,更要在科技日益普及的当下,绞尽脑汁,投入大量精力去改变创新。而且,顾客会用脚来投票。因此必定会有优秀的商业体再次赢得顾客认可。目前,商业氛围太过浮躁,工匠精神在我们这个时代,在我们这个行业成了稀缺品,这是遗憾之处。

最后,周勇作出总结:好的方面是零售终端前移,不好的是套路越来越多。第一,不要让人察觉到在被忽悠;第二,更便利,别给人添麻烦;第三,要有质感,包括商品与服务。

(组织/联商高级顾问团　编辑/联商网　诸振家)

10　剖析中国便利店

数据显示,便利店已成为实体零售企业中增长最快的业态,中国市场也成为全球企业的必争之地,潜力无限。但是,在高增长下面临着来自店效和成本的双重压力。

如今,中国便利店行业呈现出哪些新的趋势?未来如何突破?为此,2018 年 7 月 19 日晚,联商高级顾问团特别组织了主题为"剖析中国便利店"的第 29 期线上沙龙。

本次沙龙由上海商学院教授、联商高级顾问团主任周勇主持,并邀请了见福便利店董事长张利、罗森中国董事兼副总裁张晟、太原金虎便利店总经理赖正泰、联商高级顾问团成员赵蓉、朗然资本创始合伙人潘育新、盒马鲜生 CEO 侯毅等参与线上讨论。

1)　中国未来的便利店发展潜力

相关数据显示,日本目前大约有 5 万家便利店,中国有 10 万家,但日本便利店的销售额却是中国的 5 倍。日本 2008 年便利店销售额甚至超过百货公司全行业销售额。中国目前主要有连锁便利店、加油站便利店、深入社区的传统杂货店、各种新型便利店等,其中连锁便利店销售额仅占社零总额的 0.52%。

显然,中国便利店和日本便利店在业绩上的差距是巨大的。从平均日销这个角度看,罗森中国董事兼副总裁张晟表达了他的观点:日本便利店的平均日销为 45 万～65 万日元,综观东亚地区,各国各地区竞争业态不同,我个人认为,中国要达到日本的平均日销还是有难度的,中短期内很难看到。

按日本每 2 200 人一家店来算,中国应该可以达到 70 万家。但我们要注意,以早餐为例,在日本,便利店几乎没有其他竞争对手,由于日本政策的开放,便利店可以做油炸食品,所以麦当劳没有败给吉野家等快餐连锁,而是败给了便利店。

以面包为例,中国人的消费量只有日本的三分之一,主要原因是我们中国的早餐比较丰富以及中国人的口味挑剔。在店的数量上,增长空间中长期能够达到或接近日本的比例。

究竟是什么原因造成如此大的差距呢?张晟认为,企业外部因素方面:一是周围竞争环境不同造成业绩差;二是产品拓展受到政策层面的限制;三是细分化产品的供应受限制过多,有些需要的商品便利店拿不到。

内在因素方面,首先是由于国内便利店在商品研发和采购环节还有非常多的余地;其次是买手不足,不会看商品;最后是这些年养成的进场费、开户费让许多缝隙商品难以进入,同时收了费用再裁掉,就会有纠纷,造成产品更替不足。

针对这个问题,罗森对一些只有三五个单品的供应商与大品牌供应商有不同政策。

联商高级顾问团成员赵蓉分享了 7-Eleven 的案例。日本 7-Eleven 开发商品,会协助供应商降低成本,寻找最适合的原材料。一个负责商品开发,一个负责全力销售,达到共赢。总部是支援店铺的,组织架构是倒三角,最上面是顾客,一切以顾客为中心。为了达到销售目标,商品力提升尤为重要,开发鲜食商品,运营部要负责试吃。运营部认为口味需要调整的,商品部要求供应商去调整,直到运营部满意了,再下订单进行销售。总部每天有一项必做的工作,就是对鲜食口味的试吃。鲜食开发如果不能让顾客产生二次购买行为,则鲜食开发是失败的。对于人气商品,也会不断进行微改善,微改善也许顾客不能立刻感觉到微妙变化,但是同样的商品一直销售,这样的商品会越卖越不好卖,所以要坚持微改善来进行商品升级。微改善就是与竞争对手的最好差异化。

因此,赵蓉认为,零售行业有很强的区域特性。因为它与当地消费者的生活息息相关。做跨区域性的连锁零售,关键是管理理念的统一,思维方式的统一,人员价值观的统一,而不是模式的统一。

不过,盒马鲜生 CEO 侯毅对于便利店却一直不太看好,大概在一年前他也讲到,现在是"钱多人傻"的时代,出售是最好的选择。未来,利用新技术和新餐饮设备,以中央工厂的能力,一定会创造出很好的体验早餐解决方案出来。

侯毅认为,从品类的核心竞争力来看,便利店的几大核心竞争力在移动互联网时代都受到了极大的挑战。

(1)便民性服务支付宝和微信支付已经全面取代,这部分刚性流量大幅下降。

(2)即食品类,午餐和晚餐、夜宵市场受到美团和饿了么的巨大竞争,早餐由于客单价较低,受电商的冲击较小。

(3)饮料等标品部分,家庭消费受新零售的竞争,便利性受到大量的无人设备的竞争。

(4)香烟,受国家保护,影响不大,但是申请牌照同样很难,且城市吸烟人数在持续下降。

(5)24 小时夜间服务,新零售和很多餐饮都把夜间服务延迟到凌晨 1 点,所以目前除早餐市场外,便利店没有一个其他品类有很大的竞争优势。

便利店目前都在大幅增加餐饮部分,但是从品质和口感来讲,还是很难和餐饮业竞争,除非变成餐饮便利店。

2)行业竞争格局

目前,7-Eleven、罗森、全家等都已经超千家。国内也出现了不少规模化经营的本土便利店,从上海独大到全国发展,如快客、好德可的、美宜佳、见福、金虎等,此外还有易捷、昆仑这两家加油站便利店。

实际上,我国本土便利店的发展仍然处于区域化发展阶段,各地都有自己的便利店品牌。

为何我国很少有全国性的便利店龙头企业?我国便利店品牌的整合与发展,会遇到哪些需要突破的问题?结局会有哪些可能?

对此,张晟表示,未来中国也会出现像日本一样的全国性大品牌,也会向上集中。但和日本不一样的是,同一品牌也许会有不一样的不同形式同时存在。

在张晟看来,供应链的整合＋分区域的授权与产品开发是品牌跨区域发展的核心,集权模式没有前途。千店一面,第几代店的模式在中国没前途,放权与底线管理做得好的企业才有未来。我更喜欢叫便利店为便利站,想象空间就大了。

见福便利店董事长张利也表达了类似的观点:中国大陆的便利店发展阶段是属于这个状态,大多数本土便利店都是小投入、小经济实体,他必须找到一种生存方式,而日本、中国台湾的便利店都是大企业在支撑,这是个巨大的差异。张利也表示,未来便利店的主流形式会是特许加盟,由批发型升级为制造型便利店。

朗然资本创始合伙人潘育新从咖啡行业的角度表达了自己的观点。他认为,新的消费者就是现在的学生,例如他们在成长过程中就自然认知咖啡,因此比我们这代更容易接受咖啡。便利店也一样,年轻人才是未来,外食比率应该更高。未来无人零售等更多细分业态也会成为一部分年轻人的优选,如果技术进步更快的话。到家模式也是,都是近场零售,瑞幸咖啡是个现象级趋势。

太原金虎便利店总经理赖正泰表示,国内便利店商品采购政策,以收费为主轴居多。此外,目前国内便利店与标超、大卖场等存在商品结构同质性过高等问题,而国内便利店是供应商导向,外食比率应该更高。

3) 借助互联网技术做好数字化营销

在便利店营销尤其是数字化营销、搭建开放的营销架构与移动获客、服务前移与服务项目跨界拓展、新技术应用等方面,有哪些想象空间?

张利认为,科技应用很重要,但要小心唯科技和伪科技,商业企业不要当小白鼠,活下来是硬道理,借助人工智能和科技的力量,认识客户,感知客户,理解客户,满足客户需求。

具体来讲,在见福的门店里头,38%的男性买过卫生巾,抽烟的人数总量没有发生变化,但更年轻化和女性化。男性购买计生用品,大多为小盒装,年龄多为 30 岁以上,最高可达到 68 岁。女性多为 30 岁以下,买的大多为大包装。

因此,我们可以具体知道哪一个客户,购买的红牛最多,啤酒最多,来的次数最多。当然也有黑名单,为我们以后的精准靶向营销做好充分的准备,不需要提供号码,一张脸就是自己的 ID。根据他上一次购买的牙刷,快 3 个月的时候就提醒他该更换了,通过区分对待,由原来的喷灌,到后面的滴灌,再过渡到靶向营销。资源是有限的,应该放到最重要的部位。

"当然要注意我们的阶段,我们的实力,我们的生存,我们的社会地位,中国便利店的路很长。不是比谁大,不是比谁强,不是比谁新,是比谁活得久。从不知道到知道再到做道、悟道,每一层都像翻山越岭一样,尤其是 N 对 N 的对比,前端人脸的数据化非常难。

当然,成本控制难,转化为收益就更难了,相信明年会更好一些。"张利也坦言。

潘育新则认为,过去我们传统零售理解的数字化太窄太狭隘,现在越来越觉得数字化真的重要,潜在价值很大,便利店也要重视,便利店的数字化和智能化潜力也是巨大的。数字化要从货的数字化,发展到人的数字化,再发展到场的数字化,未来零售商不仅要知道消费者买了什么,还要知道每个消费者具体买了什么,最终要知道消费者没买的原因,所以未来场的数字化空间巨大。通过智能硬件和系统采集数据,对消费者的全购物行为进行分析,补齐弱于线上零售的短板。

周勇总结,这次其实讨论了三个问题:发展格局问题,业绩差距问题,数字化改进问题。

(1) 有一点可以明确,我国便利店今后的发展将会形成三种力量:一是从线下起步的品牌连锁,如易捷、昆仑、美宜佳、好德可的、快客、良友、全家、罗森、7-Eleven 等,门店数超过 10 万家;二是传统的私人杂货店,保守估计全国超过 600 万家;三是从线上走向线下的便利店,如京东便利店、天猫便利店等。发展趋势是,传统杂货店减少,通过加盟转型为连锁便利店。

(2) 连锁便利店在中国呈现多元化模式,如干道型的加油站便利店、城市型便利店、旅游型便利店,当然罗森还发展了更多形式的便利店。在中国,便利店开始卖菜了,有人甚至挂出了社区便利超市的招牌,如苏果。

(3) 年轻人为了多睡 10 分钟,很多人都不在家吃早饭,而是在上班的路上去便利店买早餐。所以,便利店的早餐,是在培养习惯。

(4) 未来社零总额达到 50 万亿元,约在 2020 年,这个时候食品支出大概有 15 万亿元,会不会是这样一个结构:外食达到 5 万亿元,中食达到 5 万亿元,内食也是 5 万亿元。

(5) 新一代消费人群对便利店的新需求,是需要我们去探讨的。所以,未来便利店,不是一种或几种,而是很多种,差异化是主流。凡是解决不便利问题的店铺,就是便利店,所以,便利店要让消费者去定义。

(6) 数据+算法+算力 = 大数据+智能化 = 自动化+无人化,算力就是芯片。我们不得不相信技术,凡是技术能到达的地方,价格就便宜;凡是技术不能到达的地方,价格就贵。看来便利店的客层、商品、技术、营运、管理都要改变。

数据显示,便利店已成为实体零售企业增长最快的业态,中国市场也成为全球企业的必争之地,潜力无限。

(组织/联商高级顾问团　整理/联商网　杨宇、梁莹)

11 资深操盘手纵论杭州商业发展

2018 年 5 月 28 日,港资房企恒隆以 107 亿元的价格拿下杭州最贵地块,引发行业热议。随着恒隆的入驻,杭州商业也让人有了更多的期待。恒隆是优质港资发展商的代表,旗下的恒隆广场被视为高端购物中心的代名词,它的到来注定将为杭州商业抹上不一样的色彩。

联商网特别策划"杭州城市商业冷思考",一起来关注杭州资深商业操盘手如何看待恒隆入局? 会不会改写武林商圈格局? 又会在杭州掀起怎样的商业风潮? 值得每一位在杭商业地产人士深思。

为此,2018 年 6 月 28 日晚,联商高级顾问团特别组织了主题为"杭州城市商业冷思考"的第 28 期线上沙龙。本期沙龙由联商网副总经理、联商知了壳负责人方献礼主持,并邀请了西溪印象城总经理屠芳、国大集团商业管理分公司常务副总裁俞雷、奇客巴士及栖悦城创始合伙人王剑强、杭州天虹购物中心助理总经理戚奇佳、联商高级顾问团成员郭歆晔参与线上讨论。

1) 恒隆入驻杭州带来哪些影响

恒隆作为全国性开发企业,保持了港企特有的情怀,所造商业令人印象深刻,面对如此"巨鳄",杭州商业人持何种态度?

同为武林商圈,未来与恒隆直接"做邻居"的国大想必感受颇多。俞雷表示,杭州的全国性大佬已经不少,恒隆的到来是好事,但要说对杭州商业改变的标志意义,可能还不及当年万象城开启杭州购物中心时代的意义;事实上,恒隆来了,是武林商圈的升级,这是利好,相比其他省会城市,如南京的新街口等,武林商圈早应加大更新力度了,这是一个城市商业发展的必然驱动力。

恒隆会给武林商圈内的现有商业带来影响,那远离武林商圈的区级商圈的心态又如何呢? 地处城西商圈的西溪印象城近年来发展势头很猛,对恒隆入驻是持欢迎和期待态度的。

屠芳认为,看看目前市中心延安路一条街上,银泰武林总店、in77,西湖银泰城,加上被托管的杭百……已经被银泰统治,随之而来的是每个商场品牌的雷同,杭州的商业需要一些新的同行,带来不同的新品牌。对恒隆的期待,是希望杭州也有个标志性的打卡点,就像成都太古里、上海 K11,但恒隆能否担此大任,有待时间的检验。事实上,恒隆的聚合效应不会影响西溪印象城的相关经营,因为武林商圈辐射的是整个杭州乃至浙江,但西溪印象城以做好城西商圈为主。

好的项目进来,意味着品牌商家的选择性更丰富,近年来在"黑科技领域"发展迅猛的奇客巴士有什么感受? 王剑强表示,杭州由一条延安路向多商业中心发展的格局已经形成,商业发达的城市必须存在不同形态的商业体,这是竞争环境导致的,但杭州缺失这种竞争,恒隆尤其是奢侈品类的操作经验十分丰富,对杭州来说是利好的。恒隆入驻武林广场后,势必会打破商圈人流和车流动线以及业态组合,至少会激发其他商业企业主动变革的动力,与杭州大厦、武林银泰、国大城市广场等商业一同将整个商圈的商业集中度提升。不过虽然上海恒隆广场做得还可以，但要在杭州继续做奢侈品，市场如何有待证明。

联商高级顾问团成员郭歆晔认为，前期来看的话，由于位置偏后且规模有限，恒隆最多也就新引入了个别首店或从杭大拐跑个别大牌，对商圈影响估计不会太大，除非能和对面的华润绿城项目联手优势互补。如加上规划中的二期项目并能联通地铁站，则影响力能有望提升，并与一旁的银泰武林总店、华润杭州中心协同优势互补。如果恒隆、华润进展顺利，或有望形成如成都春熙路太古里和IFS隔街双赢的格局，整个武林商圈东西两翼起飞，地下的杭州大厦中央广场勾连东面的银泰、恒隆和西面的杭大、国大。

2）当前杭州商业是否仍未改变百货主导的局面

根深叶茂的百货业，是杭州商业水准的最好代表，杭州大厦、银泰百货是全国标杆。如今商业变迁十余载，万象城开启杭州购物中心时代后，不少知名购物中心已然入行，是否意味着杭州商业改变了百货主导的局面？

俞雷称，杭州的百货仍然占据一定地位，牢牢把握了销售头把交椅，但从全杭州总量来说，购物中心已经占据大部分份额，从整个城市的市场份额来看，已经是购物中心的天下了。

杭州天虹购物中心助理总经理戚奇佳表示，百货和购物中心并不冲突，完全可以融合，目的就是吸引客流，杭州天虹也是为了吸引客流，去百货和超市后，形成了显著的餐饮、儿童业两条腿走路的局面，加上健全的生活配套和一部分零售，能满足周边绝大部分社区居民的需求，也能快速占领城东板块。想在杭州再做一个百货店，不是一般企业能完成的，百货虽然也在增加餐饮等辅营业态，但受制于原来的高租金和固有思维，做得并不彻底。

王剑强则认为，随着万象城、来福士、大悦城等项目进入，杭州商业正丰富多彩，虽然主要势力还是银泰和杭大，但购物中心的崛起不容小觑。购物中心的未来一定是区域化、社区化。同时，社区商业发展也迫使城市中心商业改变，改变经营策略、结构等。因此未来商业发展将会是两个方向：一是在城市中心的商业体以实体高端店为主导；二是生活社区化。

屠芳从百货和购物中心的区别入手认为，百货注重经营商品，购物中心注重经营场地，所以购物中心能满足区域顾客休闲、娱乐、社交的需求，而百货在重大节日集中购物，依旧发挥着主导作用。同时，屠芳援引王总（王剑强）的观点，并表示，未来商业的两个方向：一是在城市中心的商业体以实体高端店为主导，满足品牌购物的需求；二是购物中心在承担购物功能的同时，更多承载体验（包括餐饮、培训、儿童娱乐）等社交功能。购物中心区域化，会越开越多，百货商场则会集中化。

方献礼总结：杭州百货店的经营格局并没有改变，而百货在重大节日中仍旧发挥它的主导作用，目前依然是银泰和杭州大厦的天下，但是购物中心，尤其社区购物中心，及其他业态确实会凸显越来越旺盛的生命力。整体而言,百货店的占比越来越小了。

3) 杭州各商圈发展讨论

武林商圈光环是否在退化? 其他商圈有哪些发展机会? 市场空间是否饱和? 新技术互联网时代,对商圈是否有影响?

随时经济和轨道交通的发展,杭州走向多中心的趋势不可阻挡。城市发展的初级阶段,供应集中在少数核心区域,但如今供应已经进入新常态。武林商圈的城市更新速度不快,相比其他城市的核心商圈,在建筑格局、空间体量等方面都落后了,但是杭州市政府已经在准备安路国际街区改造。这一轮杭州中心、恒隆、电子信息大楼等大项目的拆迁和新建,结合我们现有的这些项目,相信武林商圈会有大的升级改观。这是俞雷对武林商圈目前最直接的感受。他还认为,市场空间是否饱和是有时间参数的,目前杭州过千万平方米体量的商场,对应杭州 900 多万人口,短期看肯定是多了。不过恒隆这块地也标志着杭州的商业土地从野蛮生长的增量时代,慢慢进入存量更新时代,相比前几年,现在新商业用地的推出已经开始放缓,而开始出现城市更新的商业项目。

相对俞雷的杭州多中心化观点而言,王剑强则表示,杭州的商业规模还不足以支撑多中心建设,高铁西站的开通会是另一大变革,未来商圈西化是趋势,同时,地铁站点会加速多中心社区化,百货零售也会折扣化。

屠芳表示,杭州商业地产的重新洗牌是必然的,但还没到上海的人均 1.4 平方米的密集度。事实上,社区商业的崛起,又消灭了更小的一个群体——街边店。

不管是科技赋能还是新零售,智慧型商场一定是未来的趋势。西溪印象城已经和口碑做了几次尝试,如今年周年庆期间口碑的服饰抵扣券预售,就是线上线下的打通。未来西溪印象城还会尝试无人售货机的积分兑换、会员客流人脸识别等。

戚奇佳认为,作为城市商业中心的武林商圈整体销售额肯定是上升的,但是辐射力不如以往;多商业中心是一个城市商业化程度的必然过渡,人口红利足以支撑区域商业中心的发展,也会淘汰未形成区域商业中心的零售店,所以聚集会更安全。

郭歆晔认为,从客流来看,由于杭州东南西北已经形成各自大大小小的商圈,日常消费习惯已变为就近闲逛、吃吃玩玩,但在目的性购买高价时尚商品上,延安路和武林的百货仍保留有一定优势,不过也今非昔比。目前看,钱江新城、余杭、滨江、萧山、城北、城西、下沙都有大量项目,单看人均商业面积有点饱和,但具有运营资源的优质项目占比也就二至三成,所以从结构来看,又是不足的。

方献礼总结:经过调改,武林商圈的首位度进一步提升,但是其他商圈也各具特色。随着区块经济崛起和轨道交通的扩展,杭州走向多中心是不可阻挡的,事实已经证明,杭州已经是多中心了;目前杭州商业的投放已经到了高峰期,后面逐步回落,然后进入两三次的调改阶段。未来的竞争,是商店之间的竞争,更是商圈之间的竞争,新技术及互联网平台会助推商圈的发展,但是真实成效还有待于检验。

4) 如何看待杭州商业水准和目前的格局

俞雷认为,要说城市地标,对华润的杭州中心有期待。杭州人口的规模和密度还不足,杭州正在向新一线发展的过程中,而商业的规模一点都不小,所以我们还需要给它更多的时间来适应。目前来看,杭州商业的模式不够丰富,例如商业街的发展和上海这样的商业发达地区相比,差距很大,很少有特色明显、人气旺、销售好的商业街。尤其是受限人口基数和操作能力,商业的定位分化不足,雷同项目较多。像国大城市广场这样定位独特、品牌组合差异性比较大的项目不多。

郭歆晔表示,和上海、香港相比,杭州外资项目、央企项目和大型奥莱较少,下沙百联奥莱其实在海盐,优质商业企划案较少,活动类型不够丰富,品牌不够国际化,而且相对于杭大的面积,杭州中心和恒隆都偏小了点,两者最好能合作互补。

屠芳认为,杭州缺少地标性建筑,但杭州商业所表现出来的购买力是排在全国前列的,比如杭州大厦、武林银泰。

戚奇佳认为,杭州缺少一个中心项目,类似于苏州中心,业内人士进去一看,这个不太像是做商业的,但确实在做商业,而且看商业,又是传统商业,不像生意人,但是盘算着一个更大的商业格局,也形成了一个绝对的城市商业中心。

王剑强称,杭州要跳出杭州看杭州。用孙正义的时间机器理论,可以跟世界大湾区城市去比较,科技带来信息也带来未来革命,杭州有世界级的企业,却少了世界级城市的人口。

方献礼总结:杭州缺少让人眼前一亮的地标性建筑,缺少一个真正意义上的"杭州中心"。杭州商业的模式不够丰富,商业街的发展和上海这样的商业发达地区相比,差距很大,很少有特色明显、人气旺、销售好的商业街。但杭州的商业有自己的特色,杭城人民喜欢的才是最好的。

(组织/联商高级顾问团　编辑/联商网　陈宁辉)

12 自有品牌商品开发路径探讨

零售的根本在于商品,拥有符合顾客需求的商品才能拥有核心竞争力。如今,不论实体零售商还是电商,都在不断加快 PB(自有品牌)商品的开发步伐。

何为自有品牌? 自有品牌(Private Brand,简称 PB)一般是指零售商通过收集、整理、分析消费者的需求后所开发的新品牌,拥有自设的生产基地,或委托合适的生产企业,且独立控制销售渠道。自有品牌商品是零售商从设计到经销全程控制的商品,也被称为私有品牌(Private Label)。

自有品牌的优势在于省去了营销和渠道费用,有利于提高利润,同时其低成本也反映在价格上,能吸引注重"性价比"的消费者。《尼尔森全球自有品牌报告》显示,中国自有品牌市场占有率仅为 1.3%,远低于发达市场的 15% 及以上。这说明,自有品牌在中国还有巨大的商业潜力仍未被有效挖掘。

在这个从量的需求转变为质的需求的消费新时代,我们为什么要开发自有品牌商品? 开发什么样的自有品牌商品? 国外开发自有品牌有哪些成熟与成功的经营或开发逻辑,应该注意哪些问题? 我国目前自有品牌开发的基本状况以及存在的主要问题是什么? 自有品牌开发需要具备哪些基本条件? 未来如何发展?

为探讨这些问题,2018 年 8 月 24 日晚,联商高级顾问团特别组织了以"自有品牌"为主题的第 30 期线上沙龙。这是一次国际化、跨南北、跨业态的主题沙龙。本次沙龙邀请到了罗森中国董事、副总裁、上海罗森便利店有限公司总经理张晟,朗然资本创始合伙人潘育新,国际自有品牌运营专家、蚂蚁商联自有品牌顾问夏骏桉(Arjun Bellani),美国 HEB 超市集团公司全球采购总监曹连休(Charli Cao),联商网副总经理方献礼等分享嘉宾,主持嘉宾是上海商学院教授、联商高级顾问团主任周勇。

1) 为什么要开发自有品牌

张晟认为,如果只是为了提升零售业毛利,那么不应该做自有品牌,而是要做好买手制,买断不退货。自有品牌的最大目的应该是差异化,做到你无我有。如果要做你有我优,市场调研能力和产品研发能力是需要积累的,不可能一蹴而就。

在方献礼看来,不同类型的企业,处于不同成长阶段的企业,处于不同竞争态势的企业,在自有品牌开发方面,都有不同的目的和目标。有些零售商是因为某些品类找不到好的产品供应商,而自己做这个品类;有些零售商是因为看到行业其他友商都在做自有品牌而跟风;也有极少一部分专业零售商(三只松鼠、百草味、名创优品等)是奔着打造某种生活方式而开发和运营自有品牌的。目前阶段的很多零售商的自有品牌经营策略,很少有哪家能有一个很清晰的自有品牌经营战略,或者清晰的自有品牌经营策略和目标。

夏骏桉的观点是,中国的 PB(品牌)有可能在未来几年内从不到 3% 发展到 10%,本土零售商将成为"拉动增长"的关键。通常在自有品牌的起步期是建立单一品牌以开拓未来,成熟期表现为多品牌、跨品类和数百个 SKU 的开发和管理。

2) 开发哪些自有品牌商品

在首次新零供大会上,侯毅宣布盒马鲜生的自有品牌将发展到占比 50%,日日鲜商品将从蔬菜、鸡蛋、猪肉、牛奶四大类进一步扩展到其他生鲜品类。蚂蚁商联今年要开发 80 支自有品牌商品,已经在会员单位推广的有啤酒、牛奶、酸奶等。那么,零售业到底应该开发什么样的自有品牌呢?

夏骏桉介绍,在蚂蚁商联各零售商开发的 PB(自有品牌)源于地方、区域、省级。蚂蚁 PB(自有品牌)的意图为"面向全国,多渠道,在大品类有竞争力,在'无品牌'品类有领导力"。"M 我得"是蚂蚁商联开发的自有品牌,定位"面向全国,全渠道"。"M 我得"的立场是专注"中高收入的购物者和消费者",为之提供比市场领导品牌更好或同等的质量,有"更好的价值感"的产品。"M我得"营销(主持人注:蚂蚁商联开发的自有品牌)将充分关注它的主要目标消费者,让他们识别和认知到"M我得"品牌并愿意尝试使用。基于扎实的品类分析和最适合"M我得"的品牌形象,"M我得"产品和SKU年内将扩展到80支,并逐步来实现自主品牌的意图与顾客对零售商的感知相契合,提升各区域零售商形象。

曹连休认为,自有品牌的开发是根据公司的需求来订的。例如,可口可乐整年销售额最高但利润极低,所以HEB决定开发自己的可乐品牌,虽然跟大品牌竞争很艰难,但1年半以后我们从可口可乐的整年销售额中夺回50%的销售业绩,毛利从5%增加到30.7%。

潘育新称,不同业态的自有品牌是不同的。折扣店:基本以自有品牌为主的业态是硬折扣业态,自有品牌和有限厂牌(低深度)共存的是软折扣业态,均一店也是折扣店的变种。折扣店现在的生活杂货开发得越来越多,特别是均一店。专业店:以PB为核心的专业店拥有超强的竞争力,从无印良品到优衣库再到宜家,都是成功的典范。大卖场、超市、便利店:都有一定的自有品牌比例,便利店因为有自有鲜食,所以比例最高。电商:网易严选、小米等,本质都是折扣店的线上化。

周勇表示,站在顾客的角度想有这么几个方面:自有品牌,有些要做廉,有些要做好,有些要做真,如蜂蜜就要做真。做廉、做好、做真、做美,这就是顾客的四个痛点。

农产品的原产地很重要,如蒙自石榴、奉化市桃、奉化芋头、奉化草莓,都是好东西,但东西好了就会有冒充,怎么办? 有自有品牌背书,让顾客相信,我这里供应的才是真货。

对于这个问题,方献礼的观点是,开发什么自有品牌是由企业的经营战略或者供应链经营策略决定的,综合目标市场的消费者需求,根据动态的数据分析,找出自己认为可以切分的"细分品类",做到极致,才有机会。

3) 国外开发自有品牌有哪些成功的经营或开发逻辑,应该注意哪些问题

曹连休跟大家分享了HEB是如何开始自有品牌创业的。首先,HEB认为必须先聘请一位科班出身的食品科学专业人士;其次,由食品专业人士制定食品检验标准,如农残、化残、重金属、瘦肉精等是零标准还是0.01标准。HEB的Cental Market就是以0.01的标准检验所有的食品。有了这个标准才开始自有品牌的开发。0的标准就是所有其他HEB门店的检验标准。

所有给HEB供货的供应商必须接受HEB的卫生检验标准的课程,一般为三天培训,并且自己承担培训费用。只有考核合格的供应商才能给HEB提供食品。这样供应商供应的食品才能符合HEB的要求,打好长久合作的基础。

HEB高薪聘请了汰渍的研发副总裁,针对汰渍品牌开发的一款洗衣液Bravo,就是一个很成功的案例。这个洗衣液两年时间超过汰渍其他产品销售额总数的 20%,其现在已延伸出 24 个 SKU。

夏骏桉表示,零售商需要积极主动地展示差异化自主品牌的质量和形象。

方献礼说:"我研究过一段时间的国外零售商的自有品牌开发,印象比较深刻的还是 Costco 的柯克兰签名系列,几乎覆盖了 Costco 的每个经营品类,目前在 Costco 的销售占比超过 28%,就是销售额超过 350 亿美元的一个系列。Costco 是会员俱乐部,柯克兰签名系列就是打造极致的性价比,这就是这个品牌的标签。而且 Costco 也在通过自有品牌的竞争力,迫使其他供应商给商店提供更大的支持。"

4) 我国目前自有品牌开发的基本状况以及存在的主要问题是什么

张晟认为,中国目前大力发展自有品牌的时候还没到,因为生产企业的品质良莠不齐。当生产企业的品质相对均等,消费者才会信赖。对品质要求高且品牌忠诚度相对低的商品才适合做自有品牌,品牌忠诚度高的商品不适合做自有品牌。

产品差异化即便做到,没有太高的技术门槛,由于品牌忠诚度不高,就很容易被模仿。所以自己的调研分析能力与生产企业之间的紧密合作研发是需要时间积累的。

今天我们国家消费者看到自有品牌时还要看生产企业名称,所以做起来难。零售业的自有品牌是需要循序渐进的。Costco 的 Kircland 品牌是有所为有所不为的。压低价格目前在国内一定不会有好的生产企业帮你做。

周勇表示,我国自有品牌占比较低、业绩较差的主要原因有三个:一是零售组织化程度太低,连锁百强的销售额还不及沃尔玛一家的销售总额;二是我国零售业的口碑不太好,殃及自有品牌;三是我国零售商普遍缺乏慢功夫,自有品牌商品普遍缺乏有质感和高品质的价值认同。

供应商生产的产品品质不好的情况多如牛毛。我觉得这也是自有品牌开发的机会。有关产品的问题,有关消费的需求,有些比我们想象的要复杂,有些则比我们想象的要简单。该复杂的时候要复杂,该简化的时候要简化。

在方献礼看来,我国还处于自有品牌经营的初级阶段,就是在做一系列的产品,很多企业还没达到"打造品牌"的阶段。目前主要问题还是如何认知自有品牌,如何树立目标、设计路径及达成策略。

一个产品是不是品牌商品,不是由零售商或社会媒体所定义,而是由消费者所定义的,如果消费者觉得这个产品代表着"高性价比"或者"时尚的生活方式",那么,这个产品的牌子就是品牌。消费者买的是价值,而不是价格,如果自有品牌不能做出来有利于消费者的价值,那么,是不会被买单的。

所谓零售商,就是零售专家,而不是生产专家或品牌营销专家,做自有品牌意味着你不仅仅做零售专家,也要成为生产专家、品牌营销专家、供应链运营专家,这个转变是需要过程的。

5) 一句话来概括对零售自有品牌的期望

周勇：自有品牌既要做"性价比"，更要做"品价比"。

潘育新：未来我看好均一价的折扣零售，现在生活杂货店是个趋势，核心还是 PB。

方献礼：能像茅台、五粮液、华为、格力等卓越的国家品牌一样，让我信任。

在本次沙龙尾声，主持嘉宾周勇总结称，开发自有品牌，各有自己的算盘，关键是要有好的立场。概括地说，就三句话：零售商要有"拿手绝活"，才能提升商品管控能力；要小心触摸顾客的"痛点"，开发既对顾客有价值，又能体现自身优势的商品；要做好自有品牌商品的定价、推广与促销活动。

我国目前自有品牌商品销售预计占比不足 3%，而在蚂蚁商联召开的第二届全国自有品牌大会上，预计到 2018 年年底，蚂蚁商联开发的自有品牌数将达 80 支。本次大会的参会人数从去年 600 人增加至限额的 1 500 人，可见全国零售业对自有品牌的关注。

（组织/联商高级顾问团　编辑/联商网　张占英）

13　中国零售下一个 5 年

对于零售业而言，在概念横飞、急剧变革的当下，我们更需要明确：零售的方向何在？零售的本真是什么？什么是需要坚守的？哪些是应该去打破的？在下一个 5 年，可以预见的商业未来是怎样？我们的消费行为、习惯和场景会发生哪些潜移默化的改变？如何应对新的消费需求和消费分层？零售格局如何进一步演变？

为探讨这些问题，2018 年 9 月 28 日晚，联商高级顾问团特别组织了一场以"中国零售下一个 5 年"为主题的第 31 期线上沙龙。

本次沙龙邀请到了北京超市发董事长李燕川，罗森中国董事副总裁、上海罗森便利有限公司董事、总经理张晟，朗然资本创始合伙人潘育新，招商证券零售行业首席分析师许荣聪等嘉宾参与线上讨论。主持嘉宾为上海商学院教授、联商高级顾问团主任周勇。

1) 过去 5 年消费或零售有哪些新变化

在周勇看来，过去 5 年消费有三大变化：

(1) 看微信的时间多于吃饭的时间。虽然看微信不算是直接消费，但看着看着就去买东西了，所以也算消费。不过，这样的东西买得很少，它们可能不是在讲故事就是在存心蒙人，产品品质和商家信誉可能都没有保障。

(2) 基本不用现金，微信支付多于支付宝。其实，用这种支付方式也没带来多少便利，比如地铁用手机支付常常打不开闸门。但是现在买东西看电影如果用现金似乎很老土，用微信或支付宝已成为"第一支付方式"，也就迎合了这样的消费常态。

(3) 网上买东西越来越多。从周边同事的情况来看，他们(她们)以购物为乐，涉及生活的方方面面无所不买。有一件事情是确定的,不用打车 App 很难叫到车,方便不方便还不好说,不同的人有不同的感受。

总体来说,从消费视角看,变化不多;从企业视角看,变化较多。为什么会有这个反差? 主要是企业的变化还在酝酿,有些企业的变化是练内功,练真功夫,很多企业练功不到家。

企业应该非常谨慎地对待消费者的意见:消费者试图成为企业的"一分子",越来越注重"自尊",商家稍有不慎,就会遭到消费者群体吐槽甚至"围攻"。另外,商家自说自话的营销套路也层出不穷,并美其名曰"新营销"。实际上是体现了三个不成熟:商家不成熟、法规不成熟、消费者不成熟。各方利益在这个无限量市场中博弈,既创造着繁荣与繁华,又衍生出伎俩与悖论,需要净化与升华。

许荣聪认为,过去 5 年消费或零售主要有以下三点变化:

(1)电商快速发展,流量红利逐步见底。伴随着电商行业增速放缓,电商企业线上流量红利逐步见底,纯电商收入面临天花板,线上获客成本大幅增长。因此要开拓新的利润增长点使得线上零售企业逐步走入线下,实现线上、线下的全渠道融合。

(2)技术革新,为零售变革提供基础。2008 年以后,无现金支付呈稳步增长的态势,特别是 2015 年,涨幅高达 39.77%。便捷快速的移动支付等非现金支付方式已成为人们在超市、餐馆、购物商场、便利店等零售行业购物支付的首选。移动支付提升了购物体验,积累了大量用户数据,为零售数字化发展奠定基础。

(3)一二线竞争日趋激烈,渠道下沉迎来新一波机会。一二线零售市场增量空间有限且竞争激烈,低线级市场成为新一轮竞争的舞台。三四级城市及县镇低线市场存量巨大且稳定,电商渗透率相对较低,强调本土化服务,大多数本土门店管理水平相对低下,进入低线级市场的大型连锁零售企业更容易取得竞争优势。

潘育新的观点是,过去 5 年整个零售行业的变化主要还是围绕消费者消费习惯的变化来展开,巨头们对商业模式的推动,很大程度改变了现有零售格局。

大企业有着辉煌史,但仍面临巨象困境,或者说是《创新者的窘境》中说的大企业很难做颠覆式创新。因为它原有的组织架构、资源、人员、框架、盈利模式都无法做颠覆式改变,所以就决定了在过去 5 年中,改变零售企业的都不是原有的、传统的一些巨头,当然下一步也不会是我们现在认知的传统电商巨头。

也就是说,新的零售模式一定是要通过资本推动来实现的。包括线下巨头,或者是AT 这样线上的巨头们,其实很多新零售模式并不是他们做的,而是去投资的,并且大部分也不是以控股行为实现。

过去 5 年零售的发展与移动支付、物流建设、消费者线上流量聚集紧密相关。而这些可以看作是新零售基础设施建设,这些基础设施已经完成,带动了各种各样零售模式的出现。

不管是精细化小业态发展,直接从前置仓或者门店把商品迅速送达到消费者手里,还是零售商往上游延伸,都直接参与供应链的深度管理,包括迪卡侬、优衣库、无印良品、小米之家,这些都是新零售改变的典范。

其实大家都一直在说新零售是从货、场向人的转变,但潘育新认为,从目前看到的很多零售模式来看,包括线上远远没有做到这一转变。商家对消费者的洞察和认知相对单薄。即使像阿里和腾讯这样的巨头,他们在线上线下的精细化营销还有很大的提升空间。

李燕川认为,零售的变化并非零售本身,真正的变化是市场和消费者的变化,关键是零售企业是否在迎合这种变化。像冠超市、生鲜传奇这些企业,我都去学习,去看他们的门店,变化都很大。所以这5年来零售的变化基本都是在围绕着市场走,围绕着市场的变化而变化,围绕着顾客的变化而变化,而那些没有行动的企业才会最终被淘汰。关键点在于,零售能不能跟上市场变化,能不能追随消费者的变化而变化。

有些企业的发展很不错,不是说它只顾在竞争中奋进,而是它迎合了市场。比如冠超市的门店,融合了现代消费时尚,其设计元素、组织,都是因变化而变化。只是零售在变化吗? 我觉得是迎合这个市场的变化。

以超市发为例,我们经过调整的店铺大家可能议论较多,包括学院路店、玉泉路店、双榆树店等,我觉得这些店铺的变化都是在追随顾客的变化,或者说是想把顾客群定位更清晰一些。

超市发学院路店开业已经将近1个月,这家店原来有2 400平方米,现在是2 100平方米,超市发拿出了300平方米来做罗森便利店、小书吧、快乐柠檬水吧、赛百味、鲜花店等20小时服务;现在这家店日均销售额50万元左右,以前大概是35万～37万元。

2)零售企业全国发展需要解决哪些问题

过去不少连锁公司"撒向全国"太快而失败后实施"走向全国"战略(即由快变慢),最后只好全线撤退到大本营。后来,永辉等公司上市后也快速在全国推进,发展效果相对较好。如今零售业通过站队,背靠大集团,又有资本助力,3年发展目标1 000店。如此快速发展的目标,依据何在? 可能遇到哪些问题需要解决?

许荣聪认为,从国外先进经验来看,零售行业容易出现"赢者通吃"的局面,细分市场龙头具备规模优势后,经营效率、整合能力、资本实力等都较其他竞争者有明显优势。中国目前除电商外,其他领域集中度都比较低。从大方向来看,龙头强者恒强,市场份额逐步提升是大趋势。

潘育新表示,零售企业无论如何都要先考虑流量洼地问题,历史已经证明过去在线下流量成本高的情况下,流量会往线上转。而线上被BAT垄断后又往快手、抖音等短视频领域以及微信小程序领域来转,未来还会有不断的新的低流量渠道产生它们一开始的流量成本都是比较低的,这个时候不管是线上零售还是线下零售企业都要想办法赚取流量红利。

而零售企业将来的人工可能会越来越贵,零售企业一定要考虑组织变化,比如合伙制、内部加盟等模式。未来的话,都是通过小规模企业模式来实现快速扩张,简单来说,零售企业不要养那么多人,只要真正强大就可以了,类似于 7-Eleven 模式。

此外,零售企业要不断关注科技进步,虽然无人零售技术还不太完善,但是未来无人化趋势还是很有可能。基础性、对学历要求不高的工作可以完全通过机器或系统来实现,人应该去做更加有意义的事,这也是未来 5~10 年的发展趋势。

由于我国幅员辽阔,环境气候、经济发展差异巨大,文化差异较为复杂,过于快速拓展全国,比较容易产生千店一面、模式单一的问题,这一问题势必造成开店后良莠不齐,导致失败。

张晟认为,未来一个全国性的零售品牌在我国各地长着不同的脸,这样的零售才会长久发展。就像 7-Eleven 在日本、泰国、韩国的招牌一样,但模式等都不一样。

而未来零售店可辐射的半径不是越来越大,而是越来越小,细分化,精致化,随性化,碎片化,零售需要更接地气,关键买手制和自有品牌做得好的企业会生存下来。

由于新零售和传统零售相互挤压竞争日趋白热化,双方都要认真思考如何活下来,活得好一些,安心做好自有品牌和买手制,做得好才可以活得久。

在联商高级顾问团成员孙裕隆看来,零售企业未来遇到的最大挑战不是新零售问题,而是新组织问题,不是顾客服务的分层化与精细化问题,这个问题总会伴随着企业生存的压力而突破。但如何应对未来宏观层面社保税费体系的调整,如何进行组织模式与商业模式及成本费用模式匹配,永辉的合伙人模式,顺丰的合伙人模式,这些都是零售业的必然之路。

3) 未来 5 年零售业的结局

经过未来 5 年的发展,我国零售业会是一种什么样的格局? 业态上的格局、竞争上的格局。

在潘育新看来,未来的业态格局将以小业态为主,大业态的生存环境会越来越难。未来小业态方向可以从对细分市场、细分消费者的细分需求满足角度来考虑,这是一个趋势;也可以从员工合伙加盟的创业化趋势来看,小业态也是适合的,大的公司真的很难,现在再诞生新的大而全的业态模式,可能性是小之又小。

而未来的竞争格局将取决于 5G、物联网等未来基础建设,如果这些基础建设还是牢牢被抓在 BAT 或者 AT 手里的话,AT 可能就是最大的一个生态了,那竞争格局就是围绕这两大巨头的生态来形成,肯定不会是原有以传统线下商超为主的竞争格局。也就是说,未来这样的生态应该由掌握未来商业模式所需的基础设施的大企业来形成。

未来生态应该是以国内企业为主,外国企业在很多零售理念、布局等方面,没有中国发展这么快,所以它们进入中国改变市场的可能性小之又小。

许荣聪认为,从 2016 年阿里巴巴提出新零售以来,可以看到互联网巨头开始逐步入局零售企业,未来 5 年,预测互联网企业将持续引领零售行业发展,市场份额向龙头集中,具备经营效率和供应链优势等的龙头企业会对一些地方性的零售企业造成冲击。从业态来看,随着消费者偏好和消费主力人群的变化,体验好、能满足消费者即时性需求的一些业态可能有较大发展空间,一些固步自封的传统业态和企业可能会被淘汰。

对于未来 5 年零售业发展,张晟则认为较难预测。

周勇认为,至于未来,可以用五个视角去洞见:

第一是消费视角。消费变,零售变,但不管怎么变,消费者总是越来越依赖品牌与品质,纯产品或纯服务,都有个品质问题。

第二是技术视角。从这个视角来看,似乎未来都不用人了,但这肯定不是未来,技术的真正价值是效率、精致、精细、精益。

第三是企业视角。零售这行当要做得好,就得用慢功夫,精益求精,无论采购还是营运,既要有激情,又得靠功夫。

第四是资本视角。用钱试错,希望快速成长。用钱也可以通过探索,学习与购买建立非常健全的模式,体系与方法,也可以招聘优秀的人才。但是,一旦拓展到全国,与中国人的人性相结合,就会延伸出很多"反连锁现象",没有强大的控制力,即使创造了好模式好标准,也无济于事。

第五是政府视角。有五点特别重要,即农产品产销对接问题,市场公平竞争问题,保护消费者权益问题,食品安全问题,民生保障问题。

4）零售业未来发展的核心问题

有哪些方向性的经营管理问题需要把握? 未来零售业发展最核心的问题是什么?

在许荣聪看来,未来企业的经营问题包括:如何充分调动员工的积极性? 线上线下的融合要不要做,怎么做? 如何更好地提升用户体验,满足新一代消费者的多样化需求。

中国现代零售业经过几十年的发展,"人货场"中人的地位逐步提升,未来零售业发展最核心的问题是如何识别和满足消费者多样化的需求,这其中数字化将是一个非常重要的课题。

周勇认为,目前虚拟产品的需求增大,未来知识共享、儿童教育、娱乐等支出占比越来越大,零售企业需要考虑这些方面的经营。国家统计局公布的 2018 年上半年居民消费支出结构显示:保健大于保暖,医疗保健消费支出占比为 8.9%,衣着消费仅占 7.4%;住和行大于吃和用,居住消费占 22.4%,交通通信消费占 13.4%,两项合计为 35.8%,食品烟酒占 29.3%,生活用品及服务占 6.2%,两项合计为 35.5%;此外,教育文化娱乐占 9.7%,其他用品及服务占 2.6%。

在潘育新看来,未来 5～10 年,随着技术进一步发展,智能化、无人化肯定是长期趋势,需要引起企业的关注。而未来零售将是以碎片生活型、近场零售为主的模式,随着技术的进步,更多商品会通过到家服务实现供给。

　　未来在细分领域会出现类似网易、小米等高性价比模式,从下游直接延伸到上游。而类似无印良品等企业直接会通过自有品牌去颠覆很多细分领域的产品。进入物联网、5G 时代后,对于新产品的开发力度会非常大,这也是很多新的零售模式方向。此外在精神消费领域,一二线城市消费者在人均可支配收入持续提高的情况下,会增加对虚拟化产品的需求,这类零售模式也需要企业在未来的经营中有所考虑。

　　李燕川表示,未来的经营要找好每一个顾客群,要找好自己的主群。比如说,从计划经济到凭票供应,从改革开放商品满足到加入 WTO 进入国际竞争,从差异化经营到个性化需求,我们要预想到是否真的按照个性化需求去考虑发展。

　　（组织/联商高级顾问团　编辑/联商网　杨　宇、梁　莹）

14 2019 年春节年货市场

　　在大环境并不太好的 2019 年春节,年货市场相比往年有何新特点,需要考虑何种新问题,呈现出怎样的新趋势?

　　为此,2019 年 1 月 30 日午间,联商高级顾问团特别组织了主题为"2019 春节年货市场的变化与趋势"的第 35 期线上沙龙,与一线企业高管及行业专家共同探讨 2019 年春节年货市场的一些问题。

　　本次沙龙由上海商学院教授、联商高级顾问团主任周勇主持,并邀请了酒类垂直电商 1919 品牌管理公司总经理李宇欣、京东商城消费品事业部干货食品部总经理李昌明、三只松鼠品牌公关总监殷翔、北京超市发董事长李燕川等作为分享嘉宾,参与线上讨论。

　　主持人首先介绍了最近 10 年来春节消费情况。

　　周勇说,根据商务部发布的数据,2008—2018 年春节零售与餐饮消费(除夕至正月初六)的年增长幅度从 16% 下降到 10.2%,峰值在 2011 年达到 19%。但消费总金额从不到 3 000 亿元增长到了 9 000 多亿元,预计今年将超过 10 000 亿元。

　　数据仅仅是一个方面,更重要的是消费者的感受。

　　消费总量的扩张,在周勇看来有三个基本原因:

　　一是物价上涨,房价、药价领涨,导致消费者对价格的变化有点麻木了。感觉服务价格的涨幅特别大,2008 年洗车价格是 10 元,如今是 30 元;2008 年理发是 8 元,如今是 30 元以上;2008 年 100 粒瓶装维生素 B_2 是 1.7 元,如今是 25 元。统计归统计,消费者则更相信自己的感觉。

　　二是消费升级,导致食物结构与礼物结构发生变化,拉升了消费与送礼的档次。鸡鸭肉的消费在下降,海鱼海鲜消费在增加,水果牛奶消费在增加,送礼从风潮式向个性化转变,虽然鸿茅药酒之类的广告依然霸占着饭点的电视屏幕,但过年礼品撞车的现象越来越少,倒是水果礼盒越来越成为过年送礼的必备品。所以,水果店越开越多,从前是超市、便利店贴身开店,如今是水果店贴身竞争,水果大店价格实惠,水果小店更注重品质。

三是服务拉动,在消费总支出中,服务消费的占比到底是多少? 还不是很清楚,这方面的统计方式落后于消费发展变化。健身运动、文化娱乐、旅游住宿、交通通信、教育训练等,都是服务,但统计口径相互交叉。总体来说,我国服务消费占比已经接近 50%,与发达国家大约差 20 个百分点。

周勇认为,年货可以从四个视角来看。

第一视角:年菜食材。为年夜饭与客人来家里吃饭准备过年的食材,可以称为"年菜食材"。每个地方都有必备的年菜食材,我把它称为"基菜"。如在宁波,最基础最必备的"基菜"就是"红膏呛蟹"。这是用生膏的母梭子蟹用盐水浸泡 1～2 天加工而成的"生蟹",味道非常鲜美,价格差异非常大,一般 50 元每 500 克,品质好的要 100 多元每 500克。各地的饮食习惯很不一样,所以,年菜食材的差异也很大。近年来,越来越多的家庭在过年的时候选择"外食",年菜食材的准备量也大大下降。鸡鸭鱼肉等过年必备的食材的采购量也在下降,而酒店的生意倒是很不错。

第二视角:送礼年货。每年过年想得最多的是什么礼? 送礼那些事,送多送少都不好。送多了,其实是浪费,你自己购买的时候真的花了不少钱,但送的东西不见得是别人需要的。这样一去一回,就浪费了很多钱。所以,送礼最讲究的是:礼到心到,体面适当。烟、酒、水果、蓝罐曲奇、南北货大礼包、营养品、购物卡等我都送过,有一年给山村的 7 个舅舅拜年,我在京东买过一大堆韩国高丽参,甚至到大润发买过一车食用油。礼还是要送的,以后送什么? 会不会送服务消费卡? 我觉得可以送。

第三视角:美装用品。这里所指的"美装",既包括个人护理类的"美妆"商品与服务,也包括个人服饰类的消费,更包括家庭软装。这是为了美化个人与家庭所增加的开支,这方面的开支也越来越大。理发店平时晚上 9 点关门,年前则延续到 12 点甚至凌晨两点。从前过年要穿新衣服,如今不仅要添置新衣,还要美化脸面。

第四视角:陪伴消费。除了上述三个方面,我觉得还有一项非常特殊的消费,那就是陪伴消费,如去看望老人,把住在养老院的老人接回家,带老人出去走走,一切与老人相关的或延伸的消费,都可以叫作"陪伴消费"。这虽然不是一般意义上的"商品"或"服务",但这是必需的,并由此会产生很多延伸消费。

周勇表示,商品与服务相比,服务更重要;服务中,对年轻人的服务与对老年人的服务相比,对老年人的服务更艰巨,也更迫在眉睫。

1) 你们今年是如何准备年货节的,相对去年做了什么调整

今年三只松鼠的年货节已接近尾声,年货节整体销售额在 26 亿～27 亿元。三只松鼠品牌公关总监殷翔表示,三只松鼠从产品、质量、传播运营等三个方面进行了准备。

一是在产品端口,由于整体销售体量大,2018 年 9 月底三只松鼠就已在货品原料、采购方面进行准备,提前规划新品,重点根据送礼场景去上线新款大礼包。二是在质量端口,三只松鼠实行全批次全链路产品防护,确保产品质量。三是在传播端口,重点在社交媒体端和用户保持互动,针对抖音等短视频进行传播,推出三只松鼠中国年金曲,页面设计重点烘托过年氛围,此外还在客服、售后、物流等方面进行规划。

京东商城消费品事业部干货食品部总经理李昌明认为,与往年相比,京东超市今年的年货节不仅在线上花样翻新,而且更注重线下出彩。

就线下方面来说,1 月 17 日,"京东超市年货节"年货大街在北京世贸天阶开门迎客,在这个年货大街里集结了中华老字号和外国百年品牌。而京东超市也联合众多入驻品牌在北京、上海、广州、武汉、西安、成都、长春等全国 7 大主要核心城市,开展主题为"喜悦一起 ZAO"的年货大街活动,并通过倡导年轻消费者陪父母一起办年货,营造出浓浓的美好年味。

此外,京东超市、京东物流还联合品牌,以线下城市为场景,在南宁、惠州两个城市打造了黑科技满满的京喜年货街。比如在年货街的现场设立带有人脸识别功能的智能广告牌,能监测识别出用户的姓名、性别等,结合京东商城的海量数据信息,描绘出清晰、完整的用户画像,从而为用户推荐个性化、精准化的商品,打造"千人千面"的选品和差异化推荐。

酒类垂直电商 1919 则从商品、营销策略、传播等方面进行了年货节准备。1919 品牌管理公司总经理李宇欣表示,在商品准备方面,由于酒类市场有行业特殊情况,全国各地有着极大的差异性,包括消费产品、消费时段、消费人群差异性等。根据自身业务布局,由于产品需求不同,1919 全国 1 200 多家门店的准备方式也比较个性化。

1919 对年货节十分重视,年货节 20 多天的销售额约占到全年销售额的 20%。同时,酒是中国传统生活习惯和过年习俗的必不可缺的一个产品,并未受到互联网的冲击下滑,相反是处于增长阶段。

在区域产品准备方面,1919 根据每个区域特点去准备相应的产品。比如,上海消费群体在进口葡萄酒、日韩酒品等方面有消费需求,而江浙沪地区是黄酒主力消费区域。从消费时段来看,我们年货节的时间准备是按照农历来的,春节前两周消费时段主要在北上广等一线城市,这些城市的消费增长迅速。从腊月二十开始,年货节的酒类消费旺季开始到来,线下购买数量有明显的增加。整体订单布局方面,线上销售占比 50% 多,线下销售占比 40% 多。而到了春节这一周,线下门店销售占比会增加到 60%～70%,日均订单有 2～3 倍的增长。

实际上,春节这一周,三、四线城市和县域市场的销售开始增加。大城市很多人已开始离城返乡,人员往下沉市场回流,三四线城市订单量已经出现了大规模增长。这也使得一线名酒订单量开始下降,二线产品开始大规模增长,尤其是区域品订单量开始大规模增长。从 20 日开始,1919 整体销售额已经达到 10 亿元。

2) 你所处的行业今年的年货市场总体情况如何

殷翔表示,从整体销售情况来看,今年年货市场大盘相较去年,总体保持稳步增长。今年会呈现出以下几个特点:

首先,从产品上看,部分品类增长迅速,如饼糕膨化、糖果等。其次,送礼场景正在变得多元化。今年生鲜饮料、地方特产等的销售都很火爆,海鱼海鲜消费在增加,海鲜大礼包也受到青睐。再次,由于是猪年,与之相关的猪肉制品、黄金饰品等消费需求也被带动起来。

李宇欣认为,整个酒饮行业对于年货节的布局已经发生变化。经过 2012 年的行业调整与洗牌后,大量区域性小品牌被洗出市场,大量的名酒厂在价格、市场方面都在开始往下移。

此外,整个酒类市场在 2017、2018 年都发生变化,集中度会越来越高,销售量和业绩都在增加。头部的名酒品牌如茅台、五粮液、洋河等产品线布局非常齐全,这对一些小品牌有很大的挤压。

李燕川说,超市的增长可能远没 1919 和三只松鼠那么乐观。如今的春节与往年有所不同,城市中的大量人口返乡也造成了客流下滑。人民群众对健康追求,对商品个性化、多元化需求日益增强。如今大众生活水平都有所提高,物资也没过去那么匮乏,网购等售货方式也很多,不像以前大包小包往回拿,许多人会选择在当地采购,在超市购物带回老家的人已经不太多了。

3) 现在年货促销已经过半,从销售看,你的行业呈现什么特点

李昌明给出的数据显示,对比今年和去年年货节期间的商品销量,今年京东年货节,休闲食品蝉联年货销售冠军,看来"吃"是过年期间必不可少的迎接新年的"仪式"。

而对比去年增幅较大的生鲜水果、黄金饰品、智能设备等年货,今年年货销量同比增长最高的三个品类分别是海鲜水产、营养健康和宠物零食,海鲜水产增长 130%、营养健康增长 102%、宠物零食增长 93%。

从品类的变化上我们能够看到今年大家还是回归到了以饮食和健康为主的年货上,而随着大城市养宠物的人群增多,不光人要吃得好,宠物也不能少。

今年在年货的挑选上进口商品的销售额同比增长达到了 64%,看来洋年货开始成为更多人购买年货的选择。而从品类上看,购买洋年货销量最高的品类依旧是食品饮料,此外母婴、个人护理、生鲜、酒类共同组成了洋年货销量的 Top5。

电商的快速发展也为外出打拼者的春运"减负","空手"回家,地方特产等年货食品网购回家成为一种趋势。京东大数据显示,山西特产销量同比增幅超过 300%,四川特产的销量同比增幅近 200%,福建特产、北京特产的销量同比增幅近 100%。此外,可自制美食的烘焙原料、去油解腻的乌龙茶、聚餐必备的熟食腊味等年货食品的销量同比增幅也超过了 100%。

从目前年货节期间,各年龄段购买各品类商品占比来看,"90后"更加偏爱购买鞋靴、手机、钟表等"高单值"商品,"90后"人群占比超过 30%;"80后"则偏爱购买母婴类商品,占比超过 60%;"70后"则在生鲜和酒类商品上购买更多,其中牛肉、鸡肉、低温奶、鱼类、面点等生鲜食品更受他们喜爱;"60后"老年人则更加喜爱购买服饰内衣类商品。

殷翔认为,从销售上来看,一是 2018 年的旺季来得更早,12 月底就出现了购买高峰。二是消费者更敢买了,消费金额较以前会更高,客单价会更高一些。平均购买礼盒的数量从以前的两个增加到今年的三个以上。不过,用户消费观念也更趋理性,注重产品的品质、体验、实用性等,愿意为产品付出更高成本。

李宇欣表示,酒类在整个春节期间的销售从除夕开始,春节期间的销售特点也非常明显,主要是走亲访友的送礼需求。这种消费的地域主要集中在下沉市场,线下订单、门店订单的占比还会继续提升。1919 的客单价还是比较高的,全平台客单价在 345 元左右,当然这也是一个动态调整的过程。从平均值来看,在 340～350 元,线下订单客单价相对线上会更高一些。从春节这段时间来看,整体消费客单价实际是上升的,已经涨到400 元以上,中高端消费需求在增加。

对于酒类市场中的年份酒,国家只有指导标准,但没有强制标准。年份酒有两种方式:第一种是直接显示是多少年的,如"10 年""15 年"。这些数字并非是生产年份,有可能这酒已 10 年,但它是今年生产的。第二种情况是用生产时间来判断酒的年份。我们更倾向用生产时间来判断酒的年份,这有利于保障质量。

酒只有喝掉,才是真正消费掉,不是卖掉就算消费掉。我们想把酒扩展到餐厅这个真实的消费场所之中。目前,1919 已与饿了么、口碑进行合作,根据消费端推荐餐厅或者餐厅抵用券,也会大规模把酒类抵用券在饿了么平台上去分发,打通餐饮和酒饮场景,寻找增量。

李燕川表示,由于多重因素叠加,年货节期间,超市销售额并没有太大增长,未来几年与往年相比,基本上会持平或略有增长。

不过水产品等健康食品处于销售上升期,一些个性化商品也获得消费者青睐。从顾客结构来看,老年群体是进店的多数群体。当然,年轻人也在上升。尤其是近一年多来,我们调整后的超市发学院路店、双榆树店等年轻消费群体在上升,不过,他们主要是为个人购买。

4) 年后,年货市场又会出现什么变化

殷翔认为,年后的年货市场在元宵节会出现小高峰,之后会放缓,个人消费将会成为主导,一些零食产品会再次热销。而明年的年货节健康化、多元化、个性化会成为新趋势。消费者会更加关注健康产品,消费习惯也会越来越多元化。随着"95后"进入年货消费市场,个性化的趋势也会越来越明显。

李宇欣表示,在春节放假 7 天当中,线下订单的占比会达到一个峰值,接近 90%。这部分订单主要集中在三四线城市和县级市场,这种购买主要是走亲访友的需求,是一种临时性需求。春节过后会立马降下来,元宵节有个小高峰回弹。

目前在零售层面,酒类行业的电商渗透率非常低,万亿元市场只有 5% 的渗透率,市场还非常大。酒又符合大零售的特征,它的产品品牌利器非常强大,头部品牌的酒类价格也非常透明,全国市场的售价差异也不会太大,它是一种大标品,大标品适合做大零售。

为何消费者不愿意网上买酒,一方面,可能是出于质量因素考虑,不过这些问题现在已经不存在了。大量酒厂选择在线上开旗舰店,会专门生产供应电商的产品,不会存在线下串货的情况。另一方面,网上买酒缺乏一定的体验。酒对物流的要求非常高,比如说不能混装,对温度敏感,运输过程中不能倒过来,会渗漏。物流也限制了整个酒类产业的发展,酒类的物流成本实在太高了。

我们目前已在全国 300 多个城市开了 1 200 多家店。2019 年,我们会大量开店,开店也不是为了瓜分线下市场,而是为了线上流量、订单进行承接布局,减少物流成本,增强用户体验。

预计从 2019 年开始,整个酒类行业的线上订单会进入一个新的增长阶段。酒厂对互联网的接受程度逐渐加深,非常愿意去拥抱整个互联网。我们也会积极关注这个产业。

而 2019 年 1919 的整体规模会过百亿元。希望未来 5 年的整体规模能做到 1 000 亿元。

在李燕川看来,到大年三十之前,超市应该是比较平淡的,不会出现熙熙攘攘的情况。超市跟其他专卖店有所不同,它满足群众日常需求,相对比较稳定和平淡。过去是物质贫乏,现在情况有所不同,消费者不局限于春节期间囤货。从时间点来看,初二、初五、元宵节可能会有一个小高峰。

5) 说说数据那些事

联商网副总编木鱼分享的数据显示,从联商网获得的各家线上企业年货节数据看,主要有以下特征:

(1) 服饰仍旧是年货的重点品类,特别是女装。拼多多数据显示,在年货节期间平台女装稳居总销量头把交椅。特别是在传统非包邮区,新年换新装依旧是年货消费的首要诉求。在包括新疆、西藏、青海、云南、甘肃、贵州在内的 6 省及自治区,女装、男装、童装依旧稳列销量前三名。

唯品会数据也显示,年货节期间消费者最爱买的前五名分别是面膜、护肤套装、女士羽绒服,女靴和女士大衣。"70 后""80 后"最爱买的是女上装,"90 后""95 后"最爱买面部护理产品。"70 后""80 后"在服饰穿戴、美妆方面依旧消费强劲。

（2）坚果等年货礼盒销量猛增。京东数据显示，对比今年和去年年货节期间的商品销量，休闲食品蝉联年货销售冠军。

拼多多数据显示，在他们的年货节期间除女装依旧稳居总销量头把交椅外，零食坚果、蔬果、海鲜等类目分别超越男装，成为该阶段消费的主力。

唯品会数据显示：坚果成为年货节最受欢迎的零食，相比于非年货节期间，坚果销量上涨近 300%。

在京东到家的数据中也提到，他们的年货销售中，零食销量在年货榜单排名第三。

（3）"90 后"消费能力上涨。唯品会数据显示，"90 后"在年货节中的消费量增长迅猛，增幅近 20%，且在日常家居、休闲食品、家具等方面的增幅均超过"70 后""80 后"，年轻一代的网购消费逐渐向家庭倾斜，成为购买年货的主力军。

天猫数据提到，目前在他们"云囤货"的主力军是 26～35 岁的城市白领，通过天猫，他们一般是提前购物快递到老家，而不再是大包小包提着背回家。生鲜电商每日优鲜，也同样发现了这一特点，每日优鲜表示，"80 后""90 后"们也似乎越来越懂事、懂得关心家人了。不少在北上广深大城市打拼的年轻人都会提前把年货礼盒寄回家，问候家里的亲人，济南、沈阳和青岛成为收异地年货礼盒最多的城市。

达达-京东到家也特意提到，随着"90 后"踏入职场和组建家庭，年货购买力大幅提升，"90 后"女性年货消费需求尤为旺盛。随着"90 后"陆续踏入职场、组建家庭，经济基础与消费需求双双增长，在年货消费上的购买力有了大幅提升，消费占比约 10%，消费金额同比 2018 年增长 37%，果蔬生鲜、零食饮料成为"90 后"最爱的年货。其中"90 后"女性购买年货的需求明显增强。

（4）宠物经济不可小视，越来越多的都市白领和中老年人选择养宠物，春节回家宠物寄养，宠物食品和各种配件也是购买高峰时期。

我国的宠物市场形成于 1994 年，据《2018 年中国宠物行业白皮书》显示，目前我国宠物市场规模已达 1 708 亿元。比 2012 年扩张了近 5 倍。2018 年我国宠物数量已超过 1.68 亿只，种类以猫和狗为主。中商产业研究院数据显示，我国宠物狗占比 34%，猫占比 20%。

春节年货期间：

天猫年货数据显示，2019 年 1 月 1～15 日，天猫的宠物粮食销售同比增长达到 106%，动物药品增长了 66%，宠物服饰则增长了 38%。

京东年货数据显示，今年年货销量同比增长最高的三个品类分别是海鲜水产、营养健康和宠物零食，其中宠物零食增长了 93%。

（5）养生类产品销量增速加快，意味着消费者更加注重健康。

唯品会数据显示，他们年货节期间购买人参燕窝阿胶等高档养生滋补类食品的比例大幅增加，销售增长近 2 倍。

（组织/联商高级顾问团 编辑/联商网 杨 宇、梁 莹）

15 便利店并购大戏

近日,罗森接手了全时在华东、重庆的 94 家门店再次引发行业热议。随着包括全时在内的众多创新便利店的离场,向来稳扎稳打的外资便利店的发展再次受到了关注。并购可以快速做大规模?但仅靠并购可行吗?收购会遇到哪些问题?接下来,这个行业又会出现哪些新的趋势?

2019 年 2 月 28 日晚,联商高级顾问团特别组织了主题为"谈便利店并购那些事"的第 36 期线上沙龙。

本次沙龙由上海商学院教授、联商高级顾问团主任周勇主持,并邀请了上海交通大学客座教授、行业资深专家林鑫,朗然资本创始合伙人、联华快客便利店原总经理潘育新,西安每一天便利店副总裁、7-Eleven 中国区原董事副总经理刘橄等分享嘉宾参与线上讨论。

在讨论开始之前,周勇就"罗森接手了全时部分门店"这一事件,发表了自己对便利店并购的三点看法:第一,如果发展方向是规模扩张,收购兼并合情合理;第二,如果发展方向是品牌推广,直营店就必不可少;第三,如果发展方向是"区域特许",再去发展直营店或收购兼并,那就不是很合适。

同时,周勇列举了目前中国便利店的统计数据:

从便利店主导企业来看,截至 2017 年年底,易捷、昆仑好客两家石油系便利店的门店总数已接近 4.5 万家。

广东美宜佳的规模在杂货店系列的便利店系统中遥遥领先,门店数达到 1.17 万家(截至 2018 年 11 月,1.5 万多家门店遍及 14 个省市)。

广东天福、成都红旗、中国全家、浙江十足(十足原旨为"十步有家店,店内走十步就能满足需求"),这 4 家便利店公司的门店数都已经超过 2 000 家。

有 11 家便利店公司的门店数超过了 1 000 家:河北 365、7-Eleven 中国、联华快客、山西唐久、罗森中国、好德可的、福建见福、四川舞东风、湖南新佳宜、苏果好的、山西金虎早早。

有 6 家便利店公司的门店数超过了 500 家:西安每一天、深圳中业爱民、文峰、中百便利、良友金伴、光明、光明里、山东新星。

西安每一天截至 2018 年年底,算上加盟店刚过 1 000 家。

并购发展、区域特许、委托加盟和直营发展,到底哪种方式更有利于便利店发展?周勇简要回顾了国内五大便利店并购案例,并提出了本次讨论的三大问题:如何看待便利店以并购方式快速做大规模,这种做法会遇到哪些问题?随着众多创新便利店的离场,你认为接下来便利店格局会发生哪些新的变化?便利店行业会出现哪些新的趋势?

1）如何看待便利店以并购方式快速做大规模

对于这种做法,潘育新表示赞同,但他强调前提是所收购的网点需要并购方和收购方有协同性。潘育新认为,大卖场早期是可以跳跃式发展的,但小型业态基本很难,所以中国有很多全国性的大卖场企业,但没有一家真正的全国性便利店企业。他提出了三个观点:

(1)便利店要先区域称王,网点密度比数量更重要。因为以城市为核心的鲜食供应链建设是新型便利店的核心竞争力。

(2)区域网点的发展需要时间和前期承担规模未到的亏损,便利店的供应链先行模式增大了前期经营压力。

(3)并购就是通过一次性溢价来弥补自己开设所并购网点规模所需的前期亏损,缩短发展时间,并追求未来协同效应的有力手段。

便利店并购会出现哪些问题?潘育新认为,并购分为股权收购和网点收购两种模式,两者各有利弊。股权并购不涉及租赁合同和人员问题,但尽调比较复杂,法律风险不好控制。而网点并购则可能和老公司的风险债务彻底无关,但那么多门店翻牌都要和业主重签合同,也很复杂。特别是在网点租金上涨的周期,网点并购难度更大。网点并购还需要原公司彻底解决老员工的合同问题再与新公司重签,这也较难。加盟店需要征求加盟方意见,是否愿意一起翻牌。并购的估值一般不会考虑加盟店的数量,而更看重直营店数量。便利店并购国内外都有例子,也无所谓好坏,关键看并购目标。

对于便利店并购问题,林鑫认为,收购最怕水土不服,所以外资一般只谈授权,不谈收购。至于为何罗森收购全时便利店,有可能是后者自己上门求合作。另外,全时与罗森的体系相似,容易并购。但是内地各大连锁便利店,资质差异太大,不易并购。系统形象、后勤、加盟制度等皆不相同,谈判起来很麻烦,也更增加了合并的难度。所以,对外资便利店而言,并购并不是容易的事。至于企业文化则更因运营模式的不同而更难。罗森应该只是收购全时门店,没有其他。若有,也很麻烦。

林鑫同时指出,全时太分散,跳跃式发展违背了便利店发展规律。

由于每个企业情况不同,收购目的不同,操作方法不同,这都为并购带来不同的结果。刘樾认为,关键要看并购的目的是什么,如果是为了快速扩大规模提升估值转手卖出去,也许并购不失为一个好方法。但是现在收购方越来越精明,越来越专业,身处风口时不找接盘侠,以后就更难了。如果是为了提升企业自身竞争力和区域网点密度,或者寻求弥补自身缺乏的资源,也可以考虑并购。但问题可能会出现在卖家数据的真实性、定价、企业文化、管理方式、双方团队能否顺利融合等方面,如果被并购企业加盟店较多,对加盟店的责任义务和管控方式等问题,企业自身是否能够继续支持更是难题,因此收购方需要特别谨慎。

日本的 7-Eleven 几乎从来不做并购,主要原因也就在以上这些方面。7-Eleven 的加盟体系及企业文化对加盟主的思维方式的影响是通过几十年积淀固化下来的。7-Eleven 不认为被并购企业的加盟店（其实也包括被并购企业的总部）通过并购的方式进入 7-Eleven 体系就能轻易转变思想和工作方式。但如果对加盟店的管控主要依靠商品供货和挂牌，总部盈利主要依靠商品返利，那问题就相对简单一些。

2）便利店格局会发生哪些新变化，并购重组在今年还会增多吗

未来便利店并购是否增多取决于资本市场的活跃度，如果风投继续热衷于便利店，那并购必然会增多，因为这有利于估值的打造。潘育新认为，便利店现在还大多是以区域性企业为主，未来一定会进入整合期，至于需要多长时间目前还无法判断。

从中国的药店行业已经看出了端倪，这个行业一直在进行着大鱼吃小鱼的游戏。上市公司、上游制药批发公司和产业资本，三者都在大肆收购各地的中小连锁药店。简单来说，资本有利可图，那并购就活跃；如果自身资金不够，要老老实实先活下来，那么并购会缓慢。

其实，并购整合失败的概率很高，更多时候只能从消灭竞争对手的价值去考虑了。

刘樾认为，并购一定会增加，不管资本的态度如何，区域龙头企业在逐年增多，他们一定会为了增强自身店铺密度，强化区域垄断性，并购一些小规模或竞争力差的企业，但成功的并购是否同比率增加仍是一个未知数。便利店的并购程度不仅看大集团的发展战略，还要看资本的扩张战略。

对于这个问题，林鑫表示，并购会有，但不会很多。不光要有人肯卖，还得有人肯买。目前资本大多还是以投融资为主。未来便利店应该在质的运营上加强，会发展出一些复合店，诸如便利店 + 面包店，便利店 + 其他等。

弘章资本创始人翁怡诺则认为，目前中国缺乏有经验的并购整合买家。供应链整合需要时间，人员磨合也很难，整合方要真有能力和资源去带来增长点，所以便利店并购还有很长的路要走，急不得。弘章资本 4 年做了 5 次并购，有成有败。这些并购都是以直接控股的方式进行的，作为收购方，弘章资本则变成了资本企业家。

3）接下来便利店行业会出现哪些新的趋势

对于便利店行业的未来，刘樾认为便利店伴随城市发展、人口结构、生活消费习惯变化，自然增长将告一段落。消费者越来越挑剔，同行、异业之间的竞争越来越激烈，只要把店开在好的位置，商品摆上货架就能赢得一定市场的好日子已经一去不复返了。对于企业，怎样在商品选品和强运营上打造自己的核心竞争力将成为决定未来生死的关键。

只有做死的企业没有做死的行业。刘樾不认同互联网企业会把便利店行业打死这种观点。市场上的商品有几千万种，如何从中挑选出适合一家店销售的 2000SKU 是一个大命题。挑选出来后如何在终端以最好的形式展示给消费者并卖出去，国内的便利店在这些基本功方面还有很长的路要走。

潘育新表示，便利店还将会是风投以及互联网巨头们考虑的新零售投资对象，只是估值会更加理智,或者有资本会尝试做行业整合的事情。

在讨论过程中,擎世股份王润琦提问,在供应链越来越系统和完整的情况下,夫妻店未来是否会有更大的竞争力?

对于这个问题,潘育新认为,夫妻店会随着便利店的发展而越来越少,这是由规模经济和组织体系所决定的,同品质的鲜食个体很难做。

实际上,夫妻店确实在减少。周勇列出了三个原因:政府拆违拆掉了很多,互联网打压了很多,连锁便利店挤掉了很多。新业态出现的速度肯定比旧业态淘汰的速度来得更快。城市在更新,消费在升级,小店也需要升级,这是零售变革的最基本趋势。小店如果还是老样子,新零售讲得再好也没用。

关于便利店供应链的问题,闪电购张玮认为,当前阶段便利店供应链平台一定要追求大规模、标品化,这样才有利润。而便利店的生鲜化都具有本地特色,供应链平台在商品上很难做到这一层,而且也没有经营能力。由本地龙头的商超,借助自己的生鲜和供应链能力给小店,做区域 B2B 似乎更有可行性。

对于夫妻店的未来,林鑫以台湾地区情况为例表示了不看好。台湾地区早年也有三十多万家杂货店,经过二十多年的洗牌,现在都没有了。此外,台湾地区早年也有三十多个连锁便利店品牌,目前也只剩下 4 家,全是紧密型加盟连锁,松散型加盟全都被整合了。

（组织/联商高级顾问团　编辑/联商网　张占英）

16　2019 年餐饮与购物中心的机会点

前几年轰轰烈烈的"进 Mall 运动"热潮减退,购物中心红利渐渐变少,"逃离购物中心"的言论甚嚣尘上,尤其是大牌餐饮纷纷抢滩社区店,很多人质疑,餐饮逃离购物中心的节点已到。

未来餐饮真的会逃离购物中心吗? 餐饮与购物中心目前最突出的矛盾是什么,如何来化解? 面对购物中心的升级,餐饮品牌的寿命在缩短,如何应对这一挑战? 新消费时代,餐饮与购物中心新的机会点、增长点在哪里?

2019 年 3 月 29 日晚,联商高级顾问团特别组织了主题为"新消费时代,餐饮与购物中心相爱不相杀"的第 37 期线上沙龙。

本次沙龙由上海商学院教授、联商高级顾问团主任周勇主持,并邀请了国大集团商管公司总裁兼国大城市广场总经理俞雷,联商高级顾问团成员王国平,联商高级顾问团成员郭歆晔,联商专栏作者、资深零售人孙裕隆等分享嘉宾参与线上讨论。

在讨论开始之前,周勇就当下餐饮业与购物中心的关系及发展现状发表了看法。他指出,饮食有"三食"。

(1) 内食减少。在饮食的三种形态中,在家做饭烧菜的内食逐渐减少。即使内食,也常常会买一些"加工食材",以求快捷烹饪。"50后""60后""70后"还会自己琢磨在家做"慢菜","80后"看着手机上的攻略做"快菜","90后""00后"如果想做菜,也常常是食材与配料一锅煮。

(2) 外食大增。随之而来的是外出就餐的频率越来越高,这也是消费水平提高的一个重要表现。在一线城市中,包括正餐、快餐、面包、甜点、咖啡、奶茶、早点等品类的餐饮店铺数在各类零售店排名中独占鳌头。如在上海,大约有45万家零售店铺,餐饮店铺约占三分之一。

(3) 中食大变。介于外食与内食之间的"速食"就是"中食",最典型的就是便利店的即食食品,购买方便、食用方便、卫生经济、口味尚可。之所以说"中食大变",那是因为有了"外卖",消费更便捷。有数据显示,2018年餐饮外卖已经突破2 500亿元,比10万多家便利店全行业的销售总额还要高,可见,外卖行业是我国最大的便利店系统。当然还有各类传统餐饮店以及餐饮化的超市、大卖场等,都开始做即食和外卖业务。

事实上,餐饮化是最近4年来我国零售业的一个基本趋势,也是百货购物中心转型升级的一个重要方面。周勇分享的一些宏观数据和大趋势,很好地起到了抛砖引玉的效果。

1) 购物中心的餐饮新模式

餐饮+IP、超市+餐饮、书店+餐饮等,购物中心更青睐哪些餐饮新模式?

俞雷结合自己多年的操盘经验,谈了自己的体会。他认为,无论做什么"+餐饮",核心都是原有业态的优势和高度,如果核心业态不强的话,加了餐饮就没有任何意义。跨界餐饮能做好的凤毛麟角,所以并不建议做跨界。

实际上,购物中心更青睐大型餐饮品牌或成熟的餐饮品牌的副牌,购物中心竞争太激烈,非专业餐饮品牌做餐饮,很难形成品牌认知度和竞争力。同时,有培育价值的街边店,如杭州的卤儿道道、景芳周大姐烧麦等,这些产品好、能够标准化、老板有连锁动力的街边餐饮,反而更能在购物中心中生存得很好。所以,俞雷一针见血地总结道:"专业的人做专业的事,+餐饮不是重点,加强自己原有的业态和品牌认知才是重点。"

孙裕隆认为,购物中心餐饮业态的特点有两个:一是客单价不高的标准化品类性餐饮(黄记煌);二是客单价不高、标准化高的生活方式餐饮(南京大牌档、长安大牌档、外婆家、绿茶)。品类性餐饮进购物中心是很受购物中心欢迎的,但前提是产品基础好、运营能力强、快速迭代能力强。

针对跨界业态,孙裕隆指出,餐饮是高周期性业态,易于横向跨界,可以垂直深挖,但跨界做复合业态的前提是要解决顾客的基础需求,也就是说,餐饮整合无论是重模式还是轻模式,餐饮必须让顾客有足够的体验理由和体验度。

中国餐饮业的进步需要向两极发展：一极是标准化，解决规模问题；一极是非标准化，解决餐饮传承问题。

王国平认为，+餐饮，主要是从硬装、软装、文化包装等方面演进，纯硬装基本已经不被看好，餐饮更多在软性上来体现优势。体量大点的物业，最好是把餐饮单独分区隔离来操作。

郭歆晔称，掌握新定位的品牌，意味着可以进入新的渠道。有的餐饮企业如外婆家、王品选择在集团内部孵化新品牌，或针对商场的需求开出主品牌的副线，比如"穿越·外婆家""南小馆"。

2）餐饮与购物中心最突出的矛盾

相对零售业态，餐饮品牌的承租力相对有限，但往往餐饮店需要占有一定面积，而且对物业和消防要求更高，因此购物中心，对餐饮可谓又爱又恨。

俞雷赞同这样的观点，他认为，购物中心，尤其是核心商圈的购物中心成本高，导致租金越来越高，但餐饮，尤其是大型餐饮的承租能力是有限的，销售额既不及零售，又受制于翻桌率和高人员成本，这样的矛盾会越来越突出。如何化解这样的矛盾？俞雷认为餐饮店小型化、单品化、标准化，提高平效、降低人员成本是应对之法。

"资源有限、市场残酷，餐饮毛利高但时效低、综合成本太高。"孙裕隆简要概括。

3）餐饮品牌应对新挑战

俞雷表示，面临购物中心的迭代升级，餐饮也需要升级迭代，做新品、做副牌、做升级版。喜茶是个很好的正面例子，虽然是个网红品牌，但是迭代快。这种销售好、平效高、能出租金又能带动人流的品牌，购物中心很喜欢。而餐饮品牌要做到不断迭代，核心是研发能力和管理者的思路导向，消费者也希望遇到好产品、新产品、新体验。

孙裕隆认为，所有的选择都需要匹配，匹配是相互的能力与要求，不是淘汰谁的问题。匹配的前提是想清楚为什么进购物中心，进去了就要与之匹配，不匹配而主动撤与被淘汰是一样的；反之亦然。

郭歆晔表示，如今到上海购物中心选餐厅就像"舌尖上的环球旅行"，想到各国各地的餐厅舒缓压力散散心，虽然特别好吃的不太多，很多人其实更多是为了拍照发朋友圈。

4）餐饮与购物中心新的机会点

对于餐饮与购物中心的未来，俞雷表示，新消费时代下餐饮与购物中心新的机会点是餐饮集团化，集团化旗下的多品牌、单品化；做餐饮标准化。餐饮品牌需要适合购物中心的大客流、高翻桌率的需求，也要适应购物中心平时和周末的客流差异，尽量降低人员成本，做餐饮的标准化和配送。

孙裕隆认为，中国餐饮行业的热闹与规模背后是全行业的脆弱与泡沫，对产品的坚守与传承成为极其小众的选择，大多数还在模式与营销上尬舞。从产品对于顾客的价值看，餐饮行业的规模增长背后是对产品的丢弃，而回归产品考验的完全是核心经营者的人性。每个行业都有基础性问题,谁去面对谁就是真爱。

周勇总结:

(1)购物中心餐饮化,有不同的思考逻辑。跨界这事很不容易做。购物中心的餐饮呈现出多样化,其中品类餐饮做得不错,全包厢正餐也有很多成功实例。购物中心的餐饮要重视挖掘新品类、开发新品牌,要重视包装与推广,尤其是要开拓经营者的思路,既然进了购物中心,就要有发展连锁的目标。餐饮的标准化对连锁餐饮来说是必需的,但标准化也会面临消费差异化与喜新厌旧的问题。所以,做餐饮更应该注重创新与变革。

(2)对百货购物中心来说,不做餐饮怕落伍,做了餐饮又怕不旺,反而使销售与收入双降。其实,百货购物中心与餐饮商户是互为促进的"不对等"关系,一损俱损,一荣俱荣。百货购物中心,最关键的还是商品,把餐饮做上去了,把其他服务项目做上去了,但如果商品不行,无论百货公司还是城市综合体,都得完蛋。尽管城市综合体竭尽全力在做全渠道、餐饮化、娱乐化、体验化等方面的努力,但其业务结构、经营面貌与顾客体验并没有显著改善。

百货行业效益下降的根本原因不是电商分流,不是娱乐短板,不是服务不好,不是场景不对,而是缺乏品价比和性价比的商品。

(3)做餐饮得有"三好":一是氛围好,二是口感好,三是形象好。如果一个餐饮店有这"三好",就一定会兴旺。符合上述三个条件的餐饮在全国各地有很多。大多数散落在村口、街边、弄堂的小吃,其实只符合一个"口感好"的条件,就能拥有忠诚的客户,但他们只植根于地缘文化中。

城市动迁使原有的"地缘文化"在渐渐消失,百货购物中心成为各类人群聚集的新地标。此类综合体的功能也将随着人口结构的变化而改变,清一色高大上的外衣会日渐褪色,向多样化发展,甚至会出现医养结合的城市综合体。用传统小吃吸引客流也许是一种不错的选择。

(4)我们总是生活在矛盾之中:老板说人工开支太高,员工说工资收入太低;房东说租金太低,房客说租金太高;政府说开支太大,百姓说税收太高;老师说学生太懒,学生说老师太笨;家长说孩子太自私,孩子说家长太霸道。我们要善于从这个充满矛盾与困惑的不确定的社会经济环境中,去寻求商业迭代与叠加的新途径。

(组织/联商网高级顾问团　编辑/联商网　陈宁辉)

17 "卖菜"似乎不赚钱,可巨头们为何还要入场

自2019年以来,前置仓与社群化成为零售业的新热点,核心是生鲜食品,大家都开始抢夺"菜市"生意。究竟当前大家扎堆卖菜的现象是趋势还是风口?哪种卖菜模式会

被看好？卖菜模式的关键点又是什么呢？

2019 年 4 月 29 日晚,联商高级顾问团特别组织了主题为"如何看待当前买菜卖菜模式"的第 38 期线上沙龙。

本次沙龙由上海商学院教授、联商高级顾问团主任周勇主持,并邀请了叮咚买菜 CEO 梁昌霖,招商证券零售首席分析师宁浮洁,联商高级顾问团成员王国平,以及联商高级顾问团成员云栖居士等嘉宾参与线上讨论。

在讨论开始之前,周勇首先列举了诸多玩家:盒马鲜生不仅开了"菜市",而且还做起了类似前置仓的"盒马小站";叮咚小区改为"叮咚买菜",猪年春节前就在小区打起了栏杆广告,使更多的消费者认识并开始使用这个"生鲜到家"的 App;"水果大卖场"开始转型为"蔬果大卖场";苏宁小店也正在快速抢占小区门口的制高点;"百果园"几千家店也要做前置仓和卖蔬菜了;步步高布局生鲜便利店"汇米生鲜";阿里与百联合资的"逸刻便利"也开张了;美团买菜启动北京市场测试;饿了么、口碑宣布与叮咚买菜签署战略合作协议;苏宁小店 App 上线苏宁菜场功能;永辉超市一季度开了 93 家 Mini 店,打响社区生鲜阵地战。

周勇认为,行业大户人家入行"菜市",模式多样,百花齐放,针对的都是"饭碗"！谁能胜出？谁能折腾出"放心菜""美味汤""安全饭"？值得行业期待！总之,卖菜的人越来越多！但买菜的量与买菜的人是不是也在同步增长？从数据与预期来看,这两个数据的增长是有限的,甚至有可能会往下行的方向变化。

1）当前大家扎堆卖菜的现象是趋势还是风口

对于当前大家扎堆卖菜的现象,梁昌霖表达了自己的观点,他认为,线上卖菜特别有价值。

首先,用户需求。例如今年春节以后,叮咚买菜订单涨了 57%,是因为春节期间大家买不到菜,而叮咚买菜春节不打烊,还有台风天、暴雨天,用户需要的时候叮咚买菜总能把菜准时送到家。

其次,年轻人不去菜场买菜。年轻人的需求跟老年人需求其实是不一样的,吃方面有自己的主张,但是不愿意去菜场买菜。

最后,安全性。中国人长期以来都有对吃的安全的担心,大家错误地以为只要到菜场自己挑就安全了,其实挑的只是品相,不是品质。如果是分散的源头和零售,是很难控制好品质的,只有这些大的渠道才能有力量去倒推上游,做好品质,并且大的渠道也不敢犯错误,渐渐变大的渠道有力量来推动食材的安全化。

梁昌霖表示,以上三点是有价值的事情,所以有需求或者有动力来做好这件事情,或者今天不做,未来一定有人来做这个事情。

而为什么是在这个时间点上,梁昌霖表示,生鲜电商到今天应该是互联网最难的一个环节,连那些大的巨头包括京东、阿里等也很难做好。但现在的好处在于,技术等很多方面已经成熟,包括供应链系统的技术,对数据的预测,对用户的画像,对用户的推荐,等等。

此外,用户到家的习惯这几年也被外卖给养成了。所以在这种天时地利的情况下,一旦有人做得还不错,大家都会发现这个机会。大家都来做这个事情,也不是坏事,总是有人在竞争中会成功,有人在竞争中会被淘汰,这就是大自然的规律,优胜劣汰一定是一个行业发展的最大推动力。

云栖居士认为,这是一个趋势,因为卖菜只是第一步,接着会卖水果、卖牛奶、卖肉、卖冻品,最终会卖全品类或者有供应链优势的品类,卖菜只是第一个切入点,而且这个切入点具有刚需、强黏、高频、量大的特点,它切入的三部曲通常是:第一,以货连接顾客——弱链接;第二,以服务连接顾客——中链接;第三,以心智连接顾客——强链接。

从产业的角度,宁浮洁表达了自己的观点,他认为,卖菜是未来的一个产业趋势,现在资本也向这个方向去涌。需求端来看的话,是一个消费的升级,是买菜的主力消费人群,对于购物环境有一个大的变化。同时需求端的变化还体现在消费者越来越懒。

宁浮洁认为,现在生鲜或者卖菜的渠道可以分为几个维度:第一,传统的菜市场;第二,大卖场;第三,整个线上或者说是赋能超市的纯线上平台,包括前置仓;第四,纯粹的前置仓模式,包括社区拼团。

未来,需求端应该更多地导向供给端,整个供应链的效率要进一步提升,这个才是产业发展的趋势和未来,能够实现盈利的一个盈利点。多种模式进行搭配才是生鲜未来布局的产业方向。

王国平则认为,菜市场是新鲜定价,价格走势前高后低,你想买新鲜的,基本还是会去菜市场交易。同时菜市场具有社交属性、就业属性等多种功能,不会轻易消失。超市是基准定价,定标后没得砍价,不论新鲜与否,除非到了清盘阶段。超市跟菜市场具有重叠性,同时具有差异性。电商崛起在于C端客群需求分裂出便捷需求,这块会从超市以及部分菜市场切割出来。开发商主要做社交属性,农批商主要做链条整合,市场、分拣中心、冷库建设等。

2)看好哪种卖菜模式

究竟看好哪种卖菜模式,云栖居士认为,卖菜是个存量市场,从目前来看,存量市场体量更大,其变化主要是渠道变迁所产生的结构性变化;而主要增量则是人们更高品质、更差异化的消费升级需求。因此,未来会是线上线下融合的"传统菜市场+大卖场+社区生鲜"这样一种结构,社区生鲜会成为生鲜渠道的第三极。

梁昌霖则认为,未来是多业态,甚至多区域共存,生鲜很难产生像原来互联网那种赢家通吃、一家独大的垄断态势。从政府和老百姓的角度来说,也不希望是一家独大,那是一件特别可怕的事情。好在这个商业即使不垄断,也可以赚到钱。

另外,这个时代最大的特点是人们有很多的选择,包括有不同业态的选择。在不同城市,选择也不一样。

因此,梁昌霖认为,前置仓也是很好的模式,盒马这种业态也是比较不错的模式,未来一定是多业态甚至不同区域,有少数几家比较大的,还有一些小而美的,大家相互补充,这是特别美好的一种生活业态。

此外,谈到叮咚买菜未来是否开实体店,梁昌霖表示,至少在上海这样的一线城市和准一线城市会坚持做前置仓。前置仓其实是一个非常棒的模式:第一,特别适合做生鲜;第二,在效率上其实要高很多;第三,前置仓突破了传统生意对地理位置的依赖;第四,前置仓可以实现全渗透,连成面。

3) 卖菜模式的关键点是什么

云栖居士认为,不管哪种模式,最关键的一定要明确发展路径:标准化—品牌化—差异化。

(1) 标准化:生产规范标准化;检测制度标准化;流通规范标准化。

(2) 品牌化:保障品质和质量是基础;打造丰富产品内容;长期市场互动形成口碑。

(3) 差异化:精选产品种类;发掘产品后加工价值(净菜、配菜、半成品等)。

而作为实际操盘者,梁昌霖表示,他们自己也提了第一性原理,就用户需求端来考虑,做到"好、快、全、省"。要做好卖菜这件事情,首先要品质能保证,其次送达要准时,最后品类一定要齐全。

从商家端来讲,该怎么做才能赚钱呢? 因为客单价是用户来决定的,毛利率也不会特别高。所以,只有通过提高效率,而效率在卖菜这个事情上,就是订单密度一定要高,只有达到这个密度,到家的成本才是低的,用户跟用户之间才能有网络效应。

最后,周勇对整场沙龙进行了总结并发表了自己的观点:

(1) 老龄化、小家庭化其实会导致生鲜购买次数与购买量明显减少。如果一家五口人(三代)住在一起,需要天天买菜。但如果第二代为了第三代上学而分居出去,留下两老,生鲜的购买频次与每次购买量就会有较大幅度的减少。对此,首都经贸大学陈立平教授曾经对我说,生鲜消费量不仅增速趋缓,而且绝对量也有可能下降。统计数据与这一趋势是比较吻合的,只是目前还没有特别明显而已。但中国人口基数大,广义的"菜"仍然是一个巨大的市场,有人说市场容量达到 2 万亿元,也有人说远远不止。

(2) 买菜减少,卖菜增多,需方减量,供方增量,这样发展下去,必然一地鸡毛。但总会有人胜出,最不幸的可能是超市卖菜的。

(3) 2019 年 4 月 25 日,"上海国际连锁加盟展"开幕,参展商中餐饮商户占七成,这意味着什么? 因为其他实物商品都可以通过在线解决,唯有餐饮大部分还必须"肉身体验"。尽管餐饮销售额 2018 年首次突破 4 万亿元,但增幅首次跌破 10%,增长最快的是快餐、饮料、冷饮、外卖。快餐饮食已经成为餐饮消费的常态。在加盟展中,总共 260 家特许加盟参展商,其中快餐小吃 116 家,占 45%,甜品茶饮 55 家,占 21%,两项合计为 66%。

（4）外食（餐馆）与中食（便利店与快餐）的人越来越多，买食材回家自做（内食）的人就越来越少。所以，卖菜这个最传统的行当，如果没有创新，光开个店是很难赚钱的。

（5）总之，市场很大，结构在变，新模式的发展速度总比旧模式的淘汰速度要快，也就是说，新模式会被越来越多的人所接受，但旧模式也不会快速被淘汰，甚至会延续很久很久，如菜市场。上海还制定了菜市场发展规划，他们是按照每2万人配置一个标准化菜市场来设置的，按照3 000万人口规模，要配置1 500个菜市场。这是2013年的规划，如今可能要修改这个规划了。

（组织/联商高级顾问团　编辑/联商网　杨　宇、梁　莹）

18 水果涨价，都是资本惹的祸

2019年5月29日晚，联商高级顾问团特别组织了主题为"谁让你失去了水果自由"的第39期线上沙龙。

本次沙龙由上海商学院教授、联商高级顾问团主任周勇主持，并邀请了展卉贸易有限公司董事长周小周、江苏绿然农牧创始人CEO钱前、鲜丰水果董事长韩树人、鲜丰水果产品中心经理张政、联商高级顾问团成员王国平以及联商高级顾问团成员刘国正等嘉宾参与线上讨论。

2019年上半年，水果涨价的话题屡上热搜，两个苹果15元，一个新疆梨卖到9元，一个西瓜将近80元……疯长的价格让许多人感叹：水果都吃不起了！

曾几何时，车厘子是人们通向水果自由之路的拦路虎，而如今连苹果和梨这些常见水果也都成了绊脚石。是什么原因让水果的价格上涨？又到底是谁让大家失去了水果自由？水果涨价给我们带来什么反思？

据农业部数据，5月的水果批发价格（由7种重点监测水果平均价格衡量），已达到7.39元/千克，创5年来新纪录。全国（港澳台除外）有19个省份鲜果价格同比涨幅超过10%。

国家统计局数据显示，全国城乡居民人均鲜果年消费量，从2013年的37.8千克增长到2017年的45.6千克，4年增长了20.63%。全国城镇居民人均鲜果年消费量，从2013年的47.8千克增长到2017年的54.3千克，4年增长了14.07%，增幅低于全国居民平均增幅。全国城镇居民人均鲜果年消费量，从2013年的27.1千克增长到2017年的35.1千克，4年增长了29.52%，增幅高于全国居民平均增幅与城镇居民平均增幅。

水果涨价的原因很多，从需求和消费层面，这些数据可作参考。

1）水果种植及供应链的现状与趋势

对于这个话题，作为主打单品类水果种植企业——江苏绿然农牧的创始人CEO钱前最有发言权。5 月 29 日晚,在联商网举办的第 39 期线上沙龙上,钱前表示,欧美、日本的生鲜体系属于驱动型,终端零售 + 流通环节 + 上游种植端,零售业态背后的消费诉求形成了终端对于商品性的生鲜产品需求;而中国的生鲜模型现阶段是倒逼型,由终端零售业态去倒逼流通环节与上游种植端;这种模式最薄弱的是中国农业种植的体系与生鲜商品性的缺失。

我国在农产品保鲜、储存、运输、流通等环节相对于欧美、日本等发达国家较为滞后。

在商品果预处理方面,欧洲各国在果品采收后的商品果处理率在 90% 以上,而我国大概只有 40%。日本 90% 以上的水果都经过了预冷处理,而我国目前大概只有 5%。

冷链运输方面,我国只有 10% 的果品实现了冷链运输,品种也仅限于一些经济效益比较高的水果,而发达国家一般在 80% 左右。

损耗率方面,我国每年生产的果品,从田间到餐桌损耗率为 25%～30%,损耗预计超过 1 000 亿元,这部分损耗基本可以满足我国 2 亿人口的基本营养需求。发达国家的果品损耗率普遍控制在 5% 以下,美国果品在保鲜物流这个环节,损耗率在 2% 以下。

储存方面,我国水果的储存能力为总产量的 20%,且多为简易冷藏储藏。我国气调库的储藏能力目前只有商品果产量的 10% 左右,但一般发达国家的水果储存能力为 100%,并且 70%～80% 都用气调库。

我国整个消费端的商品果需求急速增长,然后倒逼上游种植。目前,国内的上游种植基本仍局限在传统的种植模式和种植体系,没有形成系统化种植。

钱前指出,未来中国果业的出路有两个方向:一是单品类水果标准化种植体系的建设,通过系统化的种植,把育种、育苗、病虫害防治、水肥一体化、修剪疏、采摘、分级包装、流通等产业链打通,专业的人完成产业链专业的事;二是基于水果的商品果复杂的产业链,未来基于种植端可以直接通过种植管理输出商品果与通过设备筛选完成商品果的输出。

鲜丰水果产品中心经理张政表示,中国水果目前正处于品种更迭、改良品质的爬坡期,而且随着越来越多的年轻人和资本进入水果行业,在未来几年这种趋势会越来越快,品质提升的过程本身就是价值在提升,价格相应也会上涨,大的趋势可以参考同在东亚且一样地少人多的日韩。未来国产水果的价格会在一段时间内出现两极分化,好产品的价值和价格会快速体现(这些产品实际上是在填补前期水果和经济发展不匹配遗留下来的中产需求空白),大宗水果的价格会随着品种和品质的改良缓慢提升。

中国水果供应链正处于快速完善和提升的阶段。货源上国内水果随着年轻人和资本的进入,正在回归农业应有的收益,进口水果随着"一带一路"的发展,也在加快全球布局。流通渠道上随着互联网和物流的发展,正处于一个多元化的进程中。中国水果的消费链,在一二线城市已经开始改善,但是在二线外城市的消费端还有巨大需求空间亟待改善,水果微商和去年智利车厘子的成功都在表明,二线外城市消费者的消费观在快速改变和进化,而互联网在其中起着催化剂的作用。

联商高级顾问团成员王国平认为,资本的作用是价值发现,零售商、贸易商利润在本轮水果涨价中没有受到太大影响,销售数量或出现下降。受损的资本市场做空者以及消费者,实体链条最受益的仓库以及种植端。仓库是整个链条最需要投资的,所以受益将反哺仓库的快速建设。种植端也是长期被低估。资本的运作将让整个链条更加合理。

当话语权向仓库以及种植端转移时,自然会推动这两个环节的大发展。贸易商这个链条未来会比较惨,除非渗透到上游种植端以及仓库。而种植端获益大了,年轻人和文化人就来了。目前,种植端在整个链条中毫无话语权,导致种植端只能傻傻地干活,还被嫌弃。批发环节会不断缩短,这块利润会被分走,渠道端向上游渗透率加速提升。

新进入赛道的选手种植选品往商品猎奇稀缺性以及精品方向走,同时精选高端渠道进行销售。有人愿意赌,有人关注,就是好的开始,种植端的价值会不断被外界发现。

联商高级顾问团成员刘国正则强调,水果的标准化、品质把控、成本控制、效率等都是大家关注的问题,从整个供应链来看,对于效率的要求越来越高,有的是企业自发地去研究、提高,有的是被倒逼的,不管出发点如何,方向正确就好。效率包含很多,比如品质、时间、标准化等。

水果产业的结构本来就需要升级,需要更合理化,比如从品类、从熟果期的规划等。前段时间大家讨论的热点,比如社区团购、前置仓、线上生鲜等,水果这个品类往往都充当了急先锋、主力军的角色。很多新模式还值得尝试,当然投入多少精力、财力要根据自身的情况来考量,但重要的是,自己最有优势的部分、模式要一直保持精进。

2) 水果价格大涨的原因是什么

对于水果涨价的原因,钱前认为,一方面是消费需求的迭代和上游水果种植的薄弱。老产区在果品种植上还是丰产不丰收,没有更多地去追求商品果率,而是追求总产量。另一方面,水果每年 3～4 月和 11～12 月是断档期,水果价格的核心取决于种植成本、采后成本、流通成本等,这些成本决定终端定价。此外,还有一个原因,如今水果消费场景多样化,年轻消费者即买即食,不需要厨房加工,追求品质。

展卉贸易有限公司董事长周小周表示,水果涨价与季节、投入、消费等都有关系,除了这些正常的成本上涨外,资本推动才是水果涨价的最大因素。进入的资本把一些果园产量承包,从而控制资源,推高水果价格。

鲜丰水果董事长韩树人则列举出了五点原因来阐述水果涨价问题:①中国农村从业人口红利终结,林果经济作物种植用了 30 年的试错和经验积累和沉淀,果农的收入期望值在不断提高;②中国人均耕地只有全球平均耕地水平的 25%,大众普通水果品种的种植越来越少;③中国是北半球,每年 10 月至次年 5 月是国产水果的枯竭期;④中国之前三四线城市没有重视吃水果,现在市场被教育出来了,吃的需求旺盛;⑤中国未来水果更趋向日韩等国,涨价是必然趋势。

张政则认为,目前水果给人感觉大涨的原因有几个:①领跑涨价的是水果里的价格指数品类苹果和梨,且短期内涨价幅度极大,影响范围广,给人以水果整体价格大涨的感觉;②目前本身处于国产水果的枯竭期,水果少,价格本身就比较高;③苹果、梨的涨价只是品类的个别现象,是去年的入库量、资本、货主的惜售心理以及供求关系等多方共同造成的。同时,张政还强调,与往年相比今年同期新上市的柑橘、芒果、荔枝、西瓜、蜜瓜、油桃等类价格虽有上涨,但幅度都不大。所以,与其说是今年水果大涨,不如说是今年苹果、梨大涨。

鲜丰水果应对这次苹果、梨的涨价做了两手准备:一方面鲜丰在国产苹果、梨方面有自己的库存,能够稳定售价;另一方面鲜丰在持续布局南半球的水果产地,今年就有大量的南非、智利和新西兰等国的苹果进来,来平衡价格和满足顾客需求。

刘国正表示,从往年的操作来看,这段时间受季节性因素影响,价格一般都会上涨(新水果未上,存货减少),但可以看到今年的水果涨价幅度较往年幅度过高,这个涨幅已经超出了季节性影响的范畴。官方解释是受极端天气影响,供给短期内下降,导致了本次的价格大幅上涨。他强调,大家需要警惕的是:之前大家都经历过"蒜你狠""豆你玩",是不是在这几种农产品价格疯涨的时候,大家也听到过各种声音?

往年这个时间段也涨价,但今年幅度太大。刘国正特意从重点农产品市场信息平台截取了两张数据图(如表3-1、表3-2),来对比今年与去年同时间段水果价格对比。

表 3-1　　　　日期:2019 年 05 月 20 日至 2019 年 05 月 26 日

序号	商品名称	上周价格(元/千克)	本周价格(元/千克)	涨跌率
1	富士苹果	10.42	11.36	9.02%
2	巨峰葡萄	12.83	13.76	7.32%
3	鸭梨	7.81	8.24	5.52%
4	菠萝	4.00	4.13	3.07%
5	香蕉	5.48	5.59	2.03%

表 3-2　　　　日期:2018 年 06 月 04 日至 2018 年 06 月 10 日

序号	商品名称	上周价格(元/千克)	本周价格(元/千克)	涨跌率
1	巨峰葡萄	13.09	13.62	4.07%
2	富士苹果	6.22	6.29	1.19%
3	菠萝	3.24	3.25	0.53%
4	鸭梨	3.54	3.55	0.28%

王国平则认为,水果涨价是正常情况,不涨才不正常。目前水果的问题是短期涨幅过快,与消费者消费能力及预期存在差距。涨价的合理性在于:①种植端产品的升级,从

以产量为主到以精品为主;②货币贬值带来的普涨;③种植价值长期被低估,引发的价值修复;④水果境内外价差的填平。

水果涨价以前是消费驱动,从去年开始增加投资驱动,引发资本盘口短期可交割物的短缺。资本市场反过来影响现货市场,又造成现货惜售,从而出现期货、现货共涨的局面。期货是资本思路,现货以贸易商思路为主,属于不同维度。

3) 水果价格未来趋势

张政表示对于接下来的水果价格趋势不敢妄评,因为国内大量的水果还处于采后即售的模式,价格往往在短时间内会有剧烈变化,但从长期看又贴近于供需之间的平衡。

张政认为,中国水果供应链正处于快速完善和提升的阶段。货源上国内水果随着年轻人和资本的进入,正在回归农业应有的收益,进口水果随着"一带一路"的发展,也在加快全球布局。流通渠道上随着互联网和物流的发展,正处于一个多元化的进程中。中国的体制和国情与其他任何一个国家都不同,未来中国水果的价格可能会低于日韩,高于美澳。

中国水果的消费链,在一二线城市已经开始认知的提升和极大改善,但是在二线外城市的消费端还有巨大需求空间亟待改善,水果微商和去年智利车厘子的成功都在表明,二线外城市消费者的消费观在快速改变和进化,而互联网在其中起着催化剂的作用。

刘国正认为,按照往年的规律和节奏,价格会随着季节性的推移有所下降。水果中的高频消费品,比如苹果,以山东为例,烟台红富士 10 月份,其他品种 8、9 月份陆续下来,在这之前,个人预计价格难回落,新苹果上市之后会有改观;另外一些替代性比较强的品类,则会下落快一些。

王国平表示,物价合理上涨与居民收入维持在一定匹配度上,短期上涨"过快"是不具有持续性,未来还是围绕价格与收入进行合理上下波动。这轮价格上涨不是季节性推动,下跌也不会是季节性推动。

最后,上海商学院教授、联商高级顾问团主任周勇总结发言称,我国水果产业链中的,种植、加工、保鲜、冷链、储存、分销,都面临极大的挑战,但也出现了一些新的转机,如"80 后"进入种植领域,针对消费升级的用户需求,坚持高品质、标准化的发展模式,已经取得一定的成效。水果批发的市场也与零售市场一样面临着被肢解的极大风险。

关于 2019 年上半年水果价格快速上涨的原因,除了季节性涨价、极端天气、存货量少等因素之外,市场后面有推手,有暗流,有资本,有预期,有囤货惜售。所以,货变得越来越少,价格自然就上涨,这可能也是食品价格普涨的一个先导信号。

(组织/联商高级顾问团　编辑/联商网　张占英)

第 4 章

行业点评

　　本章是我们对近年来行业热点问题的评述,反映了对行业的关注与看法。有些事看起来是大事,其实是小事,有些事看起来是小事,其实是大事。小事与大事的演变,需要时间的考验,如果不能从源头看到尽头,也至少应该把握当下的关键问题,否则就会在迷失中前功尽弃。

1 联商网零售人 2020 年信心指数大调查揭晓

联商网组织的零售人 2020 年信心指数大调查,共有 7 030 名业内人士在网上投票。两个问题的投票结果与分析如下。

1) 问题 1:2020 年来临,作为零售人,你对零售行业发展的看法是什么

调查结果:

56%的人认为年年难,明年会比今年更难。

31%的人认为扩内需,重民生,明年会比今年好。

13%的人认为不明朗,无法预测。

调查数据显示:半数以上投票者不看好 2020 年,这也许是实实在在的不看好;三成投票者看好 2020 年,这也许不是真正的看好,而仅仅是一种期盼。

技术在进步,需求在升级,政策有利好,环境有改善,为什么大多数人越来越不看好未来前景? 主要原因有三个:

(1) 老革命遇到了新问题。面对新零售、新渠道、新传播、新消费、新生态,老一辈零售人似乎感受到以往的经验不够用了,以往的套路不灵验了,纷纷退出江湖,回归本来生活。企业仍在积极求变,但处于两难境地:与平台商合作,被他们牵着鼻子走;自己又难以建立起与用户的连接渠道。然而,老企业毕竟是有点家当的"大户人家",即使主营业务已经不行了,但企业总体状况尚可,处于"垂而不死,腐而不朽,倒而不亏"的状态。倒是新零售,如果资本不再看好,不再输血,自己又缺乏造血功能,就会在短暂辉煌以后"一击毙命"式地夭折,这是必然的。零售历来都是重资产,做零售轻飘飘的结果就是重重地摔地上。

(2) 新革命遇到了老问题。各种新零售的样本确实给用户带来了无数新体验,在一片欢呼过后,做着赔本赚吆喝的事儿。新一代零售人,梦想比天高,一心想着占领、占有零售全市场,自以为有"绝杀""绝招",不给竞争对手留个缝缝,但结果并未完全如愿。神仙下凡,毕竟还是神仙,无法融入"凡界",他们哪里顾得了油盐酱醋等婆婆妈妈的开门七件事;人间的零售买卖被神仙看作马车,本来以为马车可以改造成汽车,最终连神仙也改造不成;最要命的就是投入产出不平衡,热热闹闹却不赚钱。

我昨天去盒马总部,顺便看了位于曹家渡的盒马鲜生,总体感觉:未来的零售确实应该像盒马那样发展,腊八节有八宝粥,有糖炒栗子,有现烤蛋卷,有烂糊肉丝,有糖葫芦,有各种颜色的圣女果,有白色草莓,东西特多,看起来好吃,闻起来想吃,吃过以后还想吃。

但同时也感觉,价格有些高,咸虾皮 140 多元每千克,淡虾皮 200 多元每千克。

再有就是电子价签看不清。我觉得这个价签要改进,如果沿用物价部门"七标一章"的传统做法,小小一个电子标签实在放不下。一方面规制要改;另一方面技术也要更新。

老百姓其实没多少钱,对价格也十分敏感,低价竞争虽然不是趋势,但高价就会限制消费。

(3) 宏观环境复杂多变。大家都处于不确定的大环境中,贸易战方兴未艾,经济增速回落明显,政府不仅抓大经济,也在抓小经济,连零售市场的"尾巴"——便利店,也被人为地拔高为最贴近老百姓的零售业态。其实,便利店就是一个中食餐饮业。国家统计局官网数据显示,在便利店、折扣店、超市、大型超市、仓储会员店、百货店、专业店、加油站、专卖店、家居建材商店、厂家直销中心以及其他业态连锁中,便利店 2018 年的销售额仅占总销售额 52 166.5 亿元的 1.04%。由于政府提倡夜经济,正试图把前几年关停的店铺恢复营业。这也可以看出"病急乱投医"的情况。政府急,行业更急。但急的方向可能不尽一致。

我觉得,零售就是一个"不倒翁"!只要有人,就得有零售。变化的只是需求与零售方式,不变的是,零售产业依然是一座城市的支柱产业。金融服务产业,零售服务民生。

2) 问题 2:2020 年,贵公司的发展态度是什么

调查结果:

34%的人认为困难与机遇并存,迎难而上,逆势大扩张。

43%的人认为练好基本功,稳步扩张。

14%的人认为固守市场,减员增效。

8%的人认为求站队,求卖身。

调查数据显示:有四成多的投票者选择了"稳"。其实,减员增效,也是一种求稳健的发展态度,连苏宁、华为等公司也大量裁员,更不要说其他中小企业了。这两项加起来约占六成,也就是说,约有六成的投票人在 2020 年选择了稳健的发展态度。这是环境不确定背景下大多数企业必然会采取的基本策略。

尽管如此,还是有 34%的投票人选择了"迎难而上,逆势大扩张"的比较激进的发展态度。

从调查数据来看,"卖身"已不再是主流态度。

总的来说,2020 年的发展态度就一个字——稳!在这个时期,我国零售业其实正在面临多种变革,零售导向进入了转折期。

我国零售业在过去 40 年发展中,前 30 年经历了承包制与连锁制,后 10 年虽然呈现出平台化、移动化、社群化、碎片化、会员化的发展态势,但基本的零售格局仍然没有发生颠覆性变革,线下仍然是主体。

但根据国家统计局官网公布的数据,截至 2019 年 11 月份,我国累计实现社零总额 372 872.3 亿元,累计实现网上实物商品销售额 76 032.3 亿元,网上实物商品销售额在社零总额中的占比达到 20.39%,首次突破 20% 的边界线。

实际上,在某些行业,如宠物行业,线上占比早已突破 40%。在线下传统企业中,有些企业线上占比也已经占到三成。另一些企业通过努力线上占比仍未突破 5%。如果单纯依靠线下守株待兔式的销售模式,销售下降是眼前的窘态,用户流失则是根本的危机。这一切都说明,传统的以商品和供应商为导向的零售模式,正在向以用户为导向的零售模式发展,用户在哪里,渠道就在哪里,传播就在哪里。另外,由于业绩与效率越来越受到重视,以"引流"为导向的营销法则,也必将转变为以营运为导向的管理法则。

我国零售业在依靠技术发展的大背景下,以下三个方面的重要性越来越显现。

(1)一线员工:影响消费决策的第一因素是一线员工在消费者心目中的信任感,这种信任感在社群连接中显得更为重要。很多企业之所以趋向死亡,主要不是被竞争对手打败的,而是被自己员工忽悠死的,员工对顾客的怠慢,直接导致顾客的流失。

(2)基层管理者:有梦想的零售企业都在花巨资培养年轻一代的零售基层管理者,他们热爱零售,融入零售,学习零售,成为新一代专业的零售人。只有这样,我国零售事业才有希望。这些企业在二本、三本大学,或在职业技术学院招聘应届大学毕业生(当然也有重点大学或研究生加盟零售行业),或在大学课程中前置实践内容,把这些学生组合成虚拟的委培班,纳入企业的后备管理人才培养计划,经过 1~2 年的实践磨炼,把他们培养成为副店长级别的基层管理干部。这是企业后续发展的坚实基础。

(3)现场管理:当下零售业,向前强调移动化、社群化、互动化的引流,向后强调供应链与自有品牌,恰恰忽视了营业现场管理。如果两头做好了,中间的现场管理做得不好,就会前功尽弃。做零售服务,营业现场重在四个要素:一是展示,主要偏重营销,美陈能吸引消费者,环境布置与商品陈列展示要符合"视觉营销"原理。二是过程,要简化与便利消费。三是技艺,有很多零售业务是需要特殊技艺的,零售是一种传统手艺人与现代高科技相结合的产业。四是人员,一心想着业绩与金钱的服务,肯定做不好。完全依靠制度与标准的服务也做不好。服务是一种"心的投入",我国零售十分需要以"用心经营"的状态去创造真正的"用户价值"。

零售是个给人快乐的行当,如果零售人自身不快乐,就不可能给人快乐。快乐与快感不同,快乐由慢而生,快感由快而生。所以,零售的基本法则就是:稳健慢行!这也是 2020 年行业发展的基调。

2 2019 年零售业精选点评

行业中每年都会发生很多事件,有些事件仅仅是"事件",有些事件则构成影响未来的一个起点。

（1）从表象来看，苏宁、物美分别买入家乐福、麦德龙，似乎代表着一个时代的结束，但这是否代表着一个新时代的开始，还很难说。一种大型零售业态，如果消费者越来越找不到光顾的理由，其萧条是必然的，这不是引流与营销所能改变的。正如人的衰老那样，不可改变。

（2）从需求来看，社群需求、社区需求、付费需求正在形成我国零售消费的新格局，线上渠道、线下渠道与社群渠道三度合一、渠道与传播合二为一的营销模式，对规制环境与人际互信，提出了更高的要求。

（3）从体验来看，真真假假，消费者心中自有一杆秤。这一年来，我多次使用顺丰快递，每一次都给我很好的体验。顺丰快递员送货到家，轻轻敲门；门开后，他会带着微笑对我说："箱子很重，我给您搬进屋里！"我每个月都在网上买大桶农夫山泉，但快递员从来没有把水送进家门，相比之下，各家公司的服务差距还是不小。当然，还有一种体验也不尽如人意，那就是很多企业的所谓全渠道，只是单向的全渠道，你知道我，但我不知道你。全渠道如果站在企业的立场去实施，那最终必将是不得人心的。消费者终将会清醒与觉醒。

2019 年我写了上百篇短文，也阅读了不少行业文章，并在网上做了点评。下面 12 个方面是 2019 年下半年的精选点评汇总。

1）机场租金

店铺租金奇高，商品价格奇高，总有一种被欺骗的感觉。机场、高铁虽然也是商业机构，但土地获得的方式与商业批租不同。招标的时候标书上都写着"同城同价"的鬼话，实际上，连香烟的价格也比其他地方贵。免税店的租售比居然高达四成以上。操纵机场商业的到底是哪些人？

我的同学以在日本的亲身经历告诉我："日本的所有产品，不论在机场还是小巷，价格基本相同，消费者不需关注价格，省去很多麻烦。这种在计划经济中出现过的现象竟然在日本的市场经济中出现了。这是日本独特的文化，他们认为，产品生产出来，就要很方便地被消费者获得。商店如果不便利消费者，打价格战，消费者获得的信息就混乱，商家的服务就搞不好。我与日本导游讨论过这个问题，她说，实际上是供货商在调节供货价格。地价贵的地方，往往是出货多的地方，进货价格就低了。"

2）网红直播

直播是短命的，这种业务模式是短命的。

直播当前很吸引人，未来可能还会吸引人，但有很多因素会制约其发展。一旦大家都明白了生活的本质，就会觉得"带货直播""带货推文""带货视频""带货音乐"等"带货传播"，具有很大的风险，传播者夜以继日，以生命为代价，受众与再播者以时间、金钱与身体为代价，大家都在耗费生命。

3) 侯毅

侯毅多了一个职务,数字农业事务总裁。这有什么讲究?

2007 年到 2015 年,侯毅实现了从传统便利店物流到现代电商物流的成功转型,2016 年到 2019 年,又从电商物流成功转型到生鲜营运,他所创办的盒马鲜生成为新零售标杆。2019 年侯毅还通过上海市人保局职称评定直通车评上了正高级经济师。对侯毅来说,这是一个最好的时期。也许还有更好的时期,但"来日总比去日少",所以我认为,急流勇退是最好的选择。做农业最好,用娱乐的心态去做农业,这是一个最好的去处。

4) 小店与夜经济

有读者说,上海铜仁路的兴昌杂货关闭了,但我在 2019 年 12 月初路过上海商学院的旧址(铜仁路 195 号)时发现,这家 30 多年前开的杂货店还开着。但此店前面的马路菜市场不见了,据说商务委要把这条曾经的马路菜市场变成夜市街。一个小店,引发我两个思考:第一,店虽小,存在几十年,一定有其道理。零售的生生死死,从来不以人的意志为转移,需求与成本决定其是否存在。第二,说到夜经济,主要不是在线下。据阿里大数据分析,36% 的网络消费都在夜间。上海早在 1987 年就把办好市中心夜市作为市政府的实事项目。32 年以后的今天,上海市商务委等九部门联合发布《本市推动夜间经济发展的指导意见》,提出了协调机制、地标性集聚区、文旅项目、季节性夜市、放宽夜间摊位管制、夜间分时制步行街、灯光造景等十个方面的具体内容。从这些内容来看,主要还是集中在线下,与主流消费趋势不是很匹配。当下的夜经济,不能光靠灯光、步行街、小吃街,如果购物中心的夜市火不起来,线下夜市基本没戏。

5) 胖东来之心

有人说:"神一般存在的胖东来! 一般超市经历了三个阶段:第一,价格竞争阶段;第二,品类竞争阶段;第三,服务与体验竞争阶段。胖东来在第三阶段。"我接着说:"这是用心经营阶段! 超越了时空与金钱! 马云、雷军、马化腾、刘强东、张近东等人要是有胖东来那样的心,中国零售会怎样?"

我相信"两马两东一雷"都有这样一份心,但要让全体员工都拥有这样一份心就很不容易。他们都是商业时代的成功旗手,他们的创新与创业成果早已被载入史册。我们希望所有成功发展到今天的企业,都能以用心经营的状态去创造真正的"用户价值"。

6) 社区商业

"'做多',不一定能胜出。我不是很看好百货,百货大概是想做社区生意,但始终还是同一张网。"这是我在深圳盒马里·岁宝开张后写的几句点评。按照侯毅自己的说法,前六种业态分别满足在家吃、路上吃、办公室吃三种场景需求,第七种业态盒马里则是满足周末以休闲为主导的需求场景。我非常同意合肥生鲜传奇王总(王卫)与首都经贸大学陈立平教授的观点,中国只有小区,没有社区。我自己也体会到小区是封闭的,而且是双重封闭,小区内外不是开放的,小区内的每个家庭也是封闭的。位于这个双重封闭环境中的人与人之间的关系,已经与过去的里弄完全不同了。里弄是一个"社区",有更多的亲情;小区仅仅是一个"居住地",人与人之间的交往越来越少,甚至门对门、楼上楼下也从来不打招呼。当下的高层建筑与 20 年前的多层建筑相比,人的亲情又疏远了一大步。位于居民小区的商业目前仍然以"底商"为主,这些商户倒是开放的,不仅为小区居民服务,还为过路的流动客服务。这种状态与欧美发达国家正好相反。以亲子为主导的盒马里,实际上是一种"截留商业",把年轻人的育儿与休闲需求留在社区购物中心。社区商业未来发展有两点需要思考:第一,条状商业好还是块状商业好?从老年化的视角来看,条状比块状更方便。第二,商品与服务孰轻孰重?生鲜会是主导,而很多家居服务也很重要,以后会发展到居家养老服务。将来的事难以预料,但现在就应该思考。

7) 肤浅与零售病

联商专栏作者孙裕隆撰文《肤浅是当下中国零售最大的"病"》。我以为,说肤浅,很多人可能不服气! 用另外一种说法,也可以。简单事情复杂化,复杂事情简单化,颠倒了零售的本质。

零售通过最近 10 年来的变化、变革与革命,早已进入了一个新的发展时期。但目前处于僵持状态,新事物见效比较慢,旧事物淘汰也比较慢! 一旦过了这个阶段,新形态破茧而出,旧事物快速瓦解,于是零售才会真正进入一个新时代。在电商大发展之前的"连锁时代",零售业也存在很多病症。2005 年我将当时的零售病症概括为"二病二症":浮肿病、狂热病、败血症、分裂症。浮肿是狂热的结果,败血是先天性贫血与后天性跃进的结果,其最终的结局是,要么爆裂,要么分裂,但都只能是日趋死亡。但死亡并不等于灭亡,是电脑就必然会有带毒工作的那一天,是人类就必然会有带病活着的那一天,冬季从来都是春季到来之前的一个必然会经历的季节。所以,还是让该死的死去,让该活的活着。死者将成为生者的养料,让生者长得更好。实际上,目前的零售病症依然是这些,这是人性的病症。

8) 聚合与反击

有人撰文《双十一大战:京东"围剿"阿里老巢,一步到位》。我认为:数字化,在忽悠用户上花样百出,在服务用户上不如传统。大企业要有大境界,否则很难持续。大企业要成为照亮人心的先行者。

在技术支撑下的当下零售业确实给消费者带来了很多便利,但仅仅有便利还远远不够。改革开放 40 年,第一个 10 年是体制内商业的改革;第二个 10 年是中心城市商业的崛起;第三个 10 年是区域零售商的成长;第四个 10 年是传统零售外部力量的崛起。经过 40 年的迭代发展,零售业越来越向大企业与大资本靠拢,虽然当下还没有出现全面寡头垄断的格局,但在支付、用户信息获取、电商购物平台等方面已经出现了寡头垄断的局面。老牌电商企业希望巩固自己的优势地位,新的挑战者也跃跃欲试,在这一较量过程中,除了"契约",还需要"规制"。"二选一"早已有之,但在当下不见得有效。除了自然垄断,政府应该鼓励竞争,有更多反击的力量更有利于竞争。但资本越来越向大集团聚合,企业也总是希望垄断。这是一种较量,政府一定要建立某种平衡机制。

9) 全业态

有人撰文《收购家乐福之后,苏宁要对盒马"师傅"Eataly下手》,我以为,全业态恐怕不是中国零售业的未来。苏宁发展全业态,有点看不明白。

将上海的苏宁小店与原来做豆制品的清美鲜食相比较,我从消费者的视角来看,更愿意进清美鲜食。苏宁小店既不是便利店,也不是社区生鲜店,据说其功能是触达。其实,讲触达的话,最便捷的触达是以技术为基础的传播触达,如社群触达。大卖场与百货这两种零售业态,都有点没落,去逛店的理由越来越少,再引流再营销也难以激发用户的兴趣。很多人不买菜了,一些还在买菜的顾客转向叮咚买菜或去菜市场买菜,更没有必要去大卖场了。大卖场还存在"到期危机",合同到期基本没法续约。大卖场还会被停车场干掉,停车不方便也是大卖场的一个痛点。所以,大卖场在大城市的消退是一种必然趋势。其原因有四点:一是维持成本太高;二是到店理由太少;三是停车与进出不方便;四是服务人员对顾客的怠慢令人不爽。上述四点中的任何一点,都有可能使大卖场丢命。

10) 便利店扶持政策

2017年是资本推动下的便利店野蛮生长阶段,从2018年北京出台14条扶持政策开始,尤其是到2019年7月1日商务部发布《关于推动便利店品牌化连锁化发展的工作通知》,并要求各地商务主管部门出台扶持政策,我国便利店在市场化背景下进入了政府推动下的极速发展时期。但便利店毕竟不是人人都能玩得转的零售业态。数据显示:资本与政策推动下的便利店并没有达到预期的发展效果。其实,一个城市到底应该开多少家便利店?在哪里开便利店?开什么样的便利店?怎样开便利店?政府有考虑不周全的地方。便利店的功能也不是像商务部文件所说的那样:"便利店是最贴近老百姓生活的零售业态,是满足人们便利消费需求、服务民生的重要载体。"它的核心功能应该是提供中食餐饮,是一种餐饮零售业。说到卖药,便利店也没有任何优势。非处方药(OTC)在便利店不好卖是有原因的,在便利店卖药,消费者有需求,但可卖的药并不多,所以,便利店卖药始终难成气候。常见的感冒药、止咳镇痛类药、治胃肠道药、清热消炎类药、维生素补益类药都属于OTC药品。但OTC中又分为甲(红底白字,即红色OTC)、乙(绿底白字,即绿色OTC)两类,便利店只能卖绿色OTC药。很多常用药属于红色OTC药,在便利店不能销售,所以绿色OTC药品基本上属于"鸡肋药",而且卖药要建立各种台账,投入的精力很大,但却做不了多少生意。业内估计,我国OTC市场规模已超过3 000亿元,零售药店占比超过六成,很多城市的药店其实比连锁便利店还要多。如在上海,截至2018年12月底,市内便利店为5 519家,各类药店(含成人保健品店)有7 000多家。药品销售分类管制太严格,很多常用药在便利店都不能售卖,既没有达到便利居民的目的,也未能给企业增效。这是一个行业部门之间、行业之间的利益争夺问题。便利店的发展确实需要疏通政策法规，但目前的"部门化政策"很难见效。这在历次政策扶持中是有经验教训的。

要改变的不是便利店能不能卖药以及怎么卖药的问题，要改变的是药品的处方与非处方的范围划分以及医药流通体制与管理规制。

11）前置仓

好好做，不会死。在买菜做饭煮汤这件事情上，有四个情况是客观存在的：第一，生鲜市场规模约5万亿元，年增幅约6%，低于社零增幅，而且逐年下降。第二，根据2019中国统计年鉴公布的数据测算，折扣店、超市、大型卖场、仓储会员店四种业态的销售额以30%的生鲜占比计算，在生鲜市场的销售占比，在最近5年（2013年到2018年）从6.56%下降到了5.30%。传统业态被新兴业态分流是重要原因。第三，很多年轻人确实很少去菜市场，主要原因是对菜市场有偏见也没有时间去菜市场，没有养成逛菜市场的习惯。在他们印象中，菜市场是"老破旧"的场所，而且气味不好闻。所以，菜市场中的年轻人最多只有两成。但事实上菜市场通过升级以后，如上海的标准化菜市场，这些问题早就解决了。第四，买菜渠道多样化是必然趋势，我至少从12种渠道买过菜：菜市场、菜店、马路菜市场、大型超市、小型超市、小区菜摊、农场直供、批发市场、百货超市、到家生鲜、社群拼团与朋友圈推荐、外卖服务（含便利店）。前置仓是一种很好的生鲜到家模式，只要好好做，不要弄出不诚信问题，以后会进一步升级为"前置厨""前置车"等多种形态，大有发展前途。即使在发展过程中遇到一些困难，出现一些曲折，只要想办法坚持下去，最终会固化成为零售的一种主导模式，而不是过渡模式。

12）新零售

迭代自己很快，但迭代他人就快不起来！这句话说的是马车无法改造成汽车。零售发展是迭代＋叠加。迭代的速度相对较慢，新零售如果有好的体验而没有好的效率，就不可能迭代。

2019年新零售的标杆企业盒马鲜生仍然在快速开店，门店数从去年的100多家发展到了今年的200多家。但对新零售的讨论与效仿似乎已经降温，进入了一个冷思考阶段。零售的价值到底是什么？从我国零售业最近10年的发展轨迹来看，主要是一种"引流导向"的发展思路，其实还有另一种策略——需求导向，包括满足现实需求，挖掘潜在需求，创造未来需求。引流导向靠的是张力，包括现在的拉新、拼团、网红等；需求导向靠的是耐力。短期效率靠张力，长期效率靠耐力。也有人认为，零售要回归本质，前端靠固化用户的能力，后端靠掌控供应链的能力。其实，这两种能力的黏合力是现场管理能力与物流营运能力，即营运管理能力。如果有了用户，也有了商品，现场营运能力不佳，就会前功尽弃。在急火攻心的年代，得有一份"坚守之心"：一年入门，三年入行，五年入道，八年入定，十年入化。零售人的一切努力最终应该蝶化为顾客发自内心的笑容；当我们沐浴在顾客笑容的场景中,我们也因此有了效率。那一切都来自零售人的"定力"。胖东来做到了,所以,线上线下都要学习胖东来精神。

3 点评 2018 年中国零售行业十大事件

2018 年 12 月 28 日,联商网梳理出了 2018 中国零售行业年度十大事件,这些事件及其背后所关联的一连串事件,或许影响甚至决定着零售行业的发展方向。

1)物美创始人张文中清白归来

张文中先生清白归来,是依法治国的体现,是业内人士的多年期盼,更提振了行业信心。这意味着 2009 年属于错判。还有多少错判需要纠正,更是大家所关心的。张文中清白归来,是正义的胜利,也是物美全新的开始。实际上,早在 2014 年物美就收购了"百安居"。

2)拼多多上市

以拼多多为代表的社交电商的快速崛起,预示着电商新时代的到来,同时也使现有电商形成了新的格局。

3)阿里系持续渗透并改造实体零售

短期来看,互联网巨头仍是新零售的主角,但从长期看,新零售的战争必然是一场持久战。

4)"双十一"走过十周年 增速放缓

我们对营销系、物流系 17 级全体学生的调查显示:学生对"双十一"的感受忧喜参半,如果有精力像精算师那样去"盘算",确实能获得不少优惠,但是有更多的在校大学生都感觉套路太深,而且越来越深。

有学生问:难道互联网背景下的营销就是不断深化套路吗?如果真是这样,这似乎与我们所学的《商业伦理学》背道而驰,也与以消费者为中心的现代营销观念背道而驰!因为消费者更希望少一点套路,多一点直接的折扣。真诚地希望零售业的引领者,少一点套路,多用"折上折",少用"套上套"。别看今天闹得欢,小心明天拉清单。

5)生鲜传奇获 IDG 资本领投 社区生鲜受追捧

中小零售企业未来必定魅力无限。

6)邻家资金链断裂 便利店行业引反思

资本助推行业发展是不争的事实,但是,任何一个投资项目,不仅需要有概念、有价值、有形式,更需要有能力确保投入产出的平衡,没有效率的创新,最终必然是竹篮打水一场空。

便利店行业的投资失利,对行业有三点重要提示:

第一,便利店是一个需要有人的产业,很多高毛利的"中食"都依赖于人的服务,没有训练有素的一线服务人员,就不可能经营好便利店。

第二,便利店真正成功的标志是特许加盟,这需要建立一个有效的总部,以确保加盟店能够盈利。千万不要把总部当作警察局与税务局。

第三,便利店需要不断创新,包括服务项目的创新与产品创新以及技术创新。总之,便利店并不好玩。

7) ofo濒临破产　共享经济模式遇冷

共享单车是一个多方博弈的项目,看起来简单,实际上很不简单。要你死,立马死!类似的项目还有很多,创业者与经营者应该有环境致死意识。别以为做大了就可以"天马行空",想治你,都是分分秒秒的事情,最大的企业在中国也应该以为人民服务为根本。

8) 腾讯、阿里两大阵营入股万达商业

你中有我,我中有你,这就是当下与未来的基本趋势。

9) 乐天玛特退出中国市场　外资风光不再

乐天玛特退出中国,对行业有三点重要提示:第一,这再次证明"环境致死定律"的客观存在。第二,从接管乐天玛特的冲突来看,接管者不能太强势,要善于安抚人心,平稳过渡,即使自己很强大,在群众面前还是很弱小,只有人民才是创造历史的主人翁。第三,对外资企业来说,现在要践行"3D法则",专为中国消费者设计(Design)、中国团队自主决策(Decide)、以中国速度执行(Do)。

10) 盒马百店、永辉分家　新零售盈利争议

第一,新零售虽然是当下零售业的一个热词,也推出了很多实践模式,但从总体上来说,新零售属于阿里系的话语体系。

第二,新零售可以先不考虑盈利问题,关键是对用户有没有价值,如今来看,新零售对用户是有价值的。

第三,新零售的很多概念与做法很不错,如每日鲜,但应该深化与调整。熟食要每日鲜,鸡蛋可以"两周鲜",牛奶可以"5天鲜"。

第四,直观来说,顾客关注看得见的"新鲜",但从根本上来说,更应该关注看不见的"安全"。

第五,新零售能否成为零售全行业的发展标准,则要看效率,"发展是硬道理"的升级就是"有效是真道理"。

4　2019年上半年中国零售上市公司营收排行榜分析

联商网统计数据显示,2019年上半年,我国150家零售上市公司共实现营收

14 672.73 亿元,净利润 887.33 亿元。

1) 阿里巴巴拉高了行业平均盈利水平

2019 年上半年 150 家零售上市公司的销售净利润率居然高达 6.05%,这主要受阿里巴巴的营收与净利润关系的影响,平台型电商企业收租模式导致低营收高净利。剔除阿里巴巴数据以后的净利润率为 3.50%。

零售商普遍感受到发展压力很大,日子越来越难过。较高的净利润率并未真实反映行业盈利能力,这不仅受会计准则差异因素的影响,还受非主营业务利润收入弥补主营业务利润亏损的影响。有不少上市公司的主营业务已经名存实亡,但靠资源型收益,仍然保持着一定的盈利水平。

中国零售业到底需要一个什么样的格局? 这是政府与业界都需要慎重考虑的问题。

2) 上市公司两极分化现象越来越明显

在 150 家零售上市公司中,2019 年上半年营收下降的公司占 41%,比 2018 年同期上升了 15 个百分点;净利润下降的公司占 45%,比 2018 年同期上升了 11 个百分点;营收与净利润双降的公司占 28%,比 2018 年同期上升了 11 个百分点;亏损公司占 17%,比 2018 年同期上升了 11 个百分点。

从 2015 年到 2017 年,零售业上市公司的营收下降面、净利润下降面、营收与净利润双降面以及亏损面,除 2017 年亏损面比上年扩大了 1 个多百分点外,其他指标都逐年下降,业绩下滑得到有效控制,下降幅度逐年收窄。到 2018 年上半年,营收下降面与亏损面虽然有一定的下降,但净利润下降面与双降面都有所扩大。2019 年上半年零售上市公司上述四个指标出现了全面下滑,分别有四成以上的企业营收下降或净利润下降,我国零售上市公司两极分化现象越来越明显。

3) 头部企业涌动变化格局

在 2019 年上半年中国零售上市公司营收排行榜中,10 家头部企业合计实现营收 9 511.78 亿元,平均营收规模为 951 亿元,比去年同期的 696 亿元扩大了 255 亿元,增幅高达 36.64%。营收榜前三强(京东、阿里巴巴、苏宁易购)位置并未改变;小米集团上市 1 年后(2018 年 7 月 9 日上市)占据了营收排行榜第 4 位,把原来位于第 4、第 5 位的高鑫零售与唯品会挤到了第 5、第 6 位;美团点评今年进入营收排行榜第 7 位,把永辉超市从第 7 位挤到了第 8 位;国美零售从第 6 位跌到了第 9 位;百联股份、重庆百货、王府井百货跌出了前 10 位;传统老企业老凤祥却进入了十强。

与 2018 年上半年相比,京东、阿里巴巴、苏宁易购、唯品会、美团点评 5 家可比公司的营收平均增幅达到 29.20%,而高鑫零售、永辉超市、国美零售、老凤祥 4 家可比公司的营收平均增幅仅为 3.90%。其中,高鑫零售的净利润增幅虽然从 2018 年的 0.06% 上升到 5%,但营收增幅却从去年的 -0.04% 扩大到 -6.40%。

更值得关注的是,高鑫零售后面有 3 家目前半年营收都超过 400 亿元的公司(唯品会、美团点评、永辉超市)紧跟着,在不久的将来都有可能超越高鑫零售。

老凤祥虽然是一个具有 170 年历史的老品牌,但在互联网大潮中,多措并举,积极主动争夺零售市场,2019 年上半年取得营收与净利润双增长的良好业绩,而且净利润增长超过营收增长,并首次进入营收榜十强。

4) 零售业上市公司的社零占比不到 8%

2019 年上半年,全国社零总额 19.521 0 万亿元,同比增长 8.4%,增速同比回落 1 个百分点;实物商品网上零售额同比增长 21.6%,社零占比 19.6%,比上年同期提高 2.2 个百分点,拉动社零总额增长 3.8 个百分点;最终消费支出增长对经济增长的贡献率达到 60.1%。

2019 年我国 150 家零售上市公司的营收占社零总额的比例仅为 7.52%。根据联商网历年数据统计分析,2016 年零售上市公司的营收总额在社零总额中的占比为 5.03%,首次突破 5%。两年半时间,占比增加了 2.49 个百分点,平均每年增加 1 个百分点。可见,我国零售业的总体规模以及组织化程度都有待扩大与提高。

5) 对我国零售市场的五点展望

营收与净利润数据所呈现的只是零售企业的表面状态,数据的背后总是蕴藏着各家公司发展的个性特征。从总体发展趋势来看,以下五点值得关注。

(1) 在以消费为主导拉动经济增长的大背景下,我国零售业的转型总是在适应新消费与新技术的道路上获得新发展。有所突破、能够突围的公司一定是那些积极寻求变革的公司,但变化、变革与革命,也不总是成功的,这就需要不断试错,及时调整,先做对,后做好,实现规模扩张与价值创造的动态平衡,实现提速与增效的动态平衡,实现经营扩张与组织保证的动态平衡,只有这样,才能有未来。新型零售公司不见得就一定有未来,传统零售公司也不见得一定没有未来,这一切都取决于战略上的成功与战术上的有效。用对人,用好人,这是核心。

(2) 数字化是零售业转型的必由之路,但目前的数字化主要偏重于引流与营销,数字化的实质是可计量,数字化的未来是提供更好的服务。零售已经是一个非常专业的领域,数字化更是一种新兴的跨专业技能。所以,做零售数字化一定要有专业的思路,一定得有专业人才的支撑,一定要走专业化发展的道路。数字化是手段,人性化才是核心。

(3) 以"一致性承诺"教育消费者是一项必须持之以恒的工作,单纯的低价引流终究不会持久,性价比与品价比将是消费者对零售商的核心诉求。所以,零售企业应该寻求不同途径的差异化策略,以取得牢固的竞争优势。其中,从搬运型转变为自制型,如开发富有特色的、高品价比的自有品牌,是重要的发展方向。

(4) 零售是一个需要让顾客感受到"温情"的行业,技术的发展,模式的创新,不能把购物变得更复杂,消费者需要的是更简便、更舒心的购物方式与促销形式,应该把零售服务的重心放在提升商品与服务的价值上,降低顾客的购买成本,从而体现更高的顾客价值。如果说人群也是场,有场就有价值,那么越是这样,人的行为就越应该收敛、克制,尤其是要诚信。否则,人与人所构建的信任大厦就会在不远的将来轰然倒塌。零售必须是以人为本的行业,而不是以技术为本。

(5)我国零售业需要更广泛的联合与联盟。零售业的规模化发展,从自营连锁发展到特许加盟,近年来正在向"自由连锁"发展。美国的 IGA、欧洲的 SPAR 早已落地中国,根据日本 CGC 模式设计成立的蚂蚁商联早在 2017 年成立,还有保亭会、齐鲁商盟等区域性商业联盟也都是在最近 5 年内创建的。比如由 12 家企业发起成立的蚂蚁商联,如今已经发展到 45 家会员单位,会员企业年销售额已接近 700 亿元,这个规模可以进入中国连锁百强前 10 位。又如新零售标杆企业盒马鲜生,其发展也凭借广泛的联合与合作,期望目标也早已从千亿元级跃升到万亿元级。这些新型的商业联盟与新零售企业的崛起,必将彻底改变我国零售业的基本格局。

国际上有大型零售公司,但从数据来看,这些公司并没有在本国或国际市场上获得垄断地位,分散化、多样化、竞争化仍是这个行业的国际特征。

5   2018 年 139 家零售业上市公司分析

2018 年 139 家零售上市公司实现营收 26 750.88 亿元,净利润 300.92 亿元,净利润率仅为 1.12%。

(1)盈亏大户皆在电商行业。2018 年阿里巴巴实现了 900 多亿元净利润,在零售行业中独占鳌头,一家顶百家,其净利润比所有非电商类零售上市公司所实现的净利润总额还高出四成多。但美团点评与拼多多则分别亏损 1 154.77 亿元和 102.2 亿元。如果按照可比的 122 家公司计算,营收同比增幅 14.81%,净利润同比增幅 9.40%,净利润率为 6.23%,略低于 2017 年 6.54%的盈利水平。

(2)头部企业越来越大。按营收高低排序的前 100 家上市公司,2018 年、2017 年、2016 年的营收均值分别是 261 亿元、199 亿元、166.74 亿元,百强门槛也从 13.68 亿元、20.53 亿元上升到 27.33 亿元。2018 年头部企业规模继续扩大,但尾部企业规模扩张较慢。"头重脚轻"是大多数行业最终的结局。2017 年营收排名 10 强的门槛是 278 亿元,2018 年由于小米集团、美团点评的加入,增加到 484.27 亿元。在 10 强中,电商与家电连锁企业占 7 席,其营收总额约占 10 强营收总额的 87%。京东的营收仍然排名第 1 位,但增幅跌近 30%,净利润下降 30%;阿里巴巴位居第 2 位,仍然保持营收与净利润的"双增",虽然营收增幅有所下降,但仍保持在 50%以上;唯品会近年来持续保持"双增",2018 年营收增幅有较大幅度下降,但净利润增幅有大幅度提高;小米集团营收增长 52.60%,净利润增长 130.93%;百联股份利润进入了营收与净利润"双增"轨道;高鑫零售从"双增"变为"双跌";国美零售则仍维持"双跌"。

(3) 零售现状不容乐观。从 2015 年到 2017 年,零售业上市公司的业绩下滑得到有效控制,下降幅度逐年收窄。但到 2018 年营收、净利润的下降面、亏损面、双降面,又开始扩大。实际上,一定时期的光鲜数据并不能真实反映我国零售业的现状,有些企业主营业务萎缩,自营收入减少,依靠减本提效,或变卖家当等途径实现了扭亏或增效,这是不持久的。零售业的持续发展,不能单纯依靠消极提效,主要应该实施积极提效,体量扩大,体质改善,当下亏损便能转化为未来利润。

总的来说,我国零售业的变化,呈现出以下基本趋势:业态会裂变,会形成更多的细分市场,基础是差异化需求;品牌会聚合,会出现更大的头部企业,企业的组织化程度会进一步提升,基础是技术、资本、人才的聚合;渠道会分化,越来越多的消费者会接受"到家服务";生鲜需求增幅减少,甚至会减量,更多的人不得不接受外卖;边界会模糊,但对大多数零售企业来说,经营还是有边界的,跨界有很多坑,前进道路多险情,要特别慎重,应该回归专业化;人文要保留,有些县级城市为了整治环境,对路边设摊卖菜采取了"一摊不留,引摊进室"的政策,农民与消费者都很不满意,消费者需要的东西,常常与城市不相容,这很考验城市管理者的智慧管理;从微商到团长,从社群到店群,从店仓化到仓店化,行业关注点每年都在发生变化,但消费者感受到变化,似乎并不多。这说明,行业中自说自话的变化还是比较多,这就是一个自掘的大坑小坑。但愿挖坑填坑不要成为零售行业的新常态。

6 盒马鲜生更换胡萝卜包装属于整理包装

2018 年 11 月下旬,盒马鲜生被爆更换胡萝卜包装。11 月 19 日早晨 8 点多,我在教室里正准备给大学生上市场营销学课程,接到侯毅的来电,说监管部门有可能把这一事件认定为商业欺诈。我当时就说,这不是商业欺诈,但店面营运也确实有疏漏之处,需要改进。

大约 15 年前,上海超市行业就曾出现过类似盒马鲜生遇到的问题,即胡萝卜简易包装的更改。

有一天,有关部门检查人员在超市检查工作,发现超市理货员正好在整理损坏的包装,并进行重新包装,于是就认定超市弄虚作假。超市管理人员拿起一包青菜问一位买菜的大妈:请问蔬菜有保质期吗?大妈用上海话回答:莫!意思是没有保质期。但大妈有自己选购生鲜食品的标准,就是直观观察其新鲜度。

如一包两根装的胡萝卜,一根品质与品相不好了,另一根还很好。怎么办?扔掉是最简单的办法,也可以减价促销,或者采取剔除法,把品质不好的胡萝卜换掉,换上一根品质好的胡萝卜,再重新包装。这样做是欺骗消费者? 我看不是。通过重新包装,使商品符合鲜度要求,这是对消费者有利的事。

正因为如此,当时我们与有关部门达成的共识是,由于生鲜食品具有易腐的特征,对于已经包装的生鲜食品,特别是包装好的水果或根茎类蔬菜,如果出现包装破损或部分商品品相、品质不好,就可以采取"剔除补充"的办法重新整理包装。

这样做既有利于确保陈列商品的鲜度,便于消费者购买,也有利于减少商品损耗。这样改包装是整理商品的结果,并不存在对消费者的欺骗。如果是散装生鲜蔬菜,理货员也会采取整理、剔除、补充的办法来确保陈列商品的鲜度。

有资深食品质量管理专家对此回应说:"说得对。整理包装和改生产日期、保质期是两个概念,未经加工的生鲜农产品包装标识应该有个明确的说法。"

如今,包装化销售生鲜食品,已是大势所趋。这样做既可以减少动碰损耗,又可以提高销售效率,并且通过整理商品,确保商品鲜度。并不存在欺骗或掩盖真相的问题。盒马鲜生两次包装的标签内容客观、真实,不含有虚假内容,可以被认定该标签不影响食品安全且不会对消费者造成误导。

零售商应该做的是,在商品标签上表明商品的进货日期。消费者可以直观判断生鲜食品的鲜度,同时也可以通过进货日期判断商品的新鲜度。

总的来说,零售这个活,极不简单,零售人要好好修炼,才能百炼成钢,永立潮头。

7 百货业的出路在于传承与创新

什么是百货? 166 年前在法国巴克街(Bac)出现了世界上第一家百货商店,名叫"Bon Marché"(博马尔谢)。这家店名在法文中的含义是廉价市场。可见百货商店的原意是廉价商店,价格固定,薄利多销,从此改变了作坊式的传统零售模式。

但百货业的发展并没有传承"廉价逻辑"。这是因为其后出现了超市等大众化业态,百货业不得不面向中高档消费群,商品档次也相应提升。百货商店最典型的经营特色是品种多、服务好、环境优。

有些百货商店提出,百货商店可以买到您所需要的任何商品,所以又叫作"买全球卖全球"。但许多早期的百货商店都以经营时装和女士用品为主,因而百货商店又被称为"太太们的乐园"。百货商店为顾客提供多种多样的服务,如信贷服务、购物前的指导、购物中的辅助性服务、购物后的送货上门等。对顾客讲信誉,买卖公平,实行保质、保量、保修、保换、保退的五保服务制度。

但是,百货商店的销售策略随着时代的发展也有所改变。如在城郊结合部的购物中心设立分支机构;开发新业务,推销"无形"商品,如改建住宅、提供"出借"和"咨询"服务等；设立非商品交易场所，如电影院、电视厅、舞厅、游艺厅、证券交易所、屋顶花园等；通过投资和加工订货、定牌监制、新产品设计和商品包装等形式控制一定的生产企业；发展寄送业务，顾客可根据图册，通过邮政、电话、网络，向百货商店所属的商店订购；发展专业商店、一价商店等。

受购物中心与互联网的双重打击，以及消费升级的影响，当今百货业遭遇的业绩和估值"双杀"最为惨烈。出路何在？传承与创新是永恒的主题。

传承什么？"不二价"的服务精神，把顾客当"亲人"；系统的员工福利，让一个店员可以养活全家；迎合消费潮流，布局"乐园场景"。

创新什么？四个层面的问题都有很大的创新空间：机制创新是前提，老机制下培育不出新百货；模式是引领，有推倒重建型、精致购物中心型、买手百货型、社区百货型、城市奥莱型、生活百货型、购物中心型，也有可能改建为酒店＋餐饮＋百货的混合型等；营运是关键，商品营运、现场营运、服务营运、营销营运等，百货公司要从"无人商店"转变为"温情商店"，恢复百货营运能力，才能到达水草丰茂的彼岸；服务是基础，百货商店不仅要有买手，更需要拥有一支高水平、高格调、高福利的服务队伍，传承优秀的服务基因或通过机制转换实现"转基因"。

8　2017 年零售业主要变化在四个字

2017 年，零售行业发生了很多变化，概括起来主要有四个字"鲜食"＋"连接"。

在"鲜食"方面，马云公开认亲盒马鲜生，甚至行业标杆企业也被阿里巴巴入股，永辉超级物种、百联 RISO、世纪联华鲸选、步步高鲜食演义、天虹 sp@ce、新华都海物会、物美新零售、生鲜传奇等，都与吃相关。购物中心与百货公司不来点吃的，似乎很老土。但有百货老总对我说：那些吃货们与购物没有半毛钱关系，他们吃完就走！百货受到"吃货"的双重打击：平均租金下降，营业收入下降。

我国城乡居民的恩格尔系数已经下降到了 30% 以下，但新零售最热闹的仍然是与吃相关的行业，还有 70% 的零售要不要"新零售"？2018 年，新零售将向开阔地和纵深地挺进。

在"连接"方面，连接一切，赋能于人，形成共享生态体，这种价值观正在零售业推广应用，国外有苹果零售店、7-Eleven，国内有汇通达、天猫小店、京东便利店等。

利用互联网平台赋能小店，以实现店面升级，信息互联使商业基础设施共享，实施比较松散的整合，不强求统一，只做加法不做减法，这是对传统连锁经营模式的超越。在"连接化"时代，一切物理设施正在被深度挖掘，甚至传统的"公厕"已经被打造成"第 5 空间"，嫁接了自动存取款机、缴费机、充电桩、再生资源回收机、无线网络覆盖、电商终端、自动售水机、清洁工休息站等服务基础设施。

另外,传统业态在与新业态的"连接"中也找到了自己的发展空间,如传统药店嵌入盒马鲜生、全家等零售体系。新零售不仅能给传统零售赋能,也能带动传统零售业实现新的发展。

总的来说,我们所看到的零售变革,主要还是集中在食品领域。其实,在消费升级、服务消费与精神消费的需求日益扩大的背景下,慢生活也会渐渐地超越快节奏,所以,在百货、专业专卖、家庭装潢、服务、教育、医疗,甚至银行、个人理财、电信等非食品领域,更需要转型与转变。无论在哪个领域,那些不得人心的规则,目中无人的服务,暮气沉沉的形象,都急需改变。

我国零售业的发展进入了旋转门和过滤器,新人辈出,新生态渐渐汇合,但传统生态依然是服务生活的主体。这是一个最容易迷失方向、跌入深渊的时代。

中国人尤其是中国的年轻人,越来越贪图便捷与颜值,机器越来越多地渗透到人的生活中,在人与机器的战争中,机器越来越占上风,如果我们不折腾点机器,就将被这个世界抛弃。

所以"无人"问题,其实是一个未来世界的主导权之争的问题。而有些企业,老而无形,老而无货,老而无人,老而无技,老而无格,这样的老是衰老,是人员退化,脑子僵化,店铺老化,即使电商不来,盒马不来,也是注定会被淘汰。

如果盲目跟风,不掌握新零售背后的逻辑,变化与变革越多,某些企业可能就会变得更惨。

有百货老总说,餐饮不仅低租金而且销售额也难以增加,那是因为只做餐饮而没有做引流,我们学盒马、百联RISO,但是没有学到盒马线上做生鲜,结果就越学越糟糕,所以背后的逻辑才是关键,我们看到的还是表象。

行业的小生态连接着社会经济的大生态,愿新老零售人都能华丽转身,以品质、品位、品格创造出新的效率、体验与格局,把我们的店做成顾客的店、顾客的家。

9 线下也要无理由退货,这恐怕不妥

据《人民日报》报道:2018年将在监督经营者全面落实网购七日无理由退货制度的同时,推进线下无理由退货工作。

一早看到这个消息,我首先查阅了相关法律法规。2013年10月25日第十二届全国人民代表大会常务委员会第五次会议通过了《关于修改〈中华人民共和国消费者权益保护法〉的决定》,新的《中华人民共和国消费者权益保护法》(以下称《新消法》),于2014年3月15日起正式施行。《新消法》增加了一个"明星条款",即第二十五条:"经营者采用网

络、电视、电话、邮购等方式销售商品,消费者有权自收到商品之日起七日内退货,且无须说明理由,但下列商品除外:(一)消费者定做的;(二)鲜活易腐的;(三)在线下载或者消费者拆封的音像制品、计算机软件等数字化商品;(四)交付的报纸、期刊。除前款所列商品外,其他根据商品性质并经消费者在购买时确认不宜退货的商品,不适用无理由退货。消费者退货的商品应当完好。经营者应当自收到退回商品之日起七日内返还消费者支付的商品价款。退回商品的运费由消费者承担;经营者和消费者另有约定的,按照约定。"

通常把这一条款称为"网购七天无理由退货规则"。2017年1月6日,工商总局规章《网络购买商品七日无理由退货暂行办法》(以下简称《办法》)正式公布,于2017年3月15日起施行。

工商总局消保局负责人杨红灿答记者问的公开报道称:在《办法》起草过程中,最初,《办法》考虑以非强制性的《网络购买商品七日无理由退货指引》形式出台,并于2016年2月4日至3月5日期间通过工商总局政府网站面向社会公开征求意见。同时征求国务院法制办、商务部、质检总局、食药监总局等部门意见。3月3日召开座谈会,听取了部分电商企业代表意见。在吸收各方面反馈的合理意见建议后,发文形式调整为工商总局规范性文件《网络购买商品七日无理由退货实施规则》。5月27日,工商总局会同中消协在浙江杭州召开座谈会,听取了部分省市工商(市场监管)部门、消协组织以及电商企业的意见和建议。为进一步加大保护消费者权益的力度,强化经营者的责任,《网络购买商品七日无理由退货实施规则》修改为《网络购买商品七日无理由退货暂行办法》,并于2016年9月27日至10月11日通过中国政府法制信息网和工商总局政府网站面向社会公开征求意见。

从这段话可以看出:

(1)《新消法》所指的"七天无理由退货"包括"采用网络、电视、电话、邮购等方式销售商品"的行为,《办法》仅指"网络购买商品",但在《办法》第三十七条又规定:"经营者采用电视、电话、邮购等方式销售商品,依照本办法执行"。这里的"等"字,留足了解释的余地,以往的行政法规(如《直销管理条例》)与地方性法规(如《上海市消费者权益保护条例》)都分别规定了"直销"场合与"上门推销"场合的无理由退货权。

(2)《办法》从起草时的鼓励性、非强制性标准变为带有强制性的"暂行办法",体现了立法者对此问题的重视程度有了较大提升。所以,今年试图把无理由退货从网络、电视、电话、邮购等手段缔结的远距离合同推广到线下的近距离合同,也是这个重视程度的升级。

上海商学院市场营销系曹剑涛老师检索了有关无理由退货的学术文献,其中有两篇文献对无理由退货问题进行了学术与实践分析。一篇是《论消费者无理由退货权》(葛江虬,《清华法学》,2015年,第九卷,第5期,第95～116页),另一篇是《论无理由退货之正当基础》(张琳,《宜宾学院学报》,2017 年,第十七卷,第 9 期,第 29～34 页)。

上述文献显示:

(1) 无理由退货权在国际上有诸多不同的称谓,如"消费者撤回权""反悔权""后悔权"等,称呼不同,其立法依据也不同。如"消费者撤回权"来源于德国,立法依据:消费者真实意思的形成在受到影响的情况下,合同并非具有完备的效率。但欧盟与英国则都不认为消费者合同在无理由退货期限届满前存在效力问题。我国也持此种观点(葛江虬,2015)。

(2) 无理由退货使用范围的确定以严重非理性决策为标准。对消费者理性原则理论的质疑佐证了消费者非理性决策理论的正当性(张林,2017 年)。从这一点来看,2005 年国务院令第 443 号《直销管理条例》第 25 条规定了直销场合的无理由退货权,这是很有立法依据的。同时,该条例还规定直销企业及其分支机构不得招募"未满 18 周岁的人员""在校全日制学生"等 7 种人员为直销员,也是基于对此类人员的保护。

(3) 无理由退货方式 20 世纪初在欧盟和美国迅速发展,将经营者的信息告知义务和撤回权结合,应用于远距离销售、消费金融服务远程市场、消费信贷等诸多"指令"中。欧盟指令只提供最低标准,成员国可以提高保护标准,例如欧盟指令规定远距离销售的撤回权期限是 7 个工作日,意大利允许 10 天,德国、瑞典等则规定 14 天。在美国联邦和州层面均有冷静期的规定,纽约、加州"撤回法"适用的范畴则远远超过联邦法律的规定,冷静期的规定也不相一致(张林,2017)。上海商学院市场营销系康海燕老师 2016 年在加拿大访学期间发现:加拿大埃德蒙顿退货政策,一般而言,正常销售商品(指非打折商品,折扣店除外),退货时间为 1 个月。消费者持有票据,且商品未经使用,在规定时间内可以在品牌商的任何 1 家门店退货。也有一些品牌商无理由退货的时间更长,甚至长达 45 天。

通过上述介绍,我对此问题的基本看法是:

(1) 无理由退货不仅是一个法律问题,更是一个非常复杂的实践问题,归根到底是对消费者非理性决策行为的一种倾斜性立法保护。

(2) 在网购、直销、电视购物、低价促销、上门推销、推介会等场合,消费者的非理性购物无论从范围、规模,还是从数量来看,有可能比其他面对面销售方式更容易产生严重的非理性决策行为,所以,有限制地实施无理由退货,有客观的立法依据,也是保护消费者权益的一种方式。

(3) 把无理由退货从远距离合同推广到近距离合同,缺乏立法依据,也与我国当前的营商环境存在较大的差距。所以,要特别慎重。国外好的做法在我国实施不见得会有好的结果。

(4) 应该提倡经营者从消费者视角审视退货制度的升级与完善,从战略高度来考虑退货问题,以提升消费者的忠诚度。

(作者:上海商学院周勇,上海商学院曹剑涛、康海燕对此文也有贡献。)

10　营销：从"引流导向"到"价值导向"

让这个世界停滞的，从来就不是战争、病毒、天灾，而是信心、担心、失心。有些人有些企业，即使做大了，仍然没有初心。因为他们的初心只有一个"钱"字。新型冠状病毒肺炎疫情犹如一面照妖镜，照出了污点，照亮了人心。疫情警示我们："赚钱正当，用钱恰当"。这应该成为工商企业的座右铭。它对我们最大的启示是再一次验证了水能载舟亦能覆舟的道理。长期以来被商家严重忽悠的消费者，终于让商家尝到了停摆的痛苦，市场真正的主体就是消费者，商家应该深刻反省对消费者的态度。疫情是全人类的一场灾难，没有赢家，更不可能全胜，应做好打持久战的心理准备、物质准备、医疗准备与后勤准备，有可能一而再，再而三，绝不能因侥幸心理而掉以轻心。

1）引流导向埋下祸根

我国当下营销主要是"引流导向"。自从有了互联网特别是移动互联网，营销在"引流导向"方面走得越来越远，各种引流办法层出不穷。在疫情中直播带货、全员营销、到家服务等在线流量经营达到新高度。领导亲自上电视台摇旗呐喊，宣布"直播年"开工。所有企业都坚信：用户经营时代到来了。那些获得资本青睐的公司，以金钱为导向，以猎获用户、扩大市场占有率为目标，一路舍命狂奔，甚至飞越太平洋，抵达了美国纳斯达克。

这种以资本为原动力，以引流与割韭菜为目标的运作模式泛滥成灾，犹如给美丽祥和的沙滩埋下了重磅地雷。瑞幸咖啡自曝销售数据造假以后，出现爆盘爆单，这不是个案，过去有，今后还会出现得更多。ofo 从满大街全是黄色到销声匿迹，用户在套上加套的套路中一路走来，只感觉越套越深，讨回押金之路难于西天取经。有些公司甚至银行也干着类似的勾当，如设立大量子公司，子公司赚钱收益归集团，亏欠时则以法律名义不负责任。这种模式蔓延的结果：第一，公司一旦出现危机，股民、用户以及相关企业首先成为直接受害者，如果政府救市救局，那就是纳税人买单，这等于是全民买单。第二，尽管资本助力推动了商业创新发展，但这种模式常常也背离了市场经济责任自负原则，而且还打破了公平竞争原则。资本猎杀了一批又一批优秀企业，劣币驱逐良币的现象随处可见，结果是各行各业都一地鸡毛。投资受损，规则破坏，经济动荡，其祸根就是这种急功近利、背信弃义的"黑商模式"。

2）价值导向是发展方向

马克思的《资本论》论述了利润源于资本家剥削工人剩余价值的观点。但直到 20 世纪 60 年代哈佛大学商学院与通用汽车公司的合作研究才发现了利润的真正来源：市场份额和公司利润之间存在正相关关系，即市场份额越大，利润就越高。到 20 世纪 80 年代，市场竞争格局变化使研究有新发现：公司利润主要来源于顾客满意度与顾客忠诚度，企业应该以顾客价值为导向。

顾客最基本的需求是商品与服务，所以，以顾客价值为导向关键要做好两个方面：一是顾客服务；二是商品经营。这两点归根到底是要做好供应链管理。以顾客价值为导向，注重供应链效率的营销称为供应链营销。价值导向必然要强化供应链营销。

这方面有理论基础，也有实践探索，但从整个行业的营销现状来看，还没有引起普遍关注，是值得研究与探索的一个现实问题。

例如，盒马鲜生、名创优品、生鲜传奇、蚂蚁商联、齐鲁商盟等零售商及其联盟最近几年来都在大力推进自有品牌开发，做好而不贵的自有品牌，这就是致力于顾客价值的供应链营销。首都经贸大学陈立平教授说：在日本自有品牌发展呈现出新鲜、好吃、便利、健康、有趣五大趋势。我国很多产品的开发与推广仍停留在"讲故事、忽悠人"的阶段，且故事讲得没有逻辑。有一款牛奶包装上写着"饮井水、听音乐、享按摩"，看到这 9 个字我的第一反应是：井水不靠谱。至于音乐与按摩与牛奶品质的关系也很难讲清楚。

营销沿着"引流导向"的套路已经走了 10 多年，如今刚刚开始做"价值导向"的营销。如果企业不能从"引流导向"中解放出来，那必将死无葬身之地。

3) 让顾客难以抗拒

顾客难以抗拒的是企业提供的"价值"，而绝对不是什么虚无缥缈的故事与情怀。顾客的需求既是理性的又是感性的，保健型需求是理性需求，激励型需求是感性需求。

保健型需求是具体的、客观的、理性的需求，企业有一点疏漏顾客就会很不满意，做得再好也不会感到非常满意。比如洗衣机能正常洗涤与脱水，这就是保健型需求，能正常运行，顾客就没有不满意；突然不能脱水了，就会很不满意。如果维修人员还不能及时上门，那就更不满意了。这些问题都构成顾客的"痛点"。我购买的西门子 600 升双开门冰箱和西门子滚筒洗衣机都遇到过类似问题，一是用到 5 年电脑主板就出问题；二是上门维修不及时。所以，下次就决定不买西门子产品。又如汽车，2004 年我买过一辆宝马 3 系车，开了几年后就开始烧机油，到最后 2 000 千米用掉一箱机油。我第二次买车时果断放弃了宝马。这些都是没解决好顾客痛点问题而流失顾客的典型例子。

做产品与服务，要明确顾客的理性关注点，比如顾客购买一瓶酱油最关注的是品牌、配料表、口味、包装；入住经济型酒店，顾客最关注的是洗澡、上网、睡觉。

但当下不少产品从设计到推广，都偏离了顾客的关注点。稍有改进，就能解决顾客的痛点问题。比如牛奶、食用油、桶装水、酱油、糖、盐、醋等商品的瓶口都特别难开，或袋口设计不便使用。只要改进包装，就能给消费者很好的体验。

激励型需求是期望的、模糊的、感性的需求，有些是顾客期盼的需求，有些则是顾客尚未想到的需求。这些需求不满足，顾客也不会对企业不满意，但如果很好地满足了顾客的激励型需求，则能激发顾客的兴奋点，使顾客产生很大的满足感。用惊爆价激励顾客是初级营销。用类似"奶盖茶"之类的好产品迎合顾客是中级营销。用类似到家服务改变顾客购买习惯则是高级营销。生鲜传奇刚开始卖净菜活鱼的时候，一天只能卖几条鱼,持之以恒终于获得了顾客的认可,最后通过调查顾客发现:65%顾客是为这条鱼而来。对商品、品质、服务以及承诺一致的坚持,改变了顾客消费习惯,给顾客提供了一个来店的理由。一条鱼赚不了多少钱,但引来了客人,发挥了引流作用。现在的"引流"大部分都做错了,都是"利益诱导",不是"价值引导"。利益诱导是一次性短期的行为,价值引导是长期培育的结果。生鲜传奇其实并不是"引流",而是"价值引导",是教育消费者的结果。让消费者确信:这鱼确实是活鱼杀的,吃过以后感觉是活鱼。让顾客体验到这条鱼确实杀得好,洗得干净。这就为消费者创造了价值。这个过程是艰辛的,不仅要采购到好鱼,还要加工、包装、定价都让顾客满意。即使一切都做得很好,顾客还是不买,那就要坚持再坚持,改进再改进,通过坚持、坚守、改进与宣传,教育消费者真正认知到一条好鱼就在生鲜传奇。

把所有这些事例都连起来就会发现:做引流营销犹如治疗新冠肺炎的西医,不能自主呼吸了,就给病人接呼吸机,但最终病人还是死了。为什么?因为肺部有大量黏液,堵住呼吸系统,最终窒息而死。顾客价值导向是慢功夫,是中医,通过祛痰,清理黏液,使人能够顺畅呼吸。西医是治标,中医才是治本。我们现在的营销虽然做得轰轰烈烈,实际上主要还是治标,没有从顾客的实际价值出发,认真去研究供应链效率的提升与改善。所以,供应链营销潜力无限,可以说是终极营销。随着互联网与 5G 技术的发展,供应链营销也必将进入一个全新的时代。

未来营销的重点不是引流而是聚心,只要客人心中有店,不管人到哪里,都能引流过来。所以,未来营销,引流不如聚心。

11 百联联手阿里开逸客便利的想法很好

2019 年 3 月 11 日,百联集团和阿里集团联合投资 10 亿元打造的新零售项目"逸刻便利"首家门店在上海开业。

百联与阿里携手开发"逸刻便利"的想法不错。上海便利店长期以来以内资为主导的竞争格局已经发生了质的变化,公司规模、选址卡位、品牌形象、经营业绩、特许占比等指标,以全家、罗森为代表的外资便利店总体上已经赶超内资。从前上海便利店的基本格局:内资缺乏业绩优势,但拥有地盘优势。如今上海的内资便利店,连地盘优势也丢失了。同时,便利店的传统服务项目受移动互联网的冲击,淘汰掉约 40%,如公用事业收费、手机充值等,同时服务增项受到多因素限制。在这样的背景下,如果百联与阿里紧密合作,创出一种能迎合消费升级与便利消费的新需求,引领上海便利店行业的新发展,是便民利民的大好事。但存在以下问题:

(1)百联集团旗下的联华超市股份有限公司市内有 700 多家快客便利店,加盟与直营约各占一半,直营稍多。据说,"逸刻便利"是百联集团的业务,与快客便利店没有关系,那以后在百联集团内部就构成内部同业竞争关系。

(2) 关于 2019 年逸刻便利开 500 家的报道,要么是报道有误,要么是计划不周。我认为,在上海 1 年要开 500 家便利店,基本不可能。如果是整合夫妻店,有可能,因为夫妻店很多;如果是快客"翻牌",上海市内快客也就 400 家不到的直营店,全部翻牌,也达不到 500 家;如果再去收购,那就说不准了,整合更是个大麻烦。我知道从前快客也开过一个黑色的快客,据说是稍微高端的便利店,但并没有发展起来。

未来上海的便利店到底发展成什么样? 谁也说不准,还是应该让消费者来定义。

12 "手擀面"也是一面照妖镜

手擀面真是手工用擀面杖制作而成的吗? 机制面叫"手擀面",信不信由你!

昨天买了筒骨,一根骨头居然要 68 元。吃完了骨头,没舍得把骨头汤倒掉,今早起来烧骨头汤面。

打开日前从网上买的面条,我惊呆了:今麦郎原味挂面,居然把"手打"两字注册成商标了。网上一查才发现:这还是一种普遍现象,不仅有今麦郎出品的"手打"(字特大,一看就是诉求重点)"劲宽面"(字稍小,但也很显眼),还有"裕湘手擀""金沙河手擀""白象手擀""华麟手擀"等,并且都已嵌入注册商标文字中。

两年前我就注意到面条行业频繁出现的"手擀面"仨字。问零售经营者:是机器加工的,还是真的是手工打制的? 得到的回答是:不清楚。接着我搜索了有关"手擀面"的信息:

(1) 搜狗百科、百度百科的说法是一致的:手擀面,是面条的一种,因用手工擀出的面条所以称为"手擀面"。面条的制作方法多种多样,擀、抻、切、削、揪、压、搓、拨、捻、剔、拉都成。

(2)《辞海》将手擀面定义为手工用擀面杖制作而成。但行业说,这是传统定义,不认可。

(3)《中国面制品》杂志于 2016 年第 2 期刊载的《中国食品科学技术学会面制品分会有关工业化生产"手擀面、手打面"的说明》指出:食品工业化生产已得到普遍推广和运用,手擀面并不当然等同于手工面。模拟手擀面的人工动作与流程用工业化的加工方式,生产的具有手擀面形态与口感的挂面或者是半生鲜面均称为"手擀面"。这本杂志由中国轻工业联合会主管,中国食品工业(集团)公司、中国食品科学技术学会主办。(这是"手擀面"不一定是人工"手擀"的主要依据)。也许是科技发达了,机器能做得与手擀一样好,甚至更好,那就写上"机制手擀面"。

　　上海商学院市场营销系冯睿老师曾长期在日本工作,她说:"手打也是日语汉字,一般用于门店面馆,表示现场手工制作,让人感觉吃起来有种筋道的口感。"

　　最近还听说某投资公司在关心挂面行业,我把图片发给该当家人看。我说:"居然把手打两字注册了商标,忽悠人太厉害。现在有些商人,以法律或标准的名义明目张胆地在光天化日之下欺负我们消费者。"他回复了四个字:"不靠谱哇。"我说:"标准就是这么定的,机器做的拉面与手工一样,就可以叫'手擀面'! 标准与企业合伙忽悠消费者。"他回问我:"消费者会因为写了手擀面就相信这是手擀面?"我说:"我不相信,但可能对销售有影响。企业写得没错,错在标准! 也许标准就是制面企业制定的。这正如 1997 年我参加我国第一个特许经营管理办法的起草,都是特许企业参加制定标准,他们回避了这一法规最重要的有关'信息透露'的要求。后来这个办法又升级为特许经营管理条例,但本质并没有变化。"

　　制面企业以及经营者认为:机制挂面也可以叫作"手擀面"已经成为面条加工行业的共识,根本不会产生误导。他们还认为:包装是透明的,一看就清楚。(意思就是说:面条均匀、光滑,不可能是手工制作的,一眼就能看穿是机器制造的! 但明明是机器制造的,为什么还要定一个机器制作面条也可以叫作"手擀面"的标准? 为什么要把"手打""手擀面"这几个字写得这么大?)

　　我国《预包装食品标签通则》第 3.4 条规定:"应真实、准确,不得以虚假、夸大、使消费者误解或欺骗性的文字、图形等方式介绍食品,也不得利用字号大小或色差误导消费者。"第 4.1.2.2.1 条规定:"当'新创名称''奇特名称''音译名称''牌号名称''地区俚语名称'或'商标名称'含有易使人误解食品属性的文字或术语(词语)时,应在所示名称的同一展示版面邻近部位使用同一字号标示食品真实属性的专用名称。"

　　有关"手擀面"的诉讼案件,全国各地法院至少有十多起,均判决驳回购买者的诉讼请求。但有一份二审判决书《湖北省高级人民法院民事判决书(2018)鄂民再 249 号》却这样写着:手擀面与手工面虽在文字表述上不同,但按照普通消费者的通常理解,手擀面是用擀面杖手工擀制的面品,其制作工艺应是手工制作,其真实属性为手工面。因此,即使是以机器模拟手工的方式制作的"手擀面",其营养价值与传统手工面仍存在本质差别。而且消费者更青睐手工面的口感及其传统制作工艺,涉案产品以"手擀面"作为商品标识,容易造成消费者的混淆和误认。(判决书来自网络)

　　有人对我说:"工业是不可能真用人工去一点点弄的。企业就是在赚工业化的钱。"

　　在技术发展的背景下,也许会出来机器人手擀面,但消费者各有所需,有些人不需要筋道,有些人只需要筋道;有些消费者则比较怀旧与挑剔,他们就要手工做的挂面,并且希望能标注清楚。

　　可能还有更多不为人知的有关挂面的故事与细节,法律、法规、标准等也有层次等级发布部门之区别,有强制的,也有推荐的,常常不可类比。

从制定标准与立法的视角来看,行业内部主导企业参与标准化建设虽然已成大趋势,但如果没有必要的监管控制,是不利于消费者权益保护的。

从企业来说,除了盈利,还应该有基本的良知,这正如辩护律师的基本职责是为当事人做无罪或减轻罪责的辩护,但辩护律师也应该有基本的良知。电视连续剧《决胜法庭》中著名律师邓凯文的结局就是最好的警示,因为做伪证,不仅自己尝到了坐牢的滋味,还被吊销了律师执照。

真的就是真的,假的就是假的。如果一个企业可以靠忽悠狂热起来,那也必然会因为狂热而死。随着消费者的觉醒,他们不会一再被愚弄。每一样商品都是一面"照妖镜","手擀面"就是一面很好的"照妖镜",让消费者看清企业的本质,消费者心中自有一杆秤。我无意贬低今麦郎,也无理由指责今麦郎。但我总觉得:既然挂面市场越来越大,已经引起投资公司的关注,我们能不能做得更好一点,让消费者明明白白地吃挂面! 这个要求不过分吧。

（上海商学院　周勇）

13　不要误读"盒马关店"

有多少心理学家、生物学家、医学专家、电脑专家、哲学家、营销专家以及各类其他专家,都在研究人脑、人心。但是,人到底怎么想的,怎么做的,会怎么变,都还是不清楚,尤其是在以营销与引流为导向的大环境下,顾客的真实需求容易被误导,被扭曲。盒马快速开店,如今只关过一家盒马鲜生,还关过一家不是自己管理(大润发管理)的盒小马,不是什么大事。反而呈现出盒马更务实的经营理念。过去的连锁公司,如果从业绩来看,估计至少有三分之一的店可以关闭。对新零售,要看大势,看未来,看变化,看全局,未来一定不是很多传统超市、传统百货、传统药店、传统便利店、传统奥莱等那个样!

14　谁来管理特卖场

2019 年 5 月 20 日 9 点 55 分,在上海电视台"新闻综合"频道看到一则特卖广告:位于黄浦区九江路 663 号的上海人民大舞台正在举办 2019 上海春季珠宝玉石展。

广告中有顾客感言的画面:一个和田玉手镯和一个翡翠挂件,只卖 3 000 多元,感觉特别便宜,平时想都不敢想! 电视上还说:现场有专业鉴定,"关键每一件蜜蜡都有鉴定证书"。

我不敢断言:此类广告都是不实广告,此类产品都是伪劣产品,此类鉴定都是虚假鉴定,此类证书都是无效证书!

我在该频道多次看到过"钟表特价展""冬虫夏草特价展"等广告,有时候还有名人推荐,如深受中老年人喜欢的上海大众笑星舒悦,地点集中在南京东路步行街东侧,如人民大舞台、华侨商店、中福大厦等。这三个点在地图上合在一起看,很像小时候在农村用来捕鱼的堤坝,直接面对着来自南京东路步行街的游客。

行业人士坦言:"这种广告与产品,一查一个准,假冒伪劣集中营,这批业态没有与时俱进,现在只能靠如此下作手段艰难生存,退休老人和游客是他们主要的核心受众!"朋友圈观点:基本感觉不靠谱。可见群众的眼睛还是雪亮的。

如果确实能让游客买到既便宜又有品质保证的商品,那是上海购物的一大创新。但是,如果顾客在特卖场上当受骗,不仅有损上海购物的品牌形象,更有损开明睿智的上海形象。

南京东路步行街以及周边副街区的诚信经营状况需要监管,希望相关部门,对此类特卖活动依法进行检查、监督和有效管理,以确保货真价实。新零售也好,转型也好,打响购物品牌也好,商品也好,服务也好,零售发展的一条"铁律"就是要"透亮"!

15 大企业要做照亮人心的表率

零售餐饮服务业,是一个必须加班的行业,别人休息,我加班,这是常态。如果大家都休息,哪来休闲与娱乐,哪来繁荣与繁华。

互联网企业全天候服务社会,也是一个天然的加班行业,而且由于行业变化迅速,加班就更为频繁。这是由行业特征与发展阶段所决定的。

这些需要连续工作的企业,可以实施错位调休和综合工时制,这是因工作性质特殊或者受季节及自然条件限制,需在一段时间内连续作业,采取以周、月、季、年等为周期综合计算工作时间的一种工时制度。如按月计算,实际工作时间超过法定标准工作时间就是加班时间,加班时间应依法发放加班工资,优先安排调休。

从前有些连锁企业的老总认为,按时下班的店长不是好店长,如今仍有企业老总认为员工应该以加班为荣。总的来说,这些企业还没有"充分进化"。企业做大了,养活了多少人,创造了多少财富,培育了多少亿万富翁,这确实是很了不起的成果。但任何企业都不能凌驾于法律之上,哪怕是富可敌国。

企业当家人最要不得的就是"皇帝心态"。企业做成了,就想做老大。过去的老板,胃口还不算大,只想做"行业皇帝"。如今就不得了,一业稍有成果,就迅速跨界扩展"异业",梦想做全行业、全产业的"皇帝"!

加班不是新话题。早在 2006 年,上海《新民晚报》就发表过一篇有关白领加班的报道,这些人基本上是朝九晚五。当时零售行业有一个说法:"女人当男人,男人当牲口;周六保证不休息,周日休息不保证。"配送中心都是体力活,到了夏天,搬运工人很多都是赤膊上阵。怪不得有一次市领导视察上海最大一个一级批发市场的时候感叹:何时才能消除赤膊工作的状态。

在当时,连锁企业在快速拓展,每个部门都只有加班加点,才能有更快的发展速度,白天工作,晚上看店与巡店,是常态。记得我刚入职零售行业的时候,既不懂行规,更不懂上级的规矩。

有一次晚间跟着领导巡店,到9点多总算看完了最后一家店铺,终于饿到尽头了,以为可以吃饭了。这时候领导却说:"今天早点回家吧!"这样的工作状态,怎么计算加班时间?零售工作就是如此的快节奏,常常连吃饭的时间也没有。上班有时,下班无时,加班正常,不加反常,全年无休,随时应招。这就是超常规发展时期的中国零售业。

但随着商业自动化程度的提高,工作环境有明显改善,劳动强度有明显降低,家庭主妇也可以在配送中心轻松担当拆零分拣的工作。

直到 2011 年 11 月 2 日,胖东来作出了让全行业非常震惊的一个决定:每个门店每月关门停止营业 2 天,2012 年 7 月份后每周一天,春节期间年三十至初四停业关门 5 天。

无论从什么视角来看,这都是一个好决定。

放假,不仅仅是提升员工战斗力的窍门,更表明了一种对员工的态度。

大企业可以调节全社会对于"人"的认识。企业一旦进入发展的"快车道",谁都不能随便下车,发展惯性带着大家快速前行。公司的发展过程,犹如用平底锅煎饼与煎蛋,一群志同道合的人聚在一起,没日没夜地折腾,终于把蛋饼做大。如果大家从一开始就安逸做事,淡定做事,很难把公司做大。

1914 年 1 月 5 日,福特宣布:我们将一次性把工时从 9 小时下调到 8 小时,并向每名员工提供利润分成,22 岁及 22 岁以上的员工每日的最低收入将是 5 美元。这一举动后来被称为"福特 5 美元,点燃了员工激情"。但实际上,没有任何金钱能够让人感动,真正让人感动的是在报酬背后如何对待员工,如何对待赖以生存的社会。这体现着一家公司的品格。一家企业的行为,不仅可以调节劳动力,而且还可以调节全社会对于"人"的认识。大企业应该做这方面的表率,而不应该成为"出轨的表率"。

工人为你家装修房子,你为工人泡一壶茶,并与工人同饮这壶茶,就与他们完全拉近了距离!你与清洁工打个招呼,比给他们发点奖金更得人心。金钱是一种"保健因素",不给钱或钱很少,会很不满意,但如果继续增加金钱,只能使人"没有不满意",却不能使人"满意"。而对人的尊重与关怀,则是"激励因素",做得好能使人产生"满意"。在"满意"与"不满意"之间有一种中间状态是"没有不满意"。很多员工就处于既没有"满意",也没有"不满意"的"没有不满意"状态。如果一个企业都是这样的员工,就是缺乏激励,但主要不是缺乏金钱的激励。

以从业者来说，眼前的压力迫使人们以宝贵的生活资源来换取生存资源！一个必须拼命才能生存的行业，也是一个很容易送命的行业，更是一个"血酬"行业，从业者丧失了从容与淡定，顾客也难以感受到服务的优雅与温馨。但双方都没有选择，这是特定发展时期的一种常态。

加班是一个蛮复杂的问题。我认为应该坚守两条基本规则：第一条是基于员工身心健康与愉悦的原则；第二条是基于劳动法规的原则。公司的事说大也不大，家中事说小也不小；公司的事，再大也是小事；家中的事，再小也是大事！企业尤其是大企业，不仅要承担经济责任，更要做"照亮人心"的表率。

16　实体店与孙悟空

看到李克强总理在张近东、孙为民陪同下所说的一番话，很振奋人心。总理在苏宁总部即兴说：实体店的未来，有孙悟空的本事，既能腾空架雾，又能够钻到消费者心里。所以，一定会有大发展。

有业内人士感言："总理还有一句话没有说，要经历九九八十一难的！路遥才能知马力！"

孙悟空威而不猛，还常常受到委屈。业内人士又说："那是因为没后台。"

我也坚信：实体店有希望！上天入地＝腾云驾雾＋五洋捉鳖。孙悟空贡献很大，每到紧急关头，零售业者都是赴汤蹈火，但还是戴着紧箍咒！我希望：把企业当家人从日常事务性工作中解放出来；坚持包容审慎有效的原则依法建立监管体系与监管方式；政府多管一些企业管不了、管不好的事情，少管一些企业管得了、管得好的事情，少一些背离效率与消费需求的"过度管理"；各部门加强协调配合，少一些不作为、乱作为。生产效率是局部效率，流通效率是整体效率，只有流通有效率，整个社会才能更有效率。

17　零售遗忘了什么

2018 年我国零售行业有三个遗忘：

（1）遗忘了业态功能。我们过度夸大了移动互联网背景下的跨界融合，却遗忘了每一种零售业态的基本功能。这种基本功能源于消费者的真实需求。零售行业最近几年来的投资，有多少项目是源自民间的真实需求？如便利店，其基本功能是满足"中食"需求，不把这一点做好，其他都没戏。

（2）遗忘了服务本质。多年以前，有重庆朋友来上海，带他们去吃海底捞，感觉服务不错,但印象还不是特别深刻。2018 年 12 月 15 日,应孩子们的邀请,中午 12 点钟从小区步行 20 分钟到位于上海松江区莘松路上的海底捞亚繁亚乐城店就餐,让我感受到什么才是真正的服务。在海底捞门口有一个类似茶吧的等候区,不是一般餐馆的那种长条凳,而是小圆桌配凳子,桌子上还有饮料、跳跳棋,甚至还可以折纸鹤,每个纸鹤可以折价 5 毛钱,每单最多可以折 60 个纸鹤,抵扣 30 元。身穿黑衣的小伙,见有客人进入店堂,就主动引导到预定餐桌。坐定后立马递上热毛巾,并询问需要热饮还是冷饮,白开水温和可口。加汤换碟完全不用招呼,一切都在服务人员的视线之内,热毛巾也能得到及时更换。凡是带孩子的客人,都点了 7 元一条,现场表现的手拉面,年轻小伙,不仅手艺高超,而且颜值也很高。汤料表面出现泡沫,主动清理。大骨的肉有点硬,招呼服务员后,他对我们说是按照大多数人的要求来烧煮,如果下次再来,可以帮我们煮得软一点。5 个人,一个小时就餐,344 元,还送给小孩一个小玩具!离席前还送上免费的茶水,可口的乌龙茶与菊花枸杞茶。海底捞的洗手间明亮、清洁、毫无异味,而且配置 4 岁小男孩刚刚够得着的小便斗,自动加热马桶,门背面上写着"请不要丢下它们"的文字与图形(手机、钥匙、钱包)提示,洗手台盆靠墙放置了一排清洁护理用品,甚至有单片包装的擦镜纸,考虑周到至极。离店的问候也特别真诚。走出店门来到等候区,又见一小伙在分发圈圈口香糖,其实在就餐快结束的时候,服务员已经主动送上了装在一个小碗里的牙签与圈圈口香糖。正在拖地的服务员见有客人走过,立马停下,提醒我们留意路面可能滑,并用肢体语言引导我们走出店面。这是我在 2018 年最最愉快的一次消费。

都说海底捞的服务好,还说在海底捞有不少卧底,但为什么学不会学不好学不真?我以为服务是一种发自内心的习惯。这种发自内心的习惯的养成,是一种基因。正如一个人,思想决定言语,言语决定行动,行动决定习惯,习惯决定性格,性格决定命运。如果我们看不见海底捞内在的"基因",怎么学,都无法达到海底捞的服务境界。这使人想起了我国的"工业学大庆""农业学大寨"运动,这场轰轰烈烈的运动,一直延续到改革开放前。大庆与大寨,一个是工业,一个是农业,行业不同,但大庆人与大寨人有一个共同的特点:在极其恶劣的自然条件下,艰苦奋斗,吃苦耐劳,能打硬仗。这正如大庆的铁人王进喜所说:人无压力轻飘飘,井无压力不出油。但我们学着学着就走样了,忘记了榜样的"精神实质",却一味地去追求外表的光鲜与形式的优美,那终究是短命的。

(3) 遗忘了行业本分。每个行业都有自己的本分与守则,如在自然环境下种植,最讲究的就是节气,如种番薯,过了 4 月 20 日,不仅会减产,而且有可能毫无收成,还影响下一季农作物的种植。零售行业的本分是什么?是服务客人并追求效率,进而为客人提供较低价格的优质商品与服务。这是一个循环,没有效率就没有一切。追求效率,从企业的小视角来看,首先得有毛利,其次得有周转,再次得尽量减少损耗,最后就是现金流量比净利润更重要。临近年终,盒马创始人侯毅先生说出了新零售的四大效率:人效、品效、时效、流效!这是很有价值的观点。以后可能还会衍生出更多的效率源头,但归根到底是要有效率。企业讲效率是本分，但流通效率还具有特殊的社会意义。生产效率是局部的资源配置效率，反映人与物之间的关系；流通效率是社会总体资源配置效率，反映人与人之间的关系；流通效率在很大程度上决定了全社会经济运行体系的整体效率。

如果各行各业、各级服务与管理部门都忘记了自己的本分，那整个社会就乱套了！这正如我们常常看到的现象：该管的不管，不该管的瞎管，出了问题，让"小工"背黑锅！根源是违背经济规律，越俎代庖，因噎废食，大包大揽，自以为是，这与不作为属于同种性质的"乱作为"与"烂作为"！零售效率的提升，不仅要靠零售企业的创新转型与勤勉勤俭，还要依靠更智慧、更勤勉、更高效的政府服务。

当我们致力于发挥特定的业态功能，致力于养成发自内心的服务习惯，致力于追求行业本分，零售的心态将会更和静，零售的视野将会更宽广，零售的前景将会更美好，零售的业者将会更幸福！我们期待着这一天的到来。

18 全家便利为什么不让拍照

2018 年 7 月 27 日，我从上海浦东机场出发去恩施参加学校组织的疗休养。到浦东机场一号航站楼，这里的安检人员让人感觉没有二号航站楼以及虹桥机场好。过安检的时候，我问雨伞与充电宝要不要拿出来？安检人员没搭理一句话，手一指，意思是"看墙上"。7 点不到，也许是太早，有些商店都没开。

快到 06 号登机口的时候，突然看到一家"全家"，明亮而熟悉的店面让人感觉很亲切。停下来拍了几张门面照，走近店面看到营业执照上写着"上海福满家便利有限公司迎宾大道五店"，营业期限为 2012 年 8 月 8 日到 2034 年 5 月 12 日。看来这不是一家新店。

店面柱子上挂着双肩包，地上立着靠枕笼子，进门左侧靠墙的冰柜上方有哈根达斯冰淇淋柜，35 元一小盒。我正想用"手机软件"比较一下这里的哈根达斯价格与机场外有多大差异，这时候，从背面传来了服务员的提示声：这里不能拍照！我说，这里只写着"禁止吸烟"，没有写"禁止拍照"！这是谁定的"规矩"？服务员说，是店长规定的。

便利店领域的资深行家、上海交通大学林鑫教授在"便利店群"针对此事说："外资便利店，都不让人拍照！他们认为这是他们的智慧财产。在日本更是如此，我就曾因为拍照被赶出来。"

群里的 Jack 先生则说："确实如此，尤其是全家，现在不让拍照的思维已经太落后。全家总部规定，就是不让拍照，实在奇葩！"

从前，商店之间常常因为互抄价格而引起矛盾与争端，甚至发生打伤人的事件！

如今的商家都巴不得顾客拍照、转发，全家居然还不让顾客拍照！实在是令人费解！

19 盒小马能否发展特许加盟

2018年8月14日,《北京商报》刊发了王晓然、徐天悦的文章《盒小马将于10月正式开放加盟 要动谁的奶酪》。资料显示:与大润发合作开发的盒小马,首店于2018年6月2日在苏州开张,大润发新零售COO袁彬掌舵盒小马。

1) 我国发展特许加盟业务有"两店一年"的规定

按照我国现行法规,发展特许经营的必要条件:"两店一年",即特许商至少应该有两家直营店,且经营时间超过1年。国务院颁发的《商业特许经营管理条例》第2章"特许经营活动"第七条规定:特许人从事特许经营活动应当拥有成熟的经营模式,并具备为被特许人持续提供经营指导、技术支持和业务培训等服务的能力。特许人从事特许经营活动应当拥有至少2个直营店,并且经营时间超过1年。这就是通常所说的"两店一年"的规定。

从企业来说,盒小马开业不足半年就要在2019年10月正式开放加盟,恐怕不符合法律规定。

2) "两店一年"是个"伪要求"

从国际范围来说,"两店一年"其实是一个"伪要求",具备"两店一年"的企业不一定能为加盟者提供持续的品牌与管理技术等方面的服务,而不具备"两店一年"的企业不一定不具备服务能力。

因此让加盟者知情,才是关键问题。国外特许加盟的法律法规主要是要求加盟主必须透露信息,所以,这个法规也称为"信息透露法"。如在美国,特许经营公司必须透露的信息有几十条:特许经营公司的背景及其历任的决策人物,要求列出公司的全名、商标、总部地址、历史背景、历任的决策人物,并说明公司的各项营业项目、营业范围、权利金的支付方式以及其连锁店可能面对的竞争对手等;特许经营公司主要决策人物的背景资料,公开内容包括他们在过去5年内的工作经历及其目前的职称与职务范围,如果在5年内曾在其他公司任职,也必须列明其所任职公司的名称、性质及其负责的工作等;特许经营公司的诉讼记录,必须完全公开公司本身的诉讼记录,并必须公开公司有关决策人物及其公司代表的所有诉讼记录,每一项诉讼应公开的内容包括诉讼发生的原因、审问过程、法庭裁定的结果、诉讼的案例名称、法庭地点以及其主要的诉讼对象等;破产记录,公司及其有关人物和公司代表在过去15年有无破产或无力还债的记录,必须完全公开,而且也必须像前项所述那样,列明其申请破产的案例名称、法庭地点以及有关的原因和事实资料。

公开的项目还包括:投资者基本的权利金及其他基本的费用;基本的投资预算;特许经营公司对连锁店购买设备、产品、服务等的规定;融资协助;特许经营公司的义务;专属的营业区域(特许经营公司必须公开其对特许店商圈的保护范围,界定特许店营业的地理位置,并保证在特许店的营业范围内,不会再授权给其他的投资人成立同品牌的特许店,也不会以公司的名义设立其他分店。特许店的商圈范围尽可能用附图说明,而且要列出更改商圈范围时必须依据的理由);商标、服务标志、商品名称、标准全名和其他商品的象征符号;专利与著作权;投资者实际从事特许店经营的义务;特许店销售的产品及服务的限制;特许转让的续约、终止合约、承购以及转让;有关使用名人来做广告促销的协商;有关销售额及利润的实际数、平均数、计划数和预测数;有关特许经营公司的连锁店总数及相关资料;主要的契约与相关的合同;投资者的签收记录等。

我国企业很忌讳信息透露,所以,参与起草的企业可能是有意淡化了信息透露条款,加上了一条表面强硬而实际无用的规定。

3) 特许加盟的初心与措施

国外虽然没有"两店一年"之类的具体要求,但是由于信息透露的要求特别严格,想用一个品牌忽悠投资人的"套路"肯定行不通,企业必须踏踏实实地为加盟者提供服务。因此,在特许加盟领域,美国有一句名言:加盟商不是警察局,而是提供服务的机构!

以下三点要求需要任何一个加盟商有充分的准备:

(1) 特许加盟的初心不是给投资者"上套",而是给投资者"解套"。特许经营——Franchise ,源于法文 Franc,原意是"不受奴役"。特许是给人自由,通过特许加盟使加盟者免受薪水阶层的劳役之苦,自由地开创自己的事业。自己创业风险太高,失败概率极大,加盟经营就是为了低风险创业,以实现财务独立、精神独立、职业独立。所以,一个"好的"加盟商应该可以确保努力经营的加盟者实现稳定盈利。如果做不到这一点,或想利用加盟吸纳资金,转移规模扩张的风险,那就违背了特许加盟的初心。

(2) 保护专属的营业区域。特许经营公司必须设定对特许店商圈的保护范围,界定特许店营业的地理位置,并保证在特许店的营业范围内,不会再授权给其他的投资人成立同品牌的特许店,也不会以公司的名义设立其他分店。特许店的商圈范围尽可能用附图说明,而且要列出更改商圈范围时必须依据的理由。盒小马发展特许加盟业务尤其应该注意这个问题,盒小马与盒小马之间,直营盒马与加盟盒小马之间、直营盒小马与未来也可能发展加盟的盒马之间,应该有明确的营业区域划分。

(3) 发展特许经营有六个基本条件。令人感到惊奇的是:在麦当劳出现以前,特许经营就已经存在,它似乎从未经过婴儿阶段,它从出生起就已经是一个成熟的成人,这是因为成熟而负责任的企业造就了成熟的特许经营体系。它需要具备六个基本条件:持续发展的生意模式;可以传授的经营技术;互赢互利的特许经营指导思想;具有强烈的合作意愿;业态选择与资源优化;发展特许的社会环境。

我国已经建立了比较规范的商业特许经营管理法律制度,出台了《商业特许经营管理条例》和《商业特许经营备案管理办法》,商务部业务系统统一平台也开发了"商业特许经营信息管理"系统提供了"备案须知"（http：//txjy.syggs.mofcom.gov.cn/index.do?method＝piaochuang）。任何企业都应该按照规定实施备案,并依法合规发展商业特许经营业务。

20 国美改变了家电行业的渠道格局

"美国"倒过来变成"国美",从 1987 年一家百余平方米的小店到 2006 年荣登中国连锁百强(中国连锁经营协会发布)榜首,整整用了 20 年时间。这个取名法则,还被同行借鉴。见福便利店创始人张力曾对我说："美国倒过来的'国美'做得如此成功,我也来一个把福建倒过来就叫'见福'。"

1) 前进与后退都是死

以前在中国连锁经营协会参加年会,常能遇见国美当家人黄光裕,但都没有近距离接触到他。随着国美的规模扩张,黄光裕给行业的印象似乎比较张扬,后来剃成"光头",更使人有诸多联想。其实,他内心也装着一颗恭敬之心和一颗痛苦之心。2006 年下半年,商务部召集全国 20 强流通企业(商务部通过战略评估而认定)进京讨论零供管理办法,我跟随领导一起参加了讨论会,正好与黄光裕并排而坐。坐定后,他很恭敬地双手递给我一张名片,并说："周老师,我认识您!"一看名片上没写手机号码,又把名片要回去,认真写上号码,再双手递还给我。这个情景,我一直记着。

那次会议由商务部副部长姜增伟主持,会议期间,姜增伟突然提议邀请零售当家人吃中饭。午餐是在商务部食堂,八仙桌,长条凳。席间我问黄光裕：你现在遇到的最大问题是什么? 他说：前进是死,后退是死! 还是往前冲吧! 他还说：内资有优惠政策,说我是外资;外资有优惠政策,又说我是内资! 两头都不着! 我到底是什么? 从这两句话中,我深切地体会到肩负重任的中国零售企业当家人深深的忧虑与纳闷。

饭后各自离去,那一天的黄光裕座驾据说是一辆加长的奔驰 600,车牌是特殊号牌,他坐副驾驶位。于是,我的领导肯定地说：黄光裕太张扬,迟早会出事。不幸言中! 我的领导比较低调,座驾是奥迪 A8,厚重安全而不张扬,虽然带着国企领导的帽子,但拥有公司股权,后来全身而退,华丽转身为投资人。

一个企业的领导人,或张扬,或低调,这对自身前程与企业发展真的如此重要吗? 我不得而知。我只觉得,无论是我的领导,还是黄光裕,都是忍辱负重,都是对中国零售业作出巨大贡献的当家人,都应该载入史册,都是零售的教科书。

2) 国美、苏宁与京东的竞争格局

业内有一个传说：美、苏(国美与苏宁)作为我国家电销售行业的两个头部企业,与供应商之间一直保持着相互牵连的平衡关系。但后来国美的发展受挫,家电行业出现了苏

宁独大的状态,这对供应商来说可不是利好状态。所以,行业中有一种说法:国美受挫导致供应商扶持京东快速成长,建立了家电经销渠道新的平衡体系。

2006 年,国美电器以 869.3 亿元销售额与 820 家门店的经营规模,首次超过百联集团,登上中国连锁百强榜首,苏宁电器位居第 3 紧随其后。从此,我国经营规模最大的两家家电连锁公司,占据了我国连锁百强排行榜的首位。

2007 年国美电器销售规模跨越 1 000 亿元大关,达到 1 023.5 亿元,继续在连锁百强中居于榜首地位。

2008 年国美电器以 1 045.94 亿元的销售规模和 1 362 家店铺仍然处于领先地位,同年,苏宁电器销售额首次赶超百联集团并突破 1 000 亿元,以 1 023.42 亿元的销售额和 812 家门店位居连锁百强排行榜第 2 位。

2009 年国美电器受"黄光裕事件"的影响,销售额增幅仅为 2.1%,门店数下降了 14.1%,当年实现销售额 1 068 亿元,门店总数 1 170 家。而 2008 年位居第 2 的苏宁电器后来者居上,实现销售额 1 170 亿元,同比增幅为 14.3%,门店数 941 家,同比增幅为 15.9%,从而使 2008 年榜单中排名前两位的国美、苏宁在 2009 年易位而居。

2011 年国美、苏宁在连锁百强中并列第 2 名,从 2012 年到 2017 年,除 2014 年外,苏宁一直排名连锁百强首位,而国美除 2012 年排名第 3 位与 2014 年排名第 1 位外,其他年份都是排名连锁百强第 2 位。从销售规模来看,2017 年之前国美、苏宁差距很小,2017 年销售规模拉开了差距,国美 1 537 亿元,苏宁 2 433 亿元。

2017 年我国零售业上市公司营收排行榜(联商网发布)显示:营收排名第 1 位是京东,全年实现营收 3 623 亿元,净利润 50 亿元;苏宁排名第 3 位,营收 1 879 亿元,净利润 42 亿元;国美排名第 7 位,营收 715 亿元,净利润亏损 4.5 亿元。

2018 年上半年,这 3 家公司的排名没有改变,京东营收 2 224 亿元,净利润 20 亿元;苏宁营收 1 106 亿元,净利润 60 亿元(主要原因是出售阿里股份,剔除这一因素后的净利润为 3.96 亿元);国美营收 347 亿元,净利润亏损 4.57 亿元。

京东、苏宁的营收和净利润趋于大幅度上升空间,国美的营收与净利润处于较大幅度的下降态势。

这种竞争格局的形成,与"黄光裕事件"没有必然的关联,而与一家公司的发展战略相关。京东与苏宁更贴近零售行业的发展大趋势,更贴近移动互联网时代的消费大趋势,尽管未来的发展结局还不好说,如京东的 7 鲜、苏宁的小店。但这些公司至少是抢占了未来的先机。2011 年苏宁电器实施"实价制"营运,苏宁易购公司开始独立运作,并提出计划将网上销售额从 2010 年的 20 亿元提升到 2011 年的 80 亿元,增幅高达 400%。这可以说是网络时代传统零售业发展的一个趋势。2013 年,苏宁电器改名"苏宁云商",不仅实施了多元化发展战略,而且着力打造苏宁易购电商平台。在同年的 B2C 购物网站销售规模排名中,苏宁云商名下的苏宁易购以 258

亿元的年销售额位居第 4 名,远超第 10 名的国美在线 3 倍有余。但苏宁易购主营业务在 2014 年实则亏损超过 12 亿元,依靠一笔 43 亿元的门店资产证券化运作,才实现了约 9 亿元的净利润。从苏宁的发展格局来看,是在积极转型,苏宁在全渠道、智能化、业态创新等方面都有建树,线上业务已经过半,涉足品类从家电已经扩展到日用百货、生鲜、母婴用品、体育、影城等消费升级的多个领域,尤其是苏宁小店特别令人关注。但国美的发展相对来说比较稳健,没有积极跟上时代步伐。这是国美与苏宁拉开差距的主要原因。

3) 结论:创新拓展

2011 年,在上海连锁业大会上,我与时任国美电器董事局主席的陈晓交流,他认为当时我国的家电连锁店仍然像是一个批发市场。他在回答我有关我国目前家电连锁行业所处的发展阶段的提问时说:当前中国家电业存在的诸多问题很大程度上都是由供应和需求不对应造成的,这就要求零售企业必须打通供应商与市场需求间的供需通道,由单向的产品通道转变为紧密连接消费者与制造商并准确创造需求的平台,这是未来连锁业态变革的核心本质。国美制定了将逐步改变以往中国家电连锁行业传统的卖场经营模式,向围绕网络发展与单店效益并举的商品经营模式转型。国美如果一如既往地从这两个方面发力,也许会改变我国家电销售行业的格局。

卖家电真的需要开那么多版本的连锁店吗?我认为没必要,原因如下:①随着房地产行业的稳定以及老年化社会的到来,对家电需求的增幅会减弱;②现在的年轻人已经很少看电视了,甚至家里根本不配电视,但对其他家用智能化小电器的需求会增加,连手机都网上买,还有什么家电不可以在网上买的,完全没有必要到店体验,网上直接根据需要定制就可以了。所以,我的基本结论是家电行业尽管会继续成长发展,但到家模式会超越到店模式,拓展新渠道、拓宽新业务、深挖供应链,这是家电销售行业的发展趋势。

(作者:上海商学院周勇、池丽华)

---

21 无人便利店的前途

从 2016 年上半年淘宝便利店在杭州落地,到 2017 年上半年京东推出"百万便利店计划",仅 1 年时间,行业中围绕便利店的问题已提出了至少三个命题:一是电商整合线下便利店靠不靠谱?二是盒马打掉社区便利店靠不靠谱?三是无人零售靠不靠谱?

2017 年上半年,无人零售的话题在网上已经热翻了天,来自实践的声音也多种多样。新零售代表企业盒马鲜生创始人侯毅曾对我说:"北京十里堡店的无人收银体系,消费者普遍欢迎,已经作为盒马的标配。以无人收银为主,配置少量有人收银,是比较科学的。"他还说:"今天的人类还算幸福,仅仅是人和人的竞争,而未来则是人和机器的竞争,人基本上没有什么胜算。未来最强的能力就是不断学习的能力,否则你的专业一夜之间就会被机器所替代。"正是因为零售人具备了不断学习与自我否定的能力,零售业才能持续发展。从这个视角来看,尽管无人便利店或无人零售目前还面临诸多问题,但探索是十分有益的。

2017 年 6 月 6 日,欧尚旗下的缤果盒子(BingoBox)无人便利店在上海长阳路开业,引发了业内的广泛讨论,其预计了多种可能遇到的问题,大多数都涉及了市民的素质与技术防范,其中包括"无人便利店会不会成为拾荒者的避难所?"大家普遍认为,在智能化的背景下一切技术问题都不是问题。但其却没想到无人便利店居然会败给持续高温!全封闭的缤果盒子,尽管外面撑着巨大的遮阳伞,里面开足了空调,但室内温度仍比室外要高出 4 摄氏度以上,店内温度有 40 多摄氏度,巧克力糖果开始融化,顾客走进缤果盒子就能享受"免费桑拿"。于是,缤果盒子在开业不到 1 个月就不得不挂牌宣布:"由于技术调试,暂时停运。"

在缤果盒子上海首家门店暂停运营的同时,7 月 8 日,杭州街头出现了阿里的第一家无人超市"淘咖啡"。一关一开,一负一正,再次引发了业内对于无人零售的热议。有人说技术不是万能的,有人说这仅仅是无人零售发展过程中的一个小曲折。2016 联商网十佳专栏作者鲍跃忠说:"目前的无人零售有两个错误:第一,无人店的一个主要出发点是降低零售成本。但从发展的过程分析,零售从来就不是一个成本导向的行业,一直都是高成本的零售形式在取代低成本的零售形式。第二,无人店以解决人与货为出发点,也是错误的。零售的核心是解决人与人的问题,而不是单纯的人与货的问题。"从体验来说,马云的无人超市比欧尚的缤果盒子更靠谱一点。前者是一个相对开放的铺面,使用手机淘宝或者支付宝扫码直接进店!用技术给顾客带来便利与新的体验,并实现营运成本的降低以及营运效率的提升;而后者则是一个封闭的、用传统思路管理顾客的模式。

我对无人零售的未来发展主要有如下四个基本观点:

(1)从当前来看,全自助购物的"无人便利店"或"无人零售"是零售业探索顾客新体验、营运新模式的一个投资亮点,很大程度上说是吸引眼球的一种炒作。不管技术迭代有多快、资金投入有多大,无人便利店都不可能成为未来便利店的主流模式,这不符合我国人口众多、就业压力巨大的国情,一旦政府加以干预,便难以全面推广。

(2)从发展来看,它应该成为零售的新形态之一。乔布斯的"苹果"把我们带入了移动时代,马云和马化腾的支付宝和微信支付把我们带入了无钞时代。有了这两个社会基础,无人零售的发展只是时间问题,它应该成为未来零售的一种重要补充,是对传统自动售货机的升级、叠加与迭代。正如 2016 联商网十佳专栏作者云阳子所说:"日本的自动售货机近几十年来一直发展得很好,甚至连自动咖啡机、饮料机也很好,目前我们国内手机支付的问题解决后,自动售货机的发展也很快。其实,无人便利店在某些程度上是自动售货机飞跃性质的迭代,在自动售货机的市场上应该会有很好的发展前景。"

（3）无人零售的核心是满足特定购物场景的需求。2016 年年底，亚马逊开出了经过 4 年筹备、带有实验性质的"AmazonGo"无人零售店，其核心卖点之一就是"拿了就走"。无论是从商品需求还是从特定时空需求来说，客观上都存在着以解决人与货为出发点的购买场景需求。随着生活节奏的加快，我国消费者对购物便利性的需求越来越强烈，快购、快送、快结的"三快服务"已经成为一种主流的购物方式。但对于店商来说，结账等候不仅会降低顾客购物的满意度，还会让顾客流失。所以说，"快结"是增强顾客体验、提高零售效率的重要途径。为此，近年来国内外零售商都已经开始普遍使用顾客自助结账服务。同时，人群流动范围的广域性与开店空间有限性之间的矛盾也越来越突出，为了既满足消费的需求，又能最大限度地节省营运成本，自动售货机以及有可能迭代自动售货机的无人售货技术的市场空间也很大。零售业是最讲究效率的行当，始终都在追求单位成本的降低，以提升营运效率。我国很多过去成功的大零售商之所以如今不行了，就是没有把追求效率当作一种习惯。更何况目前很多便利店的发展所面临的一个突出问题就是人工成本居高不下，人不敷出，以及忙闲不均。如果能够利用技术来平衡忙闲不均，加快结算，缩短顾客的等候时间，这也是提升效率与改善顾客体验的重要转变。

（4）目前比较有效的方式是"人工服务 + 自助服务"。罗森便利店就是采用这种方式，有点像油电混动汽车。作为便利店，若是无人的话，也应该是开放的，进出自由，无须全封闭，而且应分时段采取不同的方式，如白天有人、晚间无人，在商务楼客人集中的时段有人与无人相结合，以减轻服务台的压力，缩短顾客等候时间。正如云阳子所说："无人便利店，是噱头。自助购物，是商机。"

无论是噱头还是商机，都必须面对并去尝试，因为我们的顾客已经信息化、技术化、移动化了。零售业者如果不能对接消费者，则必将被其加快淘汰。排队结账一直都是顾客体验最差、效率最低的环节，如果能够利用现代技术让客人不排队结账，不仅可以节约劳动力成本，还能使顾客有更好的体验。这是零售业的发展方向。类似"AmazonGo"其"拿了就走"的无人店模式将迎合更多消费者的需求，因为消费者喜欢这种模式；人与物的关系是最干净的，购买某些商品，在某些场景中，就不需要有别人在，这样多自在；无人店可能不会是中国零售业的主导模式，但无人收银应该成为未来零售的主流模式，相关技术还将渗透到整个零售业。

22 面对疫情"减薪"应成为共识

2020 年 2 月 9 日早上看到《亏 5 亿元宁愿卖房卖车！老乡鸡老板手撕员工减薪请愿书》一文，我一方面为老乡鸡老板的壮举而感动；另一方面也感到有些忧虑。

1）做商业资本家

老板有三种：一是黑煤窑的黑心资本家，说不定哪一天被矿工们炸死在矿井里；二是慈善资本家，一心为公，公而忘私，待员工好，好得不计得失，不惜工本，舍生取义，像慈善家，但也很容易翻船；三是商业资本家，永不忘记企业的使命，永不忘记员工与投资人的权益，永不忘记经营的持续发展，这是最能持久的企业。任何企业都不可能单纯依靠情怀而发展，这正如一个国家的稳定发展与繁荣昌盛，不单纯靠德。全体员工与全民法律意识的修炼，才是企业永葆青春、国家繁荣昌盛的基本保障。

2）面对生死，共渡难关

2020 年是我国零售的生死年。在这一年，会有不少体弱多病的零售商一蹶不振甚至直接挂掉，这既是坏事也是好事。这有利于我国零售业的整合与提升。那些有核心竞争力的企业，经过疫情的洗礼会更加富有动力、活力、定力。

疫情的蔓延，不是某个人的错，也不是某个地区的错，更不是某个组织的错，而是我们共同应该面对的一种历史灾难。在这种生死存亡的紧要关头，任何单方面的担当都难以承受。例如，百货购物中心的商户与商业地产企业之间，都是一根绳上的蚂蚱，商户希望免租，房东如果全额免租，说不定也会挂掉，所以，应该共同承担，减免一部分，缓交一部分，怎么减，怎么交，坐下来好好商量，不必硬性规定。有些事情让企业去处理，会更适应实情。

农产品价格也是这样，政府有实力，就动用储备物资平抑市场价格。如果政府采购增加，也会抬高市场价格。在疫情期间，企业当然不能无良提价，但也不能为了稳定而稳定。在这个时候，商品的采购成本与各项营运成本都在大幅度上涨，适当提高价格无可厚非。有一年冬天大雪，浙江奉化农村的芹菜卖到 36 元每千克。每年春节期间，芦笋卖到 80 多元每千克。农产品价格随行就市，历来都是如此。消费者也都能普遍接受。即使在计划经济时代，我们的定价规则也严格区分工业品与农产品两种类型：工业品倒扣定价，先定零售价，再环环倒扣，最后确定出厂价；农产品则是顺加定价，采购价提高，最终的零售价也相应提高。有一年粮食紧张，有些企业低价销售粮食，结果被黄牛哄抢。此后，我们采取适当提高价格并限量供应的办法销售粮食，结果市场供应很平稳。后来上海市有关领导还表扬我们做得很好。一味地抑制价格，会使市场越来越萎缩，最后必然是什么都紧张。市场规律不能违背，但经商也得有基本底线。把握不好这个度，不会活得很久远。

至于工资，虽然躺在家里也在"做贡献"，但那些冒死在一线扛着的人，该怎么善待他们？待在家里这些天，我开始还喝杯小酒，但后来越来越感觉不对，人家在一线拼命，我在家喝酒，实在是罪过！待在家里的员工要依法发放报酬，在一线的员工则更应该给予厚爱。流动资金熬不过 3 个月的企业，如果能获得员工的理解与支持，就可以先发基本生活费，其他工资缓发。如果员工愿意入股，就应该鼓励员工入股，从而把企业转型为

"众人企业"。与其老板死扛,不如让大家一起来扛,众人拾柴火焰高,积少成多,集腋成裘,发动"人民战争",蚂蚁啃骨头,才能彻底战胜天灾人祸。

中国人多,如果大家都能省下一口粮,集合起来就是一个非常庞大的数量,这是人多的优势。但企业的投资人、经营者从今以后也要与员工同命运共分享。

在非常时期,如果政府救不了企业,就要放手让企业及其员工"自救"。一切有利于企业生存,有利于企业恢复生产经营的对策,只要不损害公众、消费者与职工的根本利益,就应该放手让企业去做,与现行法律法规有冲突的,可以出临时通知,使其合规。

大家都在要求各方让利减免,但首先应该发动员工自救,连员工都不能发动起来,还去要求别人,那是不可能的。合肥生鲜传奇创始人王卫说:"我们门店的口罩有些是顾客送来的!"一副口罩感动了中国零售,一副口罩再现了商家与社区居民之间的鱼水情。疫病是我们共同的危机,所以要共渡难关。

3)"减薪"是广义的

员工"减薪",当然也包括高管"减薪",更包括老板与投资人"减利"。但有些老板可能会说,一个春节已经损失了几亿元,营收颗粒无收,哪有利润可分。但不要忘记:企业从前有利润,"广积粮"以后是不是"深挖洞",捂好钱袋子,那是老板的修炼问题。不管怎么说,各方面都得有所表示,既不能叫企业独家死扛,更不能叫基层员工死扛。

"减薪"包括各行各业。要修剪业务,压缩战线,关闭烂店,紧缩开支,集中资源在具有优势的核心业务上,并挖掘超细分市场,开拓新市场。如有人说,未来零售,"到家"是标配。

"减薪"包括政府以及各类事业单位。要极尽所能压缩再压缩再再压缩政府开支,把政府预算最大限度地用于民生以及扶持民生产业恢复生产经营上,要进一步精简机构,压缩编制。

"减薪"包括科研领域。要制定切实有效的支持"基础研究"的体系,要减少"虚无研究",让研究回归"科学的本分"。

"减薪"包括全体民众。疫情过后,要以"消费"为实际行动支持生活服务企业恢复生产经营活动。一方面,企业从现在开始就要做好"备战工作",备战先要"备粮草",没有好商品,怎么忽悠都难以使消费者动心。另一方面,企业要更诚信,营销要更实在,商品要更靠谱,价格要更公道。实实在在做生意,就那么难吗?从此以后,餐饮是不是能少放一点"料",多做一些"真材实料"的餐食,百货能不能有一个实实在在的"原价",等等。

只有"减",才能"加",有了"加",才有"乘",关键是要除去"杂念"。端正立场,才能站得正,才能立得稳,才能永葆青春与活力。相信中国零售将会更强大!